Filmmakers ⑳ | 大林宣彦 | 樋口尚文［責任編集］

N o b u h i k o O b a y a s h i

瞳の中の訪問者
DVD(デラックス版):4,700円+税
発売元:NBCユニバーサル・エンターテイメント

1977
瞳の中の訪問者

1981
ねらわれた学園

1984

天国にいちばん近い島

1986

彼のオートバイ、彼女の島

2007

転校生〜さよなら あなた〜

2012

この空の花 長岡花火物語

2014
野のなななのか

2017

花筐／HANAGATAMI

Filmmakers 20 **Nobuhiko Obayashi**

大林宣彦

フィルムメーカーズ⑳大林宣彦

CONTENTS

「フィルムメーカーズ」刊行にあたって

「フィルムメーカーズ」シリーズは、映画の作り手の中心となる映画作家の魅力を掘り下げて、一人一冊の形で取り上げていくものです。

「フィルムメーカー」という呼び名は、1970年代のアメリカで、改めて新世代の映画監督が注目され、フランシス・コッポラ、ジョージ・ルーカス、スティーヴン・スピルバーグなどが台頭したころからポピュラーになった言葉です。
彼らは主に大学で映画を学び、過去の映画を研究して商業性と作家性とを兼ね備えた映画を作ろうと、そのキャリアをスタートさせました。
フランスのヌーヴェル・ヴァーグや過去のハリウッド映画、日本映画に深い影響を受けています。

「フィルムメーカー」という名称には、映画の作り手として、監督業に限らず自分で脚本を書き、時にはプロデュース、製作総指揮なども手がけるなど総合的な映画作家という意味も込められています。

このシリーズ第二期では、21世紀以降にデビューした新しい世代の映画作家を中心に、あらゆる世代に人気のある映画作家を取り上げます。 また、新シリーズは映画作家の伝記的事実にも注目し、ライフストーリーを掲載するのが特徴と言えます。執筆陣も充実させ、作家、ライター、映画評論家などによるコラムや批評、インタビュー記事などで、映画作家の実像に迫ります。

Filmmakers 20 Nobuhiko Obayashi

|第1章| 大林宣彦 大いなる助走
Part 1

大林映画に人生を変えられて

樋口尚文
Higuchi Naofumi

foreword

私はこれまでに黒澤明、本多猪四郎、大島渚、実相寺昭雄といった監督の作家論、作品論を単行本として著わしてきたのだが、実は十代の映画少年の頃から四十余年ものおつきあいである大林宣彦監督についての著書がないのはなぜかとよく問われる。ある時などは大林監督本人から冗談まじりに「僕の本は死なないと書いてくれないの？」と言われて爆笑したこともある。

そこですぐにお答えした。「いえ大林さん、私はあなたのことがとても書きたいのですが、私が書く前に監督はご自分でじゅうぶんに自作についてお話しになったり、たんまりと書かれてしまうので、私などが書く隙がないのです」と。事ほどさように、日本映画の作家のなかで大林さんの映画術も破格の特異さだが、ここまで膨大な自己言及をされる体質も唯一無二である。

ただ私はそれでもなお、いつか大林宣彦論を一冊書かなければとは思っていた。なぜかといえば、私は大林映画によって確かに人生を変えられたからである。そんな大げさなと思われるかもしれないが、揺り籠のなかにいる時から大林監督のコマーシャルを浴びて育った私は、十五歳の時に『ＨＯＵＳＥ』を観て衝撃を受け、映画監督になりたいと初めて思った。あの大林監督の個人映画的なハンドメイドの話法が、劇場のスクリーンとぼくらの距離を一気に縮めてくれたからだ。私は興奮のあまり、すぐに大林さんのもとへ飛んでいって、映画づくりの基本について教えていただいた。ただの少年をそんな蛮勇に駆り立てるくらい『ＨＯＵＳＥ』は刺激的で、私と同様のインパクトに突き動かされた同世代の少年たちから、幾人もすぐれた映画監督が生まれた。

　とはいえ当時は映画界も助監督を採用しておらず、私は映画と全く同じ工程で35㎜のフィルム作品が作れるという理由だけで、とある広告代理店に入社した。ところがそこがまた個人映画作家であった大林さんをＣＭ界に引っ張り込み、ともにＣＭづくりの可能性を開拓してきた張本人たちの集まる場所であった。大林さんの盟友であり、映画評論家でありＣＭクリエーターであった石上三登志がなんたることか私の直属の上司で、この先輩にならって私もまるで同じ二足の草鞋を履くことになる。こうして私はＣＭクリエーターとして時には大林さんとともにテレビコマーシャルを作り、時には映画評論家として大林映画を批評したり賞に推挙したり、映画館での大林監督特集をプロデュースしたり、大林監督が映画の生涯貢献賞を受賞した時はプレゼンターになったり……と立体的なご縁となった。ついでに言えば、大林さんが叙勲で受章された時の、大林映画のキャスト、スタッフが勢ぞろいした大パーティーもこっそり私が演出していた。

　そんなこんなで時は過ぎ、やがて私は『ＨＯＵＳＥ』を観て決心した通り、劇場用映画を監督するようになって、本書を編んでいる今も新作の公開を控えているのだが、東宝撮影所の試写室でこの新作の初号試写を行った時、闘病中の大林さんは杖をついて観に来てくださった。私はその大林さんの姿を見て、ここに至る出発点が『ＨＯＵＳＥ』だったことをしみじみ思ったものの、新作の演出であえて大林作品を参考にしたことは全くなかった（なぜなら私は〈大林調〉の演出は厳格に大林監督の専売特許であって、余人の安易な模倣を許すものではないことを熟知しているからだ）。

　それなのに、である。初号を観た人のほぼ全員が異口同音に「本当に大林さんがお好きなんですね」「大林映画の影響の強さを感じました」といった感想を伝えて来られるので、私は正直かなり意外で驚かされた。繰り返すが、私は大林映画がとても好きだが、大林映画は大林監督以外の誰ひとりとして再現できないものであるから、とにかく大林映画への意識を断って撮影していたのだ。しかし、多くの方々の意見に照らせば、私はそういうことでは制御できないくらいの深層のところで、大林映画の影響がしみわたっているらしいのだ。病膏肓に入るというやつである。

と、そんなふうに『HOUSE』という一本の映画を皮切りに、大林映画は私の人生を変えて、あの四十余年前の映画少年を、本当にCMクリエーターや映画監督にしてしまったわけである。それほどのインパクトを与える作家と作品のことを、しかもその当事者となってしまった私が書かないですますわけにはいかないだろう。しかし、ここで最初に戻ると、誰よりも膨大に、熱っぽく自己言及に余念がない大林監督が最大のハードルとなるのだった。

そんな折、かねて信頼をおき、幾度か執筆をつとめたこともある叢書「フィルムメーカーズ」が満を持して大林監督をとりあげるので、責任編集を頼みたいという。いつか無理をしてでも極私的にゆかりに深い大林監督論をまとめねばと期していた私にとって、これは千載一遇の朗報であった。あの到底ひとりでは立ち向かえない大林監督の情熱的な自己言及にも、私の信頼する論客たちを多数動員すればなんとか伍することができるかもしれない。そう思った私は迷いなくこの重責を引き受け、一頭で三頭ぶんの威力を発揮する無敵の宇宙怪獣キングギドラのごとき大林さんの饒舌に対すべく、地球上のゴジラとラドンと優しい奴らを動員するモスラのごとき招集に走り、結果なかなか壮観なメンバーが名乗りをあげてくれた。

また、あたかも一九五〇年代のハリウッドB級映画のごとき突貫即製を前提とされた本書だが、逆に徹底的にシンプルかつマッチョな構成にして、従来の大林映画ファンのみならず、これからの未知なる若い観客たちにも参考にしやすいガイダンスとなるよう設計した。また、筆者各位の大林論のフェーズも至ってまちまちだが、それもまた作品のレンジの広さを映すものとしてそのまま活かさせていただいた。ただし、その太い縦軸のテーマは、私をはじめ多くの映画少年たちの人生を変えるほどの、あの大林作品の与えたショックとは何だったのか。やはりそこに尽きると思う。

序

Introduction

序・或るいは予告編のつもりで

大林宣彦
Obayashi Nobuhiko
個人映画を家族で作る旅人。

この書物に於ては、僕は作り手の側には廻らず、敢くまで読者の側に居るべきだと思う。何故なら此の本が目指すのは、大林宣彦なる一見珍妙にして正体不明の映画作家の、フィロソフィ（哲理）ではなく、その行動様式に添って展開してゆこうとするものであるから。ならば僕自身が知っているこの僕の実体など超えて、誤解も含め新しい僕自身のアイデンティティ（正体）を僕自身が発見して愉しむ。そういう読者の至福の側に身を置く方が、さぞや楽しかろう、と贅沢に願うから。

テーゼ1＝他人のように上手くやるより、自分らしく失敗すること。

映画は科学文明の産物であるから、その表現は総て発明であるべきだと僕は信じる。他人がうまくやった例を辿れば分かり易く感心して貰えるやも知れぬが、感動はして貰い辛い。新しい発明による表現だから、驚いては呉れても感心など飛び越して戸惑うことが多く、お目当の感動にもなかなか辿り着き得ない。僕が一見珍妙にして正体不明な作家であると自ら申す理由は、其処の所にあるのだろう。

テーゼ2＝僕は終始、アマチュアであった。

他人の成功例をうまく修錬してゆけば、分かり易いウエルメイドの商業映画作りのプロとしての職人芸も身に付くであろうが、僕は常に発明派のアマチュアであり、それが表現の自由、即ち生きる上でのまた自由の証であった。其処にはあの戦時下を「軍國少年」、子どもであればより正直に純粋に、祖國大日本帝國の愛國少年であったこの僕の正体、即ちアイデンティティが見え隠れしていると思う。

アマチュアと言えば言葉の制度の上で、プロフェッショナルより格下の素人のように受け取られ勝ちだが、かの僕にとっては父親の如き黒澤明先輩の言に「大林君なら分かるだろう？俺な、東宝から独立してつまり体よく首になってから、自分の黒澤プロダクションで仕事を始めたろ、そしたらな、自分の表現したいことを一所懸命、自分で正直に表現すれば良い。これは正に自由なアマチュア精神です。親会社のブランドなどに気を使い、おもねる必要など無いからね」。こうしてその端境期の傑作「たったの二十二日で撮った」が御自慢の「どですかでん」の色彩表現の冒険・実験を契機として、初めて日本映画に「核被爆」の恐怖や恩師を敬う弟子の作法、戦争中の米人の日本への想いや日本人の古里の暮し、戦争体験に杞された老婆の「原子爆弾」投下からの逃れ得ぬ記憶の悲劇などを描いた「夢」から晩年に至る諸作は総て、ウソやホントなど飛びこえて黒さんのアマチュア精神が生んだ、愛しの心のマコトたるプライベートシネマでありますね。

テーゼ3＝映画表現では論理よりも感情（エモーション）が有効である。

そもそもあまりに破天荒な自由奔放さ、誉める規範さえ見つからぬが故、「こんなものは映画ではない」と大林映画否定軸の象徴となった『ＨＯＵＳＥ／ハウス』の十年程前に僕が拵えた個人自主映画の題名が『ＥＭＯＴＩＯＮ＝伝説の午後・いつか見たドラキュラ』であったが如く、敗戦後に初めて敵国アメリカのハリウッド映画を見始めた僕などは、此の日本で上映された外国映画は「総て見る」という程の大ファンで、いわゆる昔のサイレント映画からも随分学んだ。耳で聴く言葉から翻案してイメージを醸造するよりも、映像のみの力でフィロソフィを伝えようとした先人の「映画術」の、直接こちらに訴えかけてくる「感情」の力は尋常ではない。「論理」より「感情」表現にこそ、映画の能力は、より良く発揮される。それ故にこそ、映像に委ねる以前に先ずは「言葉」は徹底的に極めますけれど、フィロソフィの確立が何よりも一番。

此の一冊の編集担当者である樋口尚文さんの8ミリアマチュア時代からの映画歴を見ても、彼は僕などよりうんと政治的に硬派の大島渚さんの弟子筋であり、愛息の名は師匠譲りの「渚」君であります。仮に樋口さんが僕の癌発病後の第一作『花筐／ＨＡＮＡＧＡＴＡＭＩ』の里唐津の生まれであり、青年期から壮年期にかけては僕のプライベートな映画仲間・故石上三登志君の勤める電通の、しかも当の石上君を直属の上司として僕とも黒さんの『夢』の絵コンテを映像化したりと、ＣＭ作りも共にした偶然だか必然だか分からぬ嬉しい話は有るものの、実体は『ＨＯＵＳＥ』のあまりの型破りの映画作りに感情を揺さぶられただけ。今回自ら「大林チルドレン」と称して呉れる嬉しく有難い若い映画作家諸君の誰一人として「映画表現に格式や制度などない。何をやっても自由なんだ」とそのことだけを実感して、後はそれぞれに我が道を往き、僕を乗り超えて先へ進んでくれている。それが『ＨＯＵＳＥ』の正体だが、この悪評高き映画は現在世界的に異常な人気で迎えられ、ニューヨークのクライテリオンではＤＶＤが発売。昨年の人気十作品に日本からは黒さんの『七人の侍』と『ＨＯＵＳＥ』が二本。僕の知らぬ内にヨーロッパでもヴィデオが発売され、特典映像として『ＥＭＯＴＩＯＮ』も入っているという。次に甘えて自己宣伝すれば、去年黒澤先輩との合作『夢・メイキング＝黒澤明×大林宣彦の映画的対話』も『夢』の本編の特典映像としてクライテリオンから発売。マーティン・スコセッシ監督が大宣伝してくれ話題になっているそうだ。

テーゼ4＝アートこそが最大の自由、ジャーナリズムでもあり、エンターテインメントですらある。

この一冊の読者の為に、樋口さんの基本プランには無い興味を呼ぶ挿話も上げるなら、例えば原将人君。彼の年少にして類稀な才能を発揮した名高き処女作『おかしさに彩られた悲しみのバラード』（１９６８）は、撮影は無事終了したけれど編集の仕方が分からない。そこで僕のプロデューサー仲間の友人から僕が知らぬ間に『ＥＭＯＴＩＯＮ』のプリント一巻を借り出して、毎日その通りに繋いで行った結果があの「名作誕生」の裏話だ

『風の歌が聴きたい』撮影スナップ

と。僕はこの事実を去年知ったばかりだが、今この逸話を公にしても決して原君の名を賤しめることにならぬのは、それがやはり彼のアイデンティティにはそぐわなかったからであろうか。五年後の彼の三作目『初国知所之天皇』に於て原君は大林宣彦が目指しながら当時は（今でも）決して実現できそうもない、アートの自由な世界へ飛び込んで見せたからだ。僕の映画人生のパートナーである妻・恭子（プロデューサー）と二人、原君の仮住居だったかの畳を敷いた日本間の床の間の上に、それが舞台のつもりか原君がギター一本を一方の手に、もう一方の手で8ミリ映写機の速度調整の為のノブをつまみ、自身の即狂の弾き語りを披露してくれた。あれはまことに至福の映画体験でありましたね。

そう言えば同世代の8ミリ仲間の飯村隆彦君。「映画館で映画を鑑賞する時代は終わった。画廊の片端に友人の白いカンバスを設置し、そこに我らの8ミリを映せば作品を発表できるではないか」との彼の言に共感し、個人映画上映会を展いた所、銀座四丁目から七丁目までもう映画館に行かなくなっていた当時の若者たちが列を成し、映画界からは完全に無視されたが「美術手帖」誌で草森紳一さんが「新しきフィルムアーティストの時代来る」と書いて下さり、僕の名が一躍公になるなど、今も変わらず美術界によって発見されていく、これが僕の映画の正体。その飯村君の全作品を映画の自由表現を大切にする、同年配の戦争体験者（三月十日の東京大空襲で命からがら生き延びた経験を持つ）である僕の生涯のプロデューサーである妻・恭子が見たいと言い出し、やはり原君と似たような旧家の日本座敷に招かれ、雨戸を閉じながら入口付近に電気スタンドを置き、原君とは逆に床の間にスクリーンを。電気の灯りとスクリーンの中間の火鉢の炭火の上では何故か餅が焼かれているという寸法。実は飯村君の作品には当時（今でも）御法度のセックス描写が多く、恭子さんのような嗜み深い日本女性には見せるべきではないと飯村君が判断するやもそっと立ち上り、自らの不器用な動きでスクリーンに影を映し、映像と恭子さんの視線を遮断するという実はとてもシャイにしてデリケートな飯村君の若き日（現在はニューヨークにいて、「日本の映画のお爺さん」として、奥様の昭子夫人と共に、地域の人の良き隣人として暮らしてます）の愛しい思い出である。

その飯村映画に強く興味を持ったのが今や国際的演劇人として著名な劇作家・平田オリザが「16歳のオリザ

世界自転車一周旅行記」を出版したばかりの、恭子さんの実姉、児童心理学の権威慶子さんの長男であり、彼はそのまま表現の軸足を演劇に置いてこの今があるのだ。彼の父が僕の初期8ミリ『だんだんこ』の原案者で、当時黒さんと同じ東宝メジャーの脚本部所属であったが「一本も映画化されない」という自由な発想を誉りにし、後にコマバ・アゴラを創り、僕の『廃市』（16ミリ）を一年間限定上映しようと計画したが、映画興行界に裏切られて挫折。それが平田オリザの活躍に繋がって行ったというひとつの物語。

テーゼ5＝映画で歴史（過去の、例えば我々が起した戦争の）は変えられないが、歴史の未来を（穏やかで、平和な姿に）変えることは、芸術表現には（だからこそ）できる。

きっと肺癌第四期、余命三ヶ月なる宣告をクランクイン当日に受け、これが遺作と誰もが信じ、それもあってか予想外に誉められた『花筐』から四年近くが経ち、これがかつての軍國少年であればこそ「戦争反対」とは叫ぶに躊いがあり、敗戦時の日本の大人たちの能天気な平和ボケの信じられぬ変身振りに怯え、怒り、せめて「こんな戦争などもう二度と嫌だ」と「厭戦映画」を拵えることこそが、かつての「第日本帝国の善良な少国民であった自分の責務ではないか、と今更新作映画『海辺の映画館―キネマの玉手箱―』の編集仕上げ中の僕としては、「後三十本は映画を撮るぞ」と「老年」と戦っている日日ではありますが、そこで心に浮かぶのは手塚眞君。

丁度四十三年の昔、僕が壇一雄さんの原作から起こした『花筐』と同じ脚本をそのまま、「怖くないホラー」と皮肉られた『ＨＯＵＳＥ』に置きかえて映画化し（『花筐』の江馬恵子は『ＨＯＵＳＥ』の江馬涼子と同一人物です）商業映画の面白さは「ジャンル」を超えれば何でも世に受け入れられることを学び、ここ三〜四年、僕の全作品を纏めて上映する催しが続き、ジャンルは違えど僕と恭子プロデューサーのフィロソフィは総てあの戦争・敗戦に端を発し、一点のブレも無いことを確信。これが大林映画のアイデンティティ、即ち正体であったかと。

さてこの書物には手塚眞君も執筆者として参加しているそうだが、その彼が「ぴあ」のプロジェクトの初期に『ＦＡＮＴＡＳＴＩＣ☆ＰＡＲＴＹ』（１９７８年8ミリ作品）でその才が大いに評価されていた時代、このような「告白」を僕にした記憶があります。「僕は大林さんの世代の人が羨ましい。だってあの戦争体験があるから、

『花筐／HANAGATAMI』

© 唐津映画製作委員会／PSC 2017

8ミリカメラを手にすれば、直ぐに戦争をテーマに映画が作れるでしょう？　僕にはその経験が無いから、何を主題に映画を作ったらよいのか分かりません。テーマが無いままに映画作りを楽しむのは、いけないことでしょう?!」。戦時中に十四・十五才の少年であり、「紙に描いた映画」の作者として敗戦直後から人気を拍し、書店ならぬ駄菓子屋の店頭に並ぶ「赤本」のスターだった父君の「イガグリアタマのテヅカオサムシお兄ちゃん」は、その作品に少女の大胆な裸身や強姦シーンが描かれるなど（何しろ「映画」ですから総て大人用の物語。当時の映画は、老若男女、誰もが楽しめるように作られていたのです）僕が通っている國民学校（戦時中に作られた、お國の為に死ぬ日本男児を教育する国家事業。それが敗戦後2年間も継続されたのは時の占領國米國の事情）「その校庭でオサムシお兄ちゃん」の一所懸命の正直な傑作は火を付けて燃やされて了った。その長男の眞君としては、冒頭の自身の発言を守るしか無かったことでありましょう。

その最近の眞君の映画作りからは、次のような声が聴こえてくる。

「ボクは映画を作ります。ボクにもテーマができたから。テーマは戦争。勿論、大林さんが体験した（そして占領國米國の意思によって忘れさせられ、無かったこととして世に定着して行ったあの太平洋戦争ではなく、これからやって来る未来の戦争です）ボクらは戦後派ではなく、新しい「戦前派」なのです」。

ああ「戦争の歴史がようやく繋がった」と僕は吻（ほ）っとし、嬉しかった。僕は敗戦後の日本の大人たちを「平和難民」と認定し、僕ら敗戦少年世代（1935〜8の年生まれ。寺山修司、阿久悠、立川談志、石上三登志、和田誠、ミッキー・カーチスなどがその世代）を「平和孤児」と呼んで来た。

今の日本映画の中核を成す「大林チルドレン」諸君が、未来の平和創りを映画に託す。

そのお手伝いができるなら、僕も精一杯頑張りましょう、と言うのが僕の現在の心境です。

僕の手元に、若いという以上に、全国の小学児童や幼稚園未満の子どもからの感想文が年中、驚く程多数舞い込んで来る。それも僕と恭子プロデューサーは子どもたちの為の特別上映会をせっせと催すからで、子どもらは親の知らぬ間に、正直に一所懸命書いて来る。要約すれば、此ういう筋道になる。

「大林さんのお爺ちゃん。教えて下さい。センソウのこと、ボクは戦争を知りません。オトナの人は、戦争などお前ら子どもには関係ないから、知らんでもいいよと言いますが、大人はもう直き老いて死んで行く人たちだから、戦争なんか忘れても平気だろうけど、ボクらはその大人たちが死んだ後も生きるんです。生きて皆仲良く笑いながら暮し、やがて親にもなり、自分の子を守らねばなりません。その為には、ボクらを不幸にする戦争というものをもっと勉強しなくてはなりません。でも教えてくれる大人がなかなか見つかりません。なので大林のお爺ちゃん、どうか教えて下さい、戦争のこと、知れば知る程、学べば学ぶ程、戦争は恐ろしいものでしょうが、自分が守らなくてはならない人の為に、戦争から逃げ出す訳にはいきません。どうか教えて下さい、戦争のこと。お願いします。大林さんのお爺ちゃんへ」。

この手紙から、僕は「軍國少年」だった自分の子ども時代を思い起こした。子どもは大人が築いた道を、それに従って只只前へ進む。だから「大人」は自分の「未来」だ。信じて未来を託せぬ大人に囲まれていたら、日日は地獄。「大人は子ども」にとっての「希望の星」であらねばならぬ。

「自分が自分で選んだ道を真っ直ぐ進むことができれば、それが平和の証じゃ」。僕が映画の道を目指し、当て所も無く上京する時、「儂の形見にしなさい」と手渡してくれたまるで玩具のような小さな8ミリキャメラで、僕は敗戦後の新しい日本創りを映画で目指し、今の僕が存在する。

父が書き残した七百頁に及ぶパソコン打ちの自分史からは、父は僕が一才の時に自ら望んで従軍したと草し「只赤紙を貰って戦争に赴いては敵の弾当ての目標、つまり消耗品となるだけ」。これは医学博士として将来を嘱望され生れ故郷の國立病院の院長まで務めていた父には忸怩たる想いがあっただろう。「儂は医者として戦場に赴く。さすれば傷付いた仲間を救えるだろうし、敵兵の命さえ救えるやも。これが医者の務めだ」。その父がまだ同棲時代という言葉が生まれる前の、男女はお見合い結婚が慣わしだった頃、恭子さんと暮らし始めた長男の僕の父親として、先方のご両親に同棲の事実を伝え結婚の許可を願った。曰く「これはあくまで我が家の息子とお宅様のお嬢さんとの自主的な結婚であり、家と家との縁組みでは有りませんから、いわゆる結納など儀礼・儀式的なことは一切致しません」。この一文に共感し、生涯の友情を築いた恭子さんのお父上は、日本にロータリークラブを設立したメンバーのお一人で、長男を海軍の優秀な飛行士（つまり初期の予科練の兵士）として戦死させ、三月十日の東京大空襲で総てを失い、末娘の六才だった恭子さんを連れて古里の秋田県大館市に隠遁。故郷の山に桜を植樹したりしながら晩年を過ごされた。田舎の大自然の中を父上の歩いた記憶は恭子さんにとってそれは「大草原の小さな家」のような暮らし。「フロンティア・スピリット」とか「エポック・メイキング」だとか、夢の未来を紡ぐ横文字のフィロソフィを、純真に心に留めたのが少女時代の恭子さん。戦争という大日本帝國の過去はさて置き、未来の平和の夢を信じ得た、恭子さんのお父様は「明治」の人でありました。その哲理をしっかり身に宿らせた恭子さんが僕と結婚する時に「生涯売れない作家（文筆業）の女房になる覚悟だったと言う。8ミリ映画で食える、とは想像もつかぬ（今ならデジカメ持てば、幼稚園児でも映画は作れ、才能があればプロにも成り得るが）六十一年昔の事である。この「売れない作家」の一言通りに、我が映画一家（三十二才で『HOUSE』の原案者でデビューし、今は父を超えて「インディーズはライブである」なるフィロソフィで以って、上映会三時間を、テーマは食・その食を素材にした料理を皆で食し、此れに一時間ずつを割き、残りの一時間は食と健康と平和談義の講演会。このライブが世界に広まって年中海外に呼ばれ、僕は今や「千茱萸監督のお父さん状態。千茱萸さんのご亭主は『花筐』のポスターなどを創作した有意な「絵の作家」。「近頃は漫画の方が、映画より純文学に近いね」と言うと、「総て、個人作業ですからね」と見事な「アマチュア」宣言。売る為の仕事など目標にした事の無い、映画一家の幸福のあり方であります。

「どうでも良い事は流行に任せ、大事な事は道徳に任せ、芸術の事は自分に任せる」。とは日本を代表する映画監督、小津安二郎さんの言。背後に戦争の影を感じれば、断念と覚悟と贖罪の意識。小津さんの青春期に「表現の自由」など何処にも無かった。恭子さんのお父上の世代には「表現の自由」など無く、僕の親父殿と同世代の黒さんは「アマチュア精神の自由」を回された。ではその子である僕の世代は、何をどう残すべきか？

「文明の利器」たるデジタルカメラで以って、「日本の古里に眠れる文化の豊かさ」を描く。

と難題に付き当たった所で、・・・

やっぱり僕は読者の位置に戻りましょう、と願います。

この「序文」に記した事は、何かのヒントにするか「予告編」だと解して頂いて。

「余計なお世話」だったら、読まないでいきなり本編から。

樋口尚文さんのリードにお任せして。

きっと、それが正解ですよね。……

あ、お断りして置きますが、僕は映画館で映画を見て、憧れて映画を作り始めたのではなく、初めから我が家にあった35ミリの商業用映写機と同じ物を玩具として遊び、映画の作り方を独学で学習して了ったという、頭初から「作り手側」の人間。個人映画作家であり「アマチュア」であり「アートフィルム」の世界に生まれついた、始めっから「映画作家」という存在の映画愛好者であります。

と一言。

2019・5・20

『野ゆき山ゆき海べゆき』

個人映画作家からCMディレクターへ

樋口尚文
Higuchi Naofumi

Obayashi Nobuhiko's History

8㎜の蜜月と16㎜の飛躍

一九三八年一月九日、広島県尾道の何代も続く医者の家系に生まれた大林宣彦は、幼少期には戦時中の金属供出で弦を失ったピアノで遊んでいたというが、そのピアノとともに納戸にあったブリキ製の「活動大写真機」なる玩具を発見する。これはなんと35㎜のフィルムを手回しで映すというもので、大林はここで『冒険ダン吉』から林長二郎の時代劇、はたまた公開時に性表現が物議を醸したヘディ・ラマーの『春の調べ』のヌードシーンが入ったフィルムの数々に接する。『ニュー・シネマ・パラダイス』を地で行くような実話である。さらになんと風呂場の水で絵が溶けて素通しになったフィルムを活かして、ひとコマひとコマ画を描き、自分流のアニメを創ってみたりもした。大林の作風を貫くフィルムそのものの質感、手ざわり、フィルムをくたくたにいじくり回すようなフェティシズムの原点は、きっとこの幼児期の秘密めいた、蠱惑的な体験に根ざしているだろう。

こうしてフィルムとの稀有な密着を経て、戦後、大林が高校生の時分にようやく売り出された国産の8㎜カメラを手にして、大学生時代から本格的に映画作品を創り出す。アラン・レネは医師ではなく薬剤師の息子だったが、やはり十二歳の誕生日に贈られた8㎜カメラが映画と接する原点になっており、その自分の手許で映画を作り、思考するという体験はスタジオの映画づくりの規範から解放されたシネマ・ヴェリテやヌーヴェル・ヴァーグを生むための序章となったに違いない。

しかしながら驚かされるのは、高校の頃に親戚がいち早く持って来たその8㎜カメラを見て、大林はすでにさんざん35㎜のフィルムをさわって遊んでいたので、それが映画を作るものに思えなかったという逸話だ（もちろんすぐに大林は8㎜もまんざらではないと思いなおし、医学部の受験も途中でやめて、父譲りの8㎜カメラを手にあてもなく東京へ出ることになるのだが）。当時の8㎜機器はごく裕福な家庭にしかない贅沢品で、それがあることだけでもありがたく思われたのに、大林にとっては自分流の「映画なるもの」に夢想接近できるかどうかが大切なのであって、おもちゃの35㎜と最新鋭の8㎜という「規格」はどうでもいいのだった。これも8㎜からデジタルまで隔てなく「大林映画」を実現する道具として自在に活かしきってきた作家性を予告するものであった。

成城大学文学部に入学した大林は、生涯のパートナーであり映画製作のかけがえのない同志となる恭子夫人に出会うことになるが、「羽生杏子」名義の夫人に出演してもらったり、シナリオを書いてもらったりしながら8㎜の自主映画を創り出す。今でいうところの自主映画は当時個人映画と呼ばれたり、実験映画と呼ばれたりしていた。個人映画はともかく、なぜ実験映画と呼ぶかといえば、七十年代半ば以降の自主映画が（ぴあフィルムフェスティバルなどを典型として）劇場用映画に至るための階梯としてとらえられることが多かったのに対して、一九五〇年代後半から六十年代の自主映画は、そういった商業映画とは全く別次元に存在するアートフィルムであって、どちらといえば映画というより現代美術の範疇で注目されていた。そのことを映して、大林の創った8㎜映画は、新橋の内科画廊などのアート空間で上映された。

そんな大林の個人映画時代の皮切りとなった8㎜作品群をふり返ってみると、ひじょうに興味深いことがある。一九五〇年代に始まる日本の個人映画作家の足跡をふり返れば、それはイクォール松本俊夫、飯村隆彦、高林陽一、ドナルド・リチー、足立正生、山口勝弘、石元泰博……といった面々による「実験映画」の歴史を指すことになる。これはジョナス・メカス、ケネス・アンガー、マイケル・スノウ、アンディ・ウォーホル、スタン・ブラッケージ……といったアメリカの実験映画の思潮に近い、コンセプチュアル・アート的な作品がほとんどであった。そしてもちろん大林もそういう作品を撮ってはいるのだが、一九五八年の初の8㎜劇映画『絵の中の少女』（現存する最古のフィルム作品）は心酔していた福永武彦の世界そのままに、亡くなった少女への思慕に沈潜するごくごく抒情的な物語であった。語りは初々しく清冽で、後の大林調のような目まぐるしい技巧もまだ見られない。

大林自身がこの作品は後年の福永武彦原作のＡＴＧ作品『廃市』とかなり似た構造と匂いをもっていると語っていたが、作家たちが商業映画的な体裁を拒絶したアート性を志向していた時代に、このごく普通の物語性をもったリリカルな掌編をあえて撮ったところがいかにも大林らしいのではないか。実際、こういうものを撮った後で一九六一年には中山道の風景を独特なアングルで切り、独自のリズムで再構成した『中仙道』を完成させるのだが、これなどは『絵の中の少女』とは真逆の「実験映画」の鑑のような傑作だった。おそらく『中仙道』が大林の８㎜作品のなかで最も評価の高いものであろうが、私はこの作品単体というよりも、本作から『絵の中の少女』に至る大林映画のレンジの広さにこそ大林の異才ぶりが窺えると思う。つまり、大林にとっての個人映画は商業映画を否定したり対峙したりするものではなく、劇映画であれ実験映画であれ自らの生理を映画として表現できることが何より大切なのであり、こういう作品を撮りながらハリウッド映画には関心があってもジョナス・メカスには格別の興味もなかった、という本音はいかにも大林らしい。「別にアンチをやろうとしていたわけではない」というのは、大林の回顧譚のなかでよく聞かれる言葉だ。

そして『絵の中の少女』と『中仙道』という極端なる両者のはざまにも、種々の習作が生まれた。一九五九年の平田穂生（シナリオライターで後に『時をかける少女』の挿入歌「愛のためいき」も作詞している、平田オリザの父）との共作『だんだんこ』は映像のリズムで綴るイメージフィルム、一九六〇年の『尾道』は数年間にわたって撮りためた故郷の風景を即興風味でつないだ作品で『中仙道』の芽を感じさせる習作であった。こういうイメージフィルムと劇映画の中間点にあるような作品が、アンチ・ロマン的な男女の遊戯的な生と死を描く一九六〇年の『木曜日』であり、福永武彦的な真昼の幻覚じみた悲劇を描く一九六二年の『形見』であった。とりわけ『形見』などは後の『花筐』を彷彿とさせる耽美と狂気をたたえた作品で、大林自身による音楽もひじょうに評判がよく、後に個人映画の盟友・高林陽一がＡＴＧで『本陣殺人事件』を撮った時に大林に音楽を依頼したのも、この作品が念頭にあったのではと言われている。

『姉妹坂』撮影スナップ

このように、8㎜時代の大林は『絵の中の少女』と『中仙道』を両極として、実にさまざまなスタイルの映画を試行している。細かいことを言えば、同じく福永武彦的なモチーフでも映像と編集が素朴な『絵の中の少女』とディレッタント的なクセの強い『形見』の間にはかなり作風の変化が見られるのだが、これは両者にはさまる時期に大林がヌーヴェル・ヴァーグ体験を経たからではなかろうか。ゴダール『勝手にしやがれ』が日本公開されたのが一九六〇年の三月なので、おそらくそれを観た後に作られた『木曜日』ですでにその影響は出ているという気がする。もっとも大林にとってのヌーヴェル・ヴァーグは、多くの職業的映画人が感じた「衝撃」よりも、劇場用映画で自分たちと同じことをやっている同志がいる、という「共感」のほうが強かったであろう。言わば、自分たちが個人映画で試行している自由な映画づくりに自信を与え、お手本を示してくれたのがヌーヴェル・ヴァーグだったのではないか。

さて、こうして8㎜でありとあらゆる表現スタイルを試してみた大林は、なかなか8㎜フィルムでは技術的な制約、限界があるので、16㎜を撮ってみようと思い立ち、一九六三年に二科会の画家・藤野一友と共作で『喰べた人』を制作した。レストランで異様な食欲に憑かれた人びとが食らいまくるのを見て貧血で倒れたウェイトレスが、食ったり吐き出したりお腹を解剖したりのシュールでグロテスクな夢を見る。藤野が文学座の美術に携わっていた関係で岸田森や草野大悟ら気鋭の俳優たちが客演しているが、いかにも実験映画らしいアヴァンギャルドさが実った小品だった。本作と高林陽一『砂』、飯村隆彦『ＯＮＡＮ』、ドナルド・リチー『戦争ごっこ』、ＮＨＫの俊英・吉田直哉ディレクターの『日本の文様』は、同63年に開催されたベルギー王立シネマテーク主催の第三回クノック・ズ・ルート実験映画祭「エクスペリメンタル」に出品されたが、この日本勢のパワーに瞠目させられた審査員は、公表されていた賞のほかに審査員会特別賞を設けて、日本の監督全員に授与した。

この習作をもって大林の16㎜時代の幕開けとなるが、続く一九六四年の『Complex ＝微熱の玻璃あるいは悲しい饒舌ワルツに乗って葬列の散歩道』は、一気に大林映画の持ち味がはっきり見えた試みであり、またそれによって彼の作家人生を決定的に変えた作品であった。独特なトーンづくりによる憂愁のムードと、諧謔的な演技とコマ撮りの掛け算によるスラップスティックが特異な高みで融合、しかもその狂騒的な祝祭から浮かび上がってくるのは、猛烈な過去の追憶とリリシズムだった。さらに特筆すべきは、それほど時の過ぎ行く残酷を詠いながら、映画の肉体はなんともエネルギッシュに現前していることだった。こういった要素の数々が絡み合った映画話法が「大林調」であるとすれば、『Complex＝微熱の玻璃あるいは悲しい饒舌ワルツに乗って葬列の散歩道』はいきなりそのエッセンスの塊という感じであった。

折しも新たな文化の発信地として生まれた新宿紀伊国屋書店の紀伊国屋ホールは、開業して最初のイベントとして大林ら個人映画、実験映画の作家たちによる「第一回フィルム・アンデパンダン」を開催、そこで『Complex＝微熱の玻璃あるいは悲しい饒舌ワルツに乗って葬列の散歩道』は上映された。このフィルム・アンデパンダンのなかの〈60秒フィルムフェスティバル〉という企画には、小野洋子（後のオノ・ヨーコ）や赤瀬川克彦（後の原平）といった現代美術方面からアーティストの参加はあったものの、映画界からは松本俊夫、東陽一（無名のドキュメンタリスト時代の東は大林夫妻の隣室に住んでいた）、野田真吉といった実験映画や記録映画畑の顔ぶれのみが参加、既成の商業映画の方面からの反応はなかったという。今でこそスマホで撮ったショートムービーの上映イベントなど珍しくないが、当時は「映画は一時間半ないし二時間の尺」という商業的な定番が長さの感覚を規定していたような時代であった。

こうしていわゆる映画界からのリアクションはなかったものの、この先端的な上映イベントには新しい芸術表現に対してハングリーな若者たちが詰めかけ、さらに思わぬ業界からの注目の対象となった。それは、まだ当時発展途上にあったテレビコマーシャル業界で、この出会いは大林の人生を大きく変えることになる。というのも、広告代理店の電通の宣伝技術局でテレビコマーシャルの企画をしていた水島寛がこの上映会で大林作品を観て感銘を受け、コマーシャルフィルムの演出をやってもらえないかという相談を持ちかけてきたのだった。これは個人映画作家の大林にとっては全く意外な提案であった。

テレビコマーシャルでの冒険

一九六〇年代は映画業界の退潮とオーバーラップして、テレビ業界は皇太子成婚や東京五輪といった「テレビで見たい国家的イベント」相次ぐおかげで受像機も大きく普及して躍進の一途であったが、その影響力が増すほどに大宅壮一が「一億総白痴化」の警鐘を鳴らしたり、白眼視されているところがあった。映画人の一部はこの新しいメディアを「電気紙芝居」と揶揄して高楊枝を決め込んでいたほどなので、ましてそこに流れるテレビコマーシャルなどというものは番組にくっついた盲腸のごとき、格下の余計なものという認識であった。

そういう扱いのテレビコマーシャルゆえに、作り手にも事欠いてPR映画のスタッフが請われて代理店のコマーシャル企画者になったり、仕事が減っていたニュース映画のカメラマンがアルバイトのように撮影を任されたり……という苦し紛れの状況で、後にはあこがれの職業となるCMクリエーターもこの頃は出入りの町場の写真屋さんくらいの扱いであった。映像にまつわる人材もインフラも撮影所はごまんと抱えていたのに、映画業界はテレビコマーシャルはおろかテレビドラマですら卑下して、おおっぴらには関わろうとしない時代だった。

したがってくだんの電通の水島寛が大林にコマーシャルフィルムの演出家をやってみないかと申し出た時も、はじめに「これから私が言うことで、私を殴らないでください」と断ったと大林は語る。大林のような純然たるアーティストに、映画界からはずいぶん格下に見られていたコマーシャルフィルムをお願いすることはたいへん無礼なことだと思ったわけである。しかし、当時の高度経済成長期の広告業界としては広告の質をレベルアップし、業界そのもののステイタスを向上させることが喫緊の課題であった。

そしてここで水島が付け加えた「要望」がふるっていた。それは大林が映画人生における名言のひとつとしてよく挙げるこのひとことだ。「ＣＭでたくさんのギャラをとって、できればオープンカーに乗って、隣に若い金髪のモデルを乗せて、後部座席に「平凡パンチ」と「朝日ジャーナル」を置いて、銀座四丁目を走ってくれませんか」。つまり広告業界は、大林という異才をスタークリエイターとして立てて、現在よりずっといい人材が入ってきて業界を活性化してくれるように持って行きたいのだ、というのがこの趣旨であり、言わば大林に「広告業界の広告塔」になってほしいという切なる「要望」であった。

大林はこれを非礼と思うどころかひじょうに面白く感じ、この飛躍的な経済成長のもとで勢いづきつつあったテレビコマーシャルの世界に前向きに「引用」されていった。以後、なんと大林は生涯に二千本を超えるコマーシャルフィルムを演出することになるのだが、こだわりの個人映画作家だった大林がここまでCMディレクターというなりわいに面白さを感じて打ち込めたことには、ふたつの理由があるだろう。ひとつは、まだこの時代は広告がシステマティックに制作される前夜であって、餅は餅屋で表現者の自由度が高かった。これが時を経て業界が成熟すると、広告の企画決定や制作にまつわるプロセスが整備されて、CMプランナーやCMディレクターの自由度は一気に減ってしまう。大林は自らのCMディレクターの季節を「スポンサーつきで個人映画が、大変潤沢な予算でつくれる」時代であったとし、「確かに（商品のためのものなので）言葉としてのメッセージは伝えられないけれども、感性としてのメッセージは伝えられる」と後年語っているが、そんな時期にテレビコマーシャルの作り手であったことは、これまたひじょうに幸運なことであった。

そしてもうひとつの理由は、今の言葉にもあった制作条件の潤沢さであろう。当時の不振の一途をたどった映画業界ではどんどん予算も厳しくなっていったが、テレビコマーシャルの現場にあっては映画より格段に多くのフィルムが回せて、大がかりなロケやセット撮影も可能であった。しかも、当の映画撮影所のステージを借りて、「大林宣彦のプライベート作品でよかった」コマーシャルフィルムを「量産」できるというのは本当に理想的な時代とのめぐり合わせであった。

しかも大林がよく例に引くように、こうした撮影段階のみならず、ポストプロダクションでのオプティカル処理ひとつとっても、海外のラボで仕入れたスキルを試したり、さまざまな技術的な模索も出来た（そんなことは衰退しゆく映画の現場ではあり得なかった）わけで、こうした蓄積はすべてその後の劇場用映画の時代に活かされてゆくことになる。

大林が手がけたコマーシャルフィルムのなかにはレナウンの「イエイエ」のようなつくり自体が凝ったものから、「うーん、マンダム」の台詞で一世を風靡したチャールズ・ブロンソンの男性化粧品や「ラッタッタ」の台詞で人気だったソフィア・ローレンのスクーターのCMをはじめ、カトリーヌ・ドヌーヴやカーク・ダグラスなど海外の大スターが登場する絢爛たるCMも多く、大林はさまざまなフェーズでコマーシャルフィルムという表現を愉しみつくしていた。そして、もちろんCMはオンエア時は詠み人知らずであるわけだが、私は六十年代から七十年代に

『瞳の中の訪問者』撮影スナップ

かけて時々きわめて独特なけはいを持ったＣＭに遭遇してはそれが気になってならないという経験をよくしていて（とりわけカルピスやレナウン、トヨタのＣＭにおいて）、後年それらが全て大林作品であったことを知って驚愕した。そんな昭和の熱心なテレビっ子であった一九六〇年代前半生まれの万博世代の私は、揺籃期から大林ＣＭのフレーバーを刷り込まれながら育ったふしがあり、『ＨＯＵＳＥ』を観た際もそういうあまたのＣＭで感じた特異なトーンとパルスを感じて、これを「カタログ映画」と批判する先行世代とは真逆の親近感を覚えたのだった。それで、本書の『瞳の中の訪問者』の項に詳しいが、十五歳の私は『ＨＯＵＳＥ』直後の四十歳の大林監督に初めて出会うこととなって「なぜ『ＨＯＵＳＥ』の〈大林調〉はこんなにＣＭ的なんですか」と悪気なく質問したところ、ごくさらりと「それはＣＭというものが〈大林調〉なんですよ」という答えが返ってきて、コペルニクス的転回のごときものを感じたのだった。

これは大林の映画人生を俯瞰するうえでもひじょうに重要なところで、大林が劇場用映画を撮り出してしばらくは、否定的な批評家筋は「大林はＣＭ的」と評していたけれども、それは認識不足というもので、そもそも「表現」と呼べる水準になかったコマーシャルフィルムの領域に「引用」された大林は、二千本を超えるＣＭに個人映画と地続きの〈大林調〉をもって個性を与え、それをもってわが国のテレビコマーシャルという分野のいしずえを創った人なのであった。つまり〈大林調〉がＣＭ的なのではなく、高度成長期に「量産」された目覚ましい大林ＣＭの〈大林調〉によってテレビコマーシャルの側が規定されていた、というわけである。逆に言えば、大林はそれが８㎜であれ16㎜であれ35㎜のコマーシャルフィルムであれ、場所は違えども〈プライベート作品〉として自分の詩を歌っていたということだ。そこが大林の作家性の本質といえるところだろう。

ところでここで私自身が大林ヒストリーの登場人物になってしまうのだが、『ＨＯＵＳＥ』の後の大林監督との出会いに刺激され、映画少年の私は監督になりたいと思った（そういう映画少年たちから本書の対談に登場する〈大林チルドレン〉の監督が輩出する）。しかし当時は映画会社が助監督を採用していなかったので、くだんの大林と全く同じ動機で、劇場用映画と全く同じ工程と潤沢な予算で「ミニ映画」を創れるのはテレビコマーシャルではないかと思いたち、大学卒業後に電通に入社した。入社してもＣＭクリエーターになるのはさらに試験があっての狭き門なのだが、幸いにも私はクリエーティブ局に配属されて希望のＣＭプランナー、後にはクリエーティブ・ディレクターになるのだが、なんとこの配属先の局長がくだんの大林をＣＭ界に誘った張本人の水島寛で、直属の上司が石上三登志の筆名で知られる、映画評論家にして名うてのＣＭ企画者であり、長年にわたる大林の盟友であった今村昭なのだった。ちょっと出来過ぎなくらいの奇遇であった。

　石上こと今村は、それこそ「キネマ旬報」や「映画宝庫」などで批評は熟読していたし、なにしろ微熱とともに幾度も観た『ＨＯＵＳＥ』にも出演していたから、さすがにもの凄い偶然の連続を経て私がこのあまりにも大林にゆかりのある場所に勤めているというのは運命じみたものを感じざるを得なかった。ただしこの大林の青春の高度成長期とは違って、私の青春のバブル期にあっては、広告クリエーターは花形職業扱いこそされていたものの、広告におけるクライアントの発言権は絶大で、テレビコマーシャルをつくるうえでの自由度はかなり失われていたので、石上とはどちらかと言えば会社の上司部下というよりも映画評論家の先輩後輩としてＣＭよりも映画の話をしていることのほうが多かった（なんたることか石上と私はゴジラの襲来する品川八つ山橋をはさんで対岸のマンションに住んでいたので、この長い会話は石上が電通を卒業して亡くなる直前まで続いた）。

　しかしこういう人のえにしのなかにいるからには（すでに大林監督は劇場用映画が主でＣＭはあまり手がけなくなっていたが）大林監督と一度はコマーシャルフィルムを作っておきたいと思い、何かいい企画はないかと模索していた。するとちょうど九十年代初頭のある石油会社の企業ＣＭをプレゼンテーションすることがあって、私は黒澤明監督が映画『夢』のために描いた壮麗な絵コンテのうち、費用と技術の問題で映像化ならなかった幻の第一話「飛ぶ夢」をアニメーションとしてＣＭ化できないものかと黒澤監督に手紙を書いて許諾を得た。学生服を着た少年が摩天楼のはざまを綱渡りしているうちに均衡を逸して墜落、そこへ天使が飛んできて少年を救い、幾何学の数式が星座をなす大宇宙に連れてゆく……という、まさに実写で観たかった夢だ。

　提案した企画は即採択され、このアニメーションに黒澤作品のタイトルを結合して「一番美しく、生きる」というコピーを付け、さらに私の好きなドビュッシー「沈める寺」をオーケストラ用に編曲したＢＧＭをＮ響メンバーに演奏して「劇伴」とする、バブル景気に乗っかってそこまで好き放題枠組みを企画したところで、とどめを刺すべく演出を大林監督にお願いした。すると大林監督が打ち合わせで「元の絵をセル画にした後、それを東宝のステージに端っこに置いて、逆の端から望遠レンズで撮ると何か黒澤さん的な空気が映らないかな」と言うので、それはまたお得意のギャグなのかと思いきや、意外に監督はまじめな表情だった。そこで大林監督という人は映画界とCM界の重鎮というこわばりもなく、こういう永遠のアマチュアみたいな思いつきをもって映像と実験的に遊んでいたいのだなと感動した。しかも、このCMのナレーターは誰にしましょうかと相談したら、即座に「石上三登志」という案がかえってきて、結果、このCMは大林――石上――樋口の記念すべき共同作業となった。

それから二十年近くを経たゼロ年代、ある保険会社のCMで今度はジャニーズ事務所の代表的なタレントをメインに据えた企画を手がけていた時、長めの企業CMがいくぶんセット予算もかけられる規模で採択されたので、もうほとんどCM界を遠く離れていた大林監督に、久々にご一緒しませんかとお願いをした。これはアニメではなく、実写のタレントCMなのだが、ここでも私は驚かされた。ひとつはセットの建て込みをチェックに行ったら、大林組のスタッフ各位が奮発してスタジオにぎょっとするほど大きなセットが建ち、目抜き通りもできていて車が走っている(!)。しかも通常の出演料では到底まかなえない多数の大林映画出演者の皆さんが脇役を買って出てくださって、目をみはるほど贅沢なキャスティングになっている。

すると大林監督は「もう最近は映画でこんなセットを組む予算なんかつかないから、今回は思わずここまで建てちゃった」と悪戯っぽく微笑されていたのだが、今ひとつ驚いたのはもはやデジタル合成とVFXの時代であったのに、監督がイマジカで埃をかぶって眠っていたオプティカル処理の機器を発掘させて、そこで往年の情緒ある光学合成を再現してみせたことで、これにはイマジカの若手スタッフも考古学的な感動を覚えたようだった。おそらくこのCMはかかる規模感のものとしては大林監督のCM史の掉尾を飾るものだろう。

そんな次第で一九六四年の東京五輪の年に、電通の水島寛に誘われてテレビコマーシャルの世界に入った大林は、盟友の石上三登志望＝今村昭や小田桐昭とともにCMの一時代を築き、その二千本を超すCM作品史の締めくくりに私が立ち合ったというヒストリーが描かれるのだが、実は大林の個人映画作家としての仕事は、こうして広告業界に関わり出してからもしばらく続いていた。というよりも、そこにおいて大林の個人映画時代の頂点をなす傑作が生みだされた。

伝説の誕生『いつか見たドラキュラ』

それはもちろん一九六六年の16㎜作品『ＥＭＯＴＩＯＮ＝伝説の午後 いつか見たドラキュラ』なのだが、これは前衛的なアーティストの砦となっていた草月ホールの第一回日米アンダーグラウンド上映会のために作られた。ＣＭディレクターになった自らが失われた青春を回顧するという軸に、ありとあらゆる映画へのオマージュが嬉々と盛りこまれてゆくこの作品は、折からのアングラブームに乗って大人気を博し、全国の大学祭の五分の三が上映したという伝説が残っている。大林によれば、後に大ヒットした『時をかける少女』をしのぐ数の観客がこの映画を観ているという試算も成り立つらしい。

『いつか見たドラキュラ』には作曲家の宮崎尚志や電通映画社のプロデューサーであった喜多村寿信ら、大林がＣＭの世界で知遇を得た仲間たちも参加しているが、8㎜時代の試作を経て前作『Complex＝微熱の玻璃あるいは悲しい饒舌ワルツに乗って葬列の散歩道』で一気に輪郭づいた大林映画の話法が、さらにコマーシャルでのさまざまな技術的試行によってまた一段と洗練された感があった。大林とともに六十年前後から個人映画、実験映画の三羽烏と目されていた高林陽一と飯村隆彦は、やはりＣＭ界への誘いを受けていたが、高林はさすがにＣＭは短すぎるので生理に合わないと言って京都へ戻って、ＳＬのドキュメンタリー『すばらしい蒸気機関車』を撮り、飯村はほんの少しＣＭを作ってみたが性に合わず、逆にいっそう実験映画の純粋性を突き詰めるべく渡米した。そんななか、コマーシャルフィルムにさまざまな試みの芽を見出した大林だけがむしろ積極的にＣＭディレクターという立場を愉しんでいたわけだが、それは至って正解であった。

大林の強烈な〈私性〉に、不可避的に客観性が求められる広告作業でのレッスンがうまく作用し、またそこにおいて試される技術的なトライも糧となって、大林の作家性は『いつか見たドラキュラ』でひと皮むけた感じがあった。コマーシャルの仕事のかたわらで一年を費やしてこつこつと撮影された『いつか見たドラキュラ』は、ロジェ・バディム『血とバラ』からあまたの西部劇のガンプレイへのオマージュまで天真爛漫な「映画ごっこ」と例の特異な抒情を呼ぶ〈大林調〉の映画話法の融合が〈なにぶん当時の尖鋭な実験映画はしかつめらしい難解さと退屈さに占められていたから〉ひじょうに見た目にもとっつきやすく、スタイリッシュでもあったので、風俗的な話題にもなりやすかった。

　風俗的といえば、この作品がまさにその寵児となったアングラブームについては、『いつか見たドラキュラ』に特別出演している、上映団体としての「フィルム・アンデパンダン」同人の金坂健二と佐藤重臣が火付け役だったと言われる。金坂健二はもともと松竹の城戸四郎会長の通訳として国際部に籍を置いていたが、休職して渡米留学するうちにアメリカの実験映画作家たちと知遇を得て、実験映画、前衛映画のたぐいが「アンダーグラウンド」と称し始めていることを日本に伝えた。それを面白がったのが、アメリカ実験映画の潮流を日本に紹介していた『映画評論』誌の編集長・佐藤重臣で、「アンダーグラウンド」を「アングラ」と通りよくして喧伝するうちにマスコミが大きく反応して広まった。そういう意味では、先ほど『いつか見たドラキュラ』はアングラブームに乗って、と記したのは少し違っていて、これがアングラの震源地そのものであったというのが正確かもしれない。

　もっとも『いつか見たドラキュラ』のような作品がそこかしこに転がっているわけでもなく、「アングラ」は映画の世界よりも、唐十郎、寺山修司、佐藤信らを筆頭とするあまたの前衛演劇を沸かせるフレーズとして流通していった。そして大林は一躍時代の寵児となったが、ここで『いつか見たドラキュラ』に接して共鳴した若き観客たちがやがてさまざまなメディアの人間に育って、この一九六六年から六七年あたりにかけての『ドラキュラ』をめぐる熱気は、十年後の『ＨＯＵＳＥ』の実現にもつながっていくのだった。

　さて、『いつか見たドラキュラ』の熱い人気の後で、大林はそれこそ「アンダーグラウンド文化」のメッカであった新宿蠍座が企画した「大林宣彦回顧展」のために16㎜作品『ＣＯＮＦＥＳＳＩＯＮ＝遥かなるあこがれギロチン恋の旅』を作った。だが面白いことに、本作はあの絢爛たる〈私性〉の噴出もサービス精神に満ちたオマージュもふんだんな『いつか見たドラキュラ』とは対照的に、ひっそりと故郷・尾道に帰還して自分だけに向けて撮ったスケッチふうプライベート・フィルムのごときおもむきであった。かつて大林は、一九六四年から放映されて評判だった林芙美子原作、林美智子主演で、尾道を舞台にした連続テレビ小説『うず潮』のような雰囲気を出したかったと語っていて驚いたが、これは『さびしんぼう』や『おかしなふたり』の原点にも見える。あいかわずの〈大林調〉は楽しめる作品ながら、『いつか見たドラキュラ』の再来を期待した観客ははぐらかされた気分だったかもしれない。

思うに大林としては『いつか見たドラキュラ』で自らの話法や美学をひととおり突き詰めて、16㎜の個人映画作品としては例外的な数の観客を集めることにも成功し、このサイズのフィルムで試すべきは一気に全てやりおおせた感が強かったのではないか。『CONFESSION＝遥かなるあこがれギロチン恋の旅』には、そういう燃え尽きた感覚が漂い、最後は「さて、もういいだろう。もうおしまいだ。一九六八年四月四日、これは僕の家族である」で終わるこのフィルムを『Complex＝微熱の玻璃あるいは悲しい饒舌ワルツに乗って葬列の散歩道』以来の16㎜三部作として、大林の個人映画時代は終了する。

この時、大林はちょうど三十歳であり、以後七七年に『HOUSE』を撮るまで三十代を通してテレビコマーシャルの演出に専念する。そして『HOUSE』以降の四十代は精力的に劇場用映画を撮りまくり、さらに五十歳の年に「A MOVIE」という大林映画の〈私性〉の刻印をとっぱらって新たな劇場用映画を模索することになる。こうして大林映画は、なぜかきりよく十年ごとに作家的な節目を更新してゆくのだが、その最初の個人映画作家の季節はこのように幕を閉じた。

ヒストリー

ヒットメーカーからアーティストへ

Obayashi Nobuhiko's History

中川右介
Nakagawa Yusuke

大林宣彦が『HOUSE』で商業映画デビューした一九七七年、映画人口(一年間の映画館への総入場者数)は一億六五一七万人で、ピークの一九五八年の一一億二七四五万人の一五パーセンにまで落ち込んでいた。二〇一八年が一億六九二一万人と、だいたい同じなので、底を打ちつつあった頃と言える。

一九七七年はシネコンもなく、日本映画は二本立てが当たり前で、興行システムとしては一九五八年と同じだが、映画人口は現在に近い。

つまり、大林宣彦の四十年間とは、旧来型の映画製作と興行システムが崩壊し現在のようになるまでの歴史と重なる。

六十年前は六つの「映画会社」があり、それぞれが毎週二本の新作を作っていた。ここでいう「映画会社」とは自前の撮影所を持ち、専属の俳優を抱え、脚本家も監督も技術スタッフもみな正社員として雇用し、配給機構を持ち、全国に系列の映画館網を持っていた会社のことだ。そういう「映画会社」は、いまは一社もない。

大林宣彦が大学を卒業して就職を考えていた一九六〇年前後は、そういう時代だった。夢のような時代ではあったが、映画監督になるには、その六つの映画会社の入社試験を受けて助監督となり、何年も修業するという「厳しい現実」もあった。その試験は、東大、京大、早稲田など有名大学を出たエリートしか合格できない難関だ。

映画が大好きな青年だった大林宣彦は、入社試験というシステムに「権威」を感じ、もともと、〈既成の権威の枠組みの中に入るための学校の勉強は、なんだか不自由で好きじゃなかった〉こともあり、〈映画会社の入社試験を受けるという発想〉はしなかった（『大林宣彦の体験的仕事論』より）。

大林宣彦が何らかのコネを駆使して映画会社に就職できたとしても、待っていたのは倒産か合理化だった。新東宝の倒産が六一年、大映の倒産と日活のロマンポルノへの転身が七一年だ。残る東宝、松竹、東映にしても合理化は避けられず、監督に昇進できたとしても、活躍できる場は限られていた。

一九六〇年前後に大林青年が感じていた映画会社の「権威」は、大林が『ＨＯＵＳＥ』で商業映画デビューした一九七七年には壊滅寸前だった。大林は幼少期に体験した「焼け野原となった日本」と、映画界の惨状とを重ね合わせ、「日本社会の再建は上の世代の仕事だったが、日本映画の再建は、自分の仕事になりうる、いや、自分にしかできない」と考えていた――としか思えない。

以後の大林の歩みは、大手映画会社の経営維持請負人としての側面も持つからだ。

東宝・角川時代

最初期の大林映画は「東宝」の映画でもあった。『ＨＯＵＳＥ』は東宝映像製作、東宝配給という、まさに東宝映画である。『瞳の中の訪問者』（１９７７）はホリ企画制作の製作で、配給は東宝、『ふりむけば愛』（１９７８）は東宝とホリプロの提携でホリ企画制作の製作、東宝配給だった。

この三作はどれも「山口百恵」が関係する。『ＨＯＵＳＥ』は百恵・友和映画『泥だらけの純情』との二本立て、『ふりむけば愛』は百恵・友和そのものだ。『瞳の中の訪問者』は百恵を含む高三トリオの卒業コンサートのドキュメンタリーとの二本立てだった。

東宝映画との関係は『さびしんぼう』（１９８５）、『姉妹坂』（１９８５）まで継続する。前者は富田靖子、後者には富田、紺野美沙子、浅野温子、沢口靖子と四人の若手女優が揃った。

この東宝時代と重なるのが角川映画時代（現在の角川映画ではなく、角川春樹が製作した一群の映画のこと）だ。『ＨＯＵＳＥ』の前年の一九七六年に、外部から日本映画に参入してきた、もうひとりの映画青年が角川春

『瞳の中の訪問者』

瞳の中の訪問者
DVD（デラックス版）：4,700円＋税
発売元：NBCユニバーサル・エンターテイメント

樹だった。

大林宣彦と角川春樹の最初の接点は一九七五年の『本陣殺人事件』の関係者試写会だった。この映画の監督・高林陽一は大林の盟友であり、大林はこの映画の「音楽」を担当している。角川春樹の名はこの映画のクレジットにはないが、原作の版元として宣伝協力費を出資し、文庫と映画のタイアップを試みていた。試写での対面は挨拶程度で終わり、二人が手を組むのは四年後なのだが、八〇年代の日本映画界を監督とプロデューサーとして牽引する二人は、ほぼ同時期に既成映画界に足を踏み入れた。

角川も第一作『犬神家の一族』は東宝と提携した。これは偶然ではないだろう。歌舞伎興行から出発した松竹をはじめとする映画会社とは異なり、東宝は阪急という大企業グループのひとつで、撮影所を切り離すなど、最も近代的な経営をしていたので、外部の才能が必要だと合理的に判断できたのだ。

映画会社は撮影所と映画館を持っているのに、観客を呼べる企画の立案能力がない。大林と角川には、いくらでもアイデアと企画があった。

大林の角川映画第一作はパロディ映画『金田一耕助の冒険』（１９７９）で、以後、薬師丸ひろ子主演『ねらわれた学園』（１９８１）、原田知世主演『時をかける少女』（１９８３）、アニメ『少年ケニア』（１９８４）、原田知世主演『天国にいちばん近い島』（１９８４）、原田貴和子主演『彼のオートバイ、彼女の島』（１９８６）まで続く。『ねらわれた学園』のみ東宝の配給で、あとは東映が配給したが、これは角川側の事情だ。

角川映画は、角川春樹という強烈な個性のプロデューサーのもとで作られているので、個性ある監督たちも萎縮してしまうのか、本領を発揮できた人は少なく、数本でやめてしまうのだが、大林は最多の六作を撮った。そのどれもが、紛れもなく角川映画であり、紛れもなく大林映画でもあった。

女性アイドル映画の伝統

この八六年までの東宝＆角川時代には、若い女性が主人公の「アイドル映画」という共通点がある。

「若い女優が主演する映画」は日本映画のひとつの伝統でもある。かつて、美空ひばり、吉永小百合という大スターがいて、山口百恵は歌手でありながらも、女優としてはその系譜に位置する。大林映画はその女性アイドル映画の伝統を継承しつつも革新した。

大林が撮った百恵・友和映画は『ふりむけば愛』だけだが、実は彼女のデビュー直後からグリコのテレビコマーシャルを撮っている。百恵の芸能生活で最も長く一緒に仕事をした人が大林であり、グリコのCFは長い劇映画の断片とも言える。

この一連のCFがアイドルの出るコマーシャルの「型」を作ったとも言え、その延長にある『ふりむけば愛』によって、文芸作品を原作とする古典的アイドル映画は、現代の青春を描く映画へとリセットされて、『ねらわれた学園』と『時をかける少女』によって、新たなフォーマットが確立された。

この時期に大林のアイドル映画がなかったら、現在の「胸キュン映画」も存在しないだろう。『HOUSE』がなかったらJホラーが存在しなかったように。

大林アイドル映画が支えた日本映画

東宝・角川時代に、大林の「個人映画」として製作され、商業映画として封切られたのが、『転校生』(1982)と『廃市』(1983)である。『転校生』は日本テレビと日本アートシアターギルド(ATG)の提携作品で大林のPSCは製作協力、松竹が配給、『廃市』はPSCと新日本制作、ATGの提携作品でATCが配給した。

ここで日本テレビと松竹との関係も始まるが、松竹映画を撮るのはまだ先だ。

『転校生』は大林映画として初の「キネ旬ベスト・テン」映画となった。八二年の第三位である。それまでの大林映画は観客動員はよくても、批評ではさんざんだった。個人映画時代は高い評価を得ていたのが、商業映画に転じたので「堕落」したと思われ、酷評されていたが、ローバジェットの個人映画的なものを作ると、評価された。

大林自身も映画も何も変わっていないのに、外側のパッケージで評価する人がいかに多いかである。

パッケージは角川映画、中身は個人映画として作られた『時をかける少女』こそが、興行成績と評論家の評価と、一般の観客の支持とが合致した作品だった。興行収入年間二位（二八億円）、「キネ旬ベスト・テン」十五位、同読者選出三位である。

八五年の『さびしんぼう』もベスト・テン第五位となり、いわゆる「尾道三部作」はどれも高い評価を得て、大林は映画界に欠かせない映画作家となる。

この三部作は製作・配給はすべて別会社であり、尾道が舞台、少女が主人公、SFファンタジー的設定、尾美としのりがヒロインの相手役という以外は共通点はない。最初から「三部作」の構想があったわけでもなく、いつしかそう呼ばれるようになったわけだが、この「戦略なき戦略」、やっているうちに「辻褄があう」というのが、大林の生き方、大林映画のあり方となっていく。

さて──この間の映画人口はどうなっていたか。七七年は一億六五一七万人で、八六年は一億六〇七五万人である。下がる一方だったのが、年によっては前年比プラスにもなっていた時期で、『時をかける少女』が公開された八三年は一億七〇四三万人だった。この数字には外国映画の観客も入っており、当時はスピルバーグとルーカスの全盛期なので、その数字が大きく影響しているが、映画人口の下落を食い止めるのに、大林映画もかなり貢献したと言っていい。

大林宣彦本人に「アイドル映画」という意識があったかどうかはともかく、最初の十年の大林映画たちはアイドル映画の古典的名作となった。だが、大林宣彦は「アイドル映画の巨匠」としての地位に安住はしない。『HOUSE』など初期には「映像の魔術師」と呼ばれていたが、それをあっさりと捨ててしまったのと同じだ。

松竹・東映時代

次への移行期が一九八六年から八八年で、『四月の魚』（１９８６）、『野ゆき山ゆき海べゆき』（１９８６）、『漂流教室』（１９８７）、『日本殉情伝　おかしなふたり　ものくるほしきひとびとの群』（１９８８）が公開された。大手映画会社は製作、配給とも関係していない。

そして、一九八八年から大林宣彦の松竹映画が始まる。製作・配給とも松竹なのが、『異人たちとの夏』(1988)、『女ざかり』(1994)、『SADA』(1998)の三作、松竹が配給したのが『北京的西瓜』(1989)、『ふたり』(1991)である。これらには「松竹配給」以外の共通点はないが、たしかにどれも松竹映画らしく見える。

幕末から明治にかけての歌舞伎台本作家、河竹黙阿弥は「客によし、役者によし、座元によし」をモットーにしていた。観客を楽しませ、スター役者を気持ちよくさせ、劇場を儲けさせたのが、黙阿弥の歌舞伎だ。この時代の大林は、松竹にとって、黙阿弥的映画作家だっただろう。ついでに評論家にも好まれ、『偉人たちとの夏』はキネ旬ベスト・テン第三位、『北京的西瓜』は同第六位、『ふたり』は同第五位となった。

同時期の大林映画は東映も配給していた。製作に東映の社名がクレジットされているものはないが、『青春デンデケデケデケ』(1992)、『はるか、ノスタルジィ』(1993)、『あの、夏の日~とんでろ　じいちゃん~』(1999)が東映の配給だ。強引にまとめればノスタルジー・シリーズになるが、そうする意味もないだろう。

このなかでは『青春デンデケデケデケ』がキネ旬ベスト・テン第二位になっている。

東映以外にも、再び東宝でも撮っている。『水の旅人　侍KIDS』(1993)、『あした』(1995)が東宝の配給だ。『風の歌が聴きたい』(1998)もこの時期だが大手三社は関係していない。

最初の尾道三部作が製作・配給はバラバラだったように、「新尾道三部作」も、『ふたり』は松竹、『あした』は東宝、『あの、夏の日　とんでろ じいちゃん』は東映と、見事に分かれている。そして、これも最初から大手三社横断プロジェクトだったのではなく、結果としてこうなったという、戦略なき戦略による。

一九九〇年代の大林は、テレビのために作ったものに、手を入れて劇場公開版も作るなど、やれることは何でもやろうという柔軟的な姿勢で取り組み、またハイビジョンなどの撮影、編集での最先端技術を道入し、「映像の魔術師」としての健在ぶりも示した。

『ふたり』

大映・角川時代

二十一世紀に入る頃から、シネコンの登場、製作現場でのデジタル化など、映画は興行・製作とも大きく変化していった。

一九七一年の倒産以後、徳間康快が経営を引き受けていた大映は、二〇〇〇年に徳間が亡くなると、角川書店が引き受けた。この時点での角川書店は角川春樹はすでに去っており、角川歴彦がトップとなっている。角川傘下に入った大映は何度も社名が変わり、いまは角川映画となっている。

二〇〇〇年代はこの旧大映の角川映画で、大林映画は製作・配給されていた。『なごり雪』(２００２)のみが大映で、以後は角川映画となり、『転校生～さよなら　あなた～』(２００７)、『22才の別れ Lycoris 葉見ず花見ず物語』(２００７)、『その日のまえに』(２００８)である。

この間の二〇〇四年にテレビのために作った『理由』が劇場で公開された際、配給を担ったアスミック・エースも当時は角川系だった。

古里映画時代

こうして――六十年前に映画会社の入社試験を一社も受けなかった大林宣彦は、気づいてみたら、四十年間に、東宝、松竹、東映、大映(角川)で「大林映画」を撮っていた。

計画してできるものでもなく、なりゆきでこうなったわけだが、快挙である。六十年前へ時間旅行をして大林青年に教えたら、どんな顔をするだろう。

二〇一〇年代、大林は個人映画に回帰する。だが、以前とは異なり、「古里映画」として作られる。これまでの「尾道三部作」とか「アイドル映画」、あるいは「映像の魔術師」といった呼称は他人が付けた名称だが、「古里映画」は大林自身が命名している。

「古里映画」のプロトタイプとなるのが二〇〇二年の『なごり雪』である。二〇〇〇年に大分県で全国植樹祭があり、大林はその演出を依頼された。これが大分県との付き合いの始まりで、二年間、通うことになった。その過程で臼杵とも出会った。

こうして臼杵でロケをした『なごり雪』が生まれた。市の協力を得て作られ、地元の人びともエキストラとして撮影に参加した。だが、いわゆる観光誘致の「町興し」ではない。古い里を残そうという考えが根底にある。続いて、大分では『22才の別れ』も撮り、長野市で『転校生　さよならあなた』を撮る。

『この空の花　長岡花火物語』（２０１２）から、本格的な古里映画にして個人映画になる。大手映画会社に頼らない配給で、製作母体としては、その地域で製作委員会を作る方式が導入され、『この空の花』では「長岡映画」製作委員会、『野のなななのか』（２０１４）では芦別映画製作委員会、『花筐／ＨＡＮＡＧＡＴＡＭＩ』（２０１７）では唐津映画製作推進委員会が作られた。製作委員会方式というと、出資者の意見が入り乱れて、没個性的映画になりがちだが、大林の古里映画では、大林の個性が確立されている。

『この空の花』以降は「戦争映画」でもある。しかし、英雄的な兵士が活躍する愛国的な戦争映画ではないので、大きなシネコンでは公開されない。

そういう映画は、評論家たちは喜びそうなものだが、『この空の花』は映画のフォーマットから大胆に逸脱していたので、理解されなかったのか、ベストテンには入らなかった。だが慣れてきたのか、『野のなななのか』は第四位、『花筐』は第二位になる。二〇一〇年代になっても、なお、大林映画のほうが時代より先を行く。

「映画会社の専属監督」以外は、すべてをやった――それが大林宣彦の生き方だ。

そして、製作母体が何であれ、大林映画は常に大林映画だった。

このような人は、他にいない。そしてこの人がいたから、日本映画は一九七〇年代半ばのどん底から、さらに落ちていくのではなく、どうにか踏みとどまれたのだ。

テレビドラマ作家としての足跡

古崎康成
Furusaki Yasunari

映画『ＨＯＵＳＥ』で大林宣彦が映画界に新風を送り込んだ衝撃は強烈なものがあったが、続いてテレビドラマに乗り込んだときの破壊力もかなりのものがあったことを忘れてはならない。

当時驚きを今の感覚で理解してもらうのは難しい。現代の「テレビドラマ」は当時の「テレビドラマ」と名は同じだが中身はまったく別物であった。まだまだ生ドラマの遺産として、映画的な要素より舞台劇の中継的な要素が強かった時代である。映画は監督のものだがテレビドラマは脚本家のもの、と言われた時代である。佐々木昭一郎の作品や鈴木清順など、独特の持ち味でテレビドラマの世界で独特の映像美で見せる演出家もいなかったことはないが彼らは主に単発ドラマの世界で活躍した。一方、大林が「降臨」したのはごくテレビ局が主戦場としていた普通のゴールデンタイムに放送される連続ドラマの世界だった。茶の間でごく普通のドラマをのんびり見ていた我々の前に何の予告もなくいきなり独特の映像がぶちまけられたようなものだった。

『新木枯し紋次郎』

大林が最初に関与したテレビドラマは『新木枯し紋次郎』（１９７７、東京12チャンネル）。ヒットした『木枯し紋次郎』（１９７２、フジ）を同じ中村敦夫主演で再度、映像化したもので、彼が手がけたのはドラマ本編ではなくオープニングのタイトルバックの演出であった。

『木枯し紋次郎』での市川崑の洗練された映像のイメージは強烈であったから、それに対峙することは難題であったことだろう。苦心の末に作り上げられたタイトルバックは市川崑と対極の、ずいぶんごつごつとした、しかしだからこそ、ひと味違う印象を残すもので湧き上がる熱気のようなものが漂う、力強い映像であった。市川が多用したコマ落としなどは実は大林も得意技であろうが同じ手法は踏襲せず、彼が主に使ったのは「多重露光」である。炎に包まれた丸い木製の火車が荒れ狂いながら回転している中を紋次郎が進んでいく。あるいは、鮮やかに映し出された孔雀の羽のような絢爛な美しい文様の光芒に覆われる中で剣を振りかざす紋次郎。または、噴出するマグマの中で剣を斬る紋次郎、などなど。作品を見返さずとも目の前に今もその映像が思い起こせてしまう。一度見たら忘れられない映像世界が提示された。

『人はそれをスキャンダルという』

大林のテレビドラマ本体の演出は山口百恵主演『人はそれをスキャンダルという』（1978、TBS）でタイトルバックの演出だけでなく第一回のみ演出を手掛けたことで実現する。初見のときはあまりもの見にくい展開に閉口した記憶がある。細切れのカット割り、過剰なカメラ移動やズーミング、せわしない展開、やかましい劇伴と、ありとあらゆる不協和音の要素が横溢していた。ただただ呆気にとられるほどの「ぶっ飛んだ」出来栄えであった。第二回以降は他の演出陣が引き継いだのだがさぞや大変だったことであろう。恩地日出夫は巧みに大林独特のテイストを引き継ぎつつテレビドラマサイズの物語へシフトチェンジさせていたが、恩地以外の演出陣はなかなか大林の強烈イメージからの脱却に苦心したようにみえた。凝りに凝ったタイトルバックも邪魔になってきたのか第十三回以降は、別のタイトルバックに差し換えられてしまった。

その後、この第一回を見直す機会が何度かあるが、このアッパレなほどの突き抜けた演出にむしろ光がさしてくる。山口百恵も『赤い』シリーズなどでの能面のようなヒロイン像と違って、どこか少し溌剌とした少女的な一面を感じさせる可愛らしさ漂うヒロイン像が映しだされている。

『可愛い悪魔』『麗猫伝説』

大林のテレビドラマの仕事はその後少し間が開き、一九八二年、「火曜サスペンス劇場」枠で放送された二時間ドラマ『可愛い悪魔』で実現する。『人はそれをスキャンダルという』（１９７８）から四年だが、この違いはどうだろうと思わせるほど一般視聴者が見ても作品の中の世界に没入することができる作品に仕上がっている。にも関わらず大林宣彦らしさはまったく失われていない。現実から隔離された世界を舞台に据えることで不協和音が不協和音でなくなり、むしろ作品世界にフィットした手法となったのである。描く対象を自らの映像が効果的に生かせる設定へ引き寄せたことで成功したといえる。

大林はこの時期、火曜サスペンス劇場で『可愛い悪魔』『麗猫伝説』に加えフジテレビでビデオ制作によるテレビドラマ『恋人よわれに帰れ』を手掛け、さらに劇場映画では『転校生』が多くの映画ファンに受け入れられ、翌年の『時をかける少女』で大きな支持を得ることとなる。それとともに『廃市』や『四月の魚』なども公開は後年になるが、この時期に手掛けている。その後の大林宣彦の評価を定着させることになるこれらの諸作がこの時期に集中している。

これだけの数の作品をほぼ同時期に手がけたことも功を奏した面があるようだ。当時の大林は一つの作品だけを手がけているとついついサービス精神旺盛な気質ゆえ持ち味を何でもぶち込んでしまう傾向があったように感じるが、これだけの数を手がけると、一つ一つの作品に持ち味をすべて盛り込むのではなく、一つ一つの作品にフィットした手法だけを選んで描き込むことになっている。余計な手法が削ぎ落とされたことでそれぞれの作品がそれぞれで輝くようになった。これは当時、大林自身、何らかの媒体で自己分析として語っていたような記憶がある。とはいえこの時期の大林作品には成功したものと失敗したものが混在している。大林宣彦の世界を愛する者にとってはすべての作品が意欲的で魅惑的な作品群に映るが、例えば『麗猫伝説』はなかなか趣味的な世界に陥って一般にはなかなかその良さがわかりにくい作品である。当時のキネ旬のドラマ評でも酷評されていた。

ビデオ素材に挑戦した『転校生TV版』から『恋人よわれに帰れ』

この時期の大林のテレビドラマへの接近の動きとしては『転校生―TV版―』も重要である。映画『転校生』をテレビ放送のために再編集しただけだが、表示されるタイトルも『転校生―TV版―』と変えてあったり、冒頭と末尾をビデオ技術で過剰なまでにコラージュし冒頭には「A MOVIE」ではなく「A TELEVISION」と出すなど、ビデオ素材をいろいろ試しながら作っている印象がある。当時『転校生』をテレビで見ることができると楽しみにしていたファンにとってはあまりに料理されてしまっていて不満も少なくなかったと記憶するが、今となってはむしろこの再編集されたTV版はパッケージ化もされていないし、再放送機会もなく、見たこと自体が貴重な記憶になりつつある。

続いて大林は『恋人よわれに帰れ』でビデオ制作によるテレビドラマを手掛ける。脚本の早坂暁は『夢千代日記』『花へんろ』を手がけた絶頂期にあたる。「早坂暁のドラマ」としてみる視聴者も多いので演出にあたって早坂脚本は尊重しなくてはならないし、未知なるビデオ素材での制作ゆえなかなか得意の映像技術も発揮しにくかった面もありそうで、結果、大林らしさがかなりの部分で封印された形になったが、やはり微妙に普通のテレビドラマとは違うテンポに支配されていて、通常のドラマならばここで盛りあげるであろうと考えられる部分をさらっと軽く流したり、闇市での乱闘場面などの群衆シーンでは、ここは寄りの絵が必要だろうというところを引きの全景で済ませてしまうなど、微妙なところで呼吸が違っていた。冒頭とエンディングに出て来る海の空撮も当時のビデオ映像っぽい薄っぺらさを感じた。全篇の撮影を担当した人物は当時他に「混浴露天風呂連続殺人」などを手がける方で、特段、映像技法に卓越しているわけでもなく、ごく平均的なテレビドラマのスタッフであったので、過度の出来を期待するわけにはいかなかった。当時いろんな媒体で本作の評価をあたったが、唯一、大きく取り上げていたのは赤旗の日曜版がコラムで大きめに触れていた程度であった。その記事も早坂暁の原爆に対する強い意志への賛辞で大林の演出に触れる部分はなかったと記憶する。

本作が大林宣彦作品の系譜で無視できない位置にあるのは、後年戦争への姿勢を明確にする大林が、本作で戦争否定を鮮明な形で前面に打ち出した早い時期の作品であるという点である。

この時期からは映画の宣伝を兼ねてであろうが、大林宣彦自身がテレビへ出演する機会も急増する。『今夜は最高！』（日テレ）へ荻野目慶子とともにゲスト出演した『ときをかけるおじさん』では「時かけ」の土曜日の実験室を再現、『おーわらナイト』（テレ東）では『姉妹坂』の沢口靖子と出演し、沢口のドキュメンタリー風の映像を披露した。あるいはＮＨＫの『きょうの料理』にも出演し我流のカレーライスを作り、「こんなものは適当につくれば大丈夫ですよ」という大林の言葉を鵜呑みにした司会アナウンサーが香辛料を入れすぎて「あっ！」となったものの後の祭りで顔をしかめつつ食事する場面で番組が終わるというようなおっちょこちょいな一面も披露した。

このように自らがテレビにも出演する中でいつの間にか大林自身がテレビの呼吸というものを身に着けていった面があるのかも知れない。

以降の大林宣彦のテレビドラマ

その後、大林は二時間ドラマ『私の心はパパのもの』を経て一九九〇年に『ふたり』でテレビバージョンを前後編で放送し、そののちに映画バージョンを劇場公開するというハイブリッドな作品づくりを手がける。『はるか、ノスタルジィ』も同様であった。ここに至り、テレビドラマの世界がシームレスに大林ワールドを内包したことになる。大林の自己革新の力も無視できないが、やはりテレビドラマの側が多様化していったことが大きい。長時間の特番のドラマが一般的になったり、ＢＳやＷＯＷＯＷの開始などでテレビドラマ自体の許容範囲が拡大したことの影響が大きいだろう。

振り返ると、むしろ七十年代後半から八十年代前半、まだまだ画一的だったテレビドラマの世界に降臨した大林ワールドを見たことが何物にも代えがたい、なつかしき衝撃体験であったと、ふと思うのである。

Filmmakers 20 **Nobuhiko Obayashi**

第2章 大林映画のヒロインたち

Part 2

秋吉久美子ロングインタビュー

大林映画には日本人の〈実像〉が描きこまれています

Interview

インタビュアー
樋口尚文
Higuchi Naofumi

樋口｜一九七〇年代のデビュー間もない秋吉さんを輝かせたのが藤田敏八監督、そして八十年代に入って秋吉さんのさらに新たな魅力を引き出したのが大林宣彦監督でした。奇しくもこのお二人はお住まいも近く一緒にテニスをするような親しい間柄で、大林監督の作品に藤田監督が俳優として出演したり（『瞳の中の訪問者』）、藤田監督の映画を大林監督がプロデュースしたり（『天使を誘惑』）ということさえありました。きっかけとして藤田監督の演出にもふれながら、大林監督の演出について深堀りできればと思います。

秋吉｜パキさん（藤田敏八）の演出は、私の気性に合う、合わないを超えて、演ずるうえでの気づきを与えてくれた。あのモゴモゴした言い方で、「おまえ、あんまり巧くなるなよ」と言うんです。言ってみれば、演技の技術というものはあくまで支えであって、それは本質ではないんだということをパキさんのモゴモゴを通して教えられたんですね。

樋口｜それはいつ頃言われた言葉なんですか。

秋吉｜まだ本格的に映画に出始めて間もない『妹』の頃でした。「おまえ演技が巧くなってきてるから、それ以上巧くなるなよ」ってモゴモゴ言うんですよ。これはテクニカルな巧さで小器用にやり出したら、原石の魅力がなくなってしまうぞというパキさんの警鐘ですね。これは私の座右の銘になりました。

樋口｜そんな藤田監督の変幻自在な演出は、どういう現場から生まれるんですか。

秋吉｜手際よくパパッと撮る日もあれば、監督からして遅刻したうえに午前中は全く何もしない日もあったりして（笑）。しかも一貫して「こういうふうに撮る」といった細かいことは言わないんです。でもそれは大きい意味でパキさんにはがっちり作った骨格があって、役者や現場の環境とかその時々の状況のバイブレーションを活かしながら、自分の構想するものに向けて微調整していたんだと思う。

樋口｜それはいかにも藤田監督らしい空気感ですね。

秋吉｜俳優はどこか、彫刻家が石にノミを打つように、自分の意識を計算づくで形にしがちなところがあると思うんです。でも映画というのは、陶芸家のように、その時々の温度とか湿度とか自分の計算の及ばない要因まで受け入れつつ、手放してゆく仕事ですよね。私も最近ようやく、意識的な演技で全てを埋めようとしないで、手放すことが必要だと思う。ちょうどパキさんが、がっちり芯を構築したうえで、新人の私が自由に演れるよう糊しろを設けてくれてたように……。

樋口｜さてそんな撮影所の新しい波だった藤田監督に続いて、今度は撮影所の外からやってきた新世代の大林監督と息が合いましたね。大林監督にかつて秋吉さんの印象を伺ったら「ひとことで言えば、秋吉君はとにかく頭のいい女優さんなんです」とおっしゃっていたのが印象的でした。秋吉さんとしては、大林監督をどんなふうに受け止めていたのでしょう。

秋吉｜大林さんは、自分ののぞき穴からどう世界を構築するか、その仕掛けにはこだわるけれど、役者には何も押しつけない。もう役者としてはただあるがままに内側のものが出てくればいいという。キャスティングした時点でご自分のゆるぎなきイメージが成立しているんですね。フェミニンな作品が多いけれど、大林さんご自身の姿勢は意外なほど男性的かもしれません。

樋口｜大林監督に初めて会った時の印象を覚えていますか。

秋吉｜優しく親しみのある表情をなさっているようなんだけど、まなざしはとても冷徹というのかな、にこやかな表情とは対照的にその視線は私と交差していない……あくまでそれは印象なんですが、言ってみれば凄く表情のある無表情。ちなみに、大林さんはナポレオンのように毎日眠らず、真夜中にピアノを弾いていることがあったんだそうです。そんなことをしながら、きっと大林さんは演技、撮影、照明、美術、音楽……といった映画の各パートの音色を脳内で織りあげているんじゃないでしょうか。大林映画はとても奔放で自由自在な印象があるけれど、実はそういうふうに隅々まで計算し尽されている気がするんです。そんな冷徹さを感じました。そして音楽家のタイプで言うと、ブラームスやベートーヴェンではなくて、バッハやマーラーなんじゃないでしょうか（笑）。

樋口｜それだけ確固たる世界観があると、秋吉さんとしては逆に安心してとことん自由に演れるわけですね。

秋吉｜私だけでなく俳優全員の演技が多少やりすぎだろうが、おとなしかろうが、そんな程度のことでは大林映画は動じない感じ。あれほど自由に新人の私を泳がせてくれたパキさんだって、巧い小芝居なんかをすると撮影を止めちゃいますよ。でも大林さんはそういうこまごました演技指導はしないし、逆に言うと「今の演技よかったよ〜」といった反応もなくて、静かにうなずいている印象ですね。

樋口―そこは意外に淡々と粛々と進んでいくんですね。

秋吉―たとえば撮影所生え抜きの東映の山下耕作監督はワンカットごとに感情を入れこみ、思い入れたっぷり大林さんの場合は台詞を間違ったり、技術上のミスがあったりしなければ、おおむね淡々と快調に進んでいきます。あらかじめ大林さんが冷徹に描いた設計図に、俳優がうまい具合にはまってくれたら合格。それは巧いとか下手とかではなくて、大林さんがピアノを弾くリズムや速度のなかにおさまるかどうかという感覚ですね。

樋口―俳優をそういう域に持っていく時に、神経質にならずむしろ鷹揚な雰囲気でやれてしまうのが大林さんの凄いところですね。

秋吉―劇場用映画の監督になる前にたくさんTVCMをやっておられたから、自分の思いを強制しなくても目指すものは撮れるという自負がおありなのではないかかな。よく演劇の演出家にいるような、怒鳴って俳優を追い込むようなことはならないですね。そういう情念を押しつけるような「文学的」アプローチは・・・(笑)。

樋口―そんなお二人が組んだ『異人たちとの夏』は、もう予想以上の大傑作となり、あの気のいい下町のお母さん役は文字通り秋吉さんの新境地でした。

秋吉―『異人たちとの夏』も脚本だけ読むと、女優としてはそんなに面白い役柄に感じられないかもしれない。でもそんな「ただのお母さん」役に、大林さんがなぜか「貴女は日本のお母さんだ」とラブレターを下さったんです。それが分厚くて達筆で監督を尊敬してしまいました。あまり面白い台詞もないし、気が進まない感じで松竹大船のセットに入った。ところがその瞬間、不思議なことにスーッと台詞のリズムやトーンが天から降ってきたんです。思わず大林さんに「わかりました。もう大丈夫です」と告げると、独特のキョトンとした表情で軽くうなずいていました。

樋口―それはどういうことが起きたんでしょう。

秋吉―どんな役者だろうが、ホンを読んだだけなら、あの両親の役のどういうところで演技力を発揮すればいいのやらととまどうはずなんですよ。だって、通常なら演技の見せどころである情念も怨念も、そのかけらすらなくて、ただサラッとしてそこにいるだけの夫婦じゃないですか。でも、あの浅草のアパートのセットに入ったら、「ああ、これは何かを演じようとか、何かをたくらもうとか、そういうことをする必要がないんだ」ということがわかってしまった。

樋口｜それは大林映画特有の、俳優はただ持ち味のままにそこにいればいいんだよという作品の方向性に共振したということですね。

秋吉｜だから初めて演技をするという夫役の片岡鶴太郎さんに「鶴太郎さんって下町育ちでしょ。それなら何も考えないで気風のいい下町の言葉や所作のリズムだけをお互い保っていたら、この役は出来ちゃうと思うよ」っておせっかいにも言っちゃったぐらいで。それで二人に餅つきみたいなリズムが生まれて、そこにある種の格調みたいなものが芽生えたらきっと成功じゃないかと。そんなことがセットに入った時につかめて、今度はもう撮影が凄く愉しくなってしまって。そこに息子役に風間杜夫さんが入ったら、もう風間さんまでキラキラ見えて(笑)。

樋口｜風間さんが息子なのに、時おり秋吉さんのお母さんに異性を見てしまう。あのそこはかとないお母さんの色っぽさがまたよかったですね。

秋吉｜でもその色っぽさって、息子役の風間さんが感じればいいことであって、お母さんはそれを意識しないほうが本質的にセクシーなんです。なのに、当時の私はつい「巧く演るなよ」というパキさんの教えを守らないで、年齢が変わらない母と息子の危うさを出そうとしたら、大林さんが「全く女性を意識しないで演ってください」とおっしゃる。その時は「私なりの解釈がなぜだめなのかな」と思ったのですが、後になれば監督が正しいことに気づくんですよね。

樋口｜それはこの親子の表現の成否を握るところですね。風間さんは秋吉さんの女性性に照れてるんだけど、秋吉さんはぽかんと気にも止めない。

秋吉｜そういう意味で特に覚えているのは、私が風間さんを踏み台にして棚から物をおろそうとして、すっこけた私が、ふと風間さんと男女のように見つめ合うシーンですね。あそこがとにかくセクシーにならないように、というのを大林さんは気にされていました。あの見つめ合う時間があと〇・五秒でも長いとおかしな意味をもってしまう。その意味が出ないところに聖なるエロスがあるわけであって、それが真っ向からただのセクシーになっては困るわけです。そっちに本気で行くならギリシャ悲劇のような深淵にはまっていかないとまずいわけですが、この役はそれ以上でもそれ以下でもないところをキープしないといけなかったんですね。大林さんは、当時の私ではちょっとまだつかめていなかったそういう間合いを細心に狙っておられました。

樋口｜しかし『異人たちとの夏』は、秋吉さんのシークエンスを筆頭に、なにげない親子や夫婦、恋人のやりとりに、不思議な魅力が漂う作品ですね。

秋吉｜この作品は観るたびに好きなところが違う、確かに不思議な作品なんですが、私と鶴太郎さんが息子の風間さんを見送りながら「またおいで」って手を振るところが、なぜか急に泣けてしまったりするんです。そのアクションはホンに書いてあったはずなんだけど、映画は役者の肉体を伴って出来上がるので、役者の背景の人生から声のひとつひとつまでをいいあんばいで切り取ることで、ぐんと含みのあるショットになるわけじゃないですか。その役者というフルーツを、どう絞ればいいスムージーになるか…その間合いを知っている大林さんという人はやっぱり特別ですよね。

樋口｜『異人たちとの夏』の延長に『淀川長治物語 神戸篇 サイナラ』があるわけですが、これも淀川さんのお母さん役でした。

秋吉｜この役も、いったい女優として何をプレゼンテーションすればいいのかわからない、地味な地味なお母さんなんです。すでに大林さんのことは深く信頼していましたので気がかりなこともなく出来ましたけど、どうやらそんなふうに大林さんは秋吉には何もやらせないほうが面白いと思っておられるのではないかな。あたかも私から武器を奪おうとするかのような方向で演出されるんです。でもそれは結果的にパキさんの言う「巧くなるなよ」と同じことなんですよね。

樋口｜そんな秋吉さんが近作の『花筐』をご覧になったら、いったいどんなことを感じられるか。それをぜひ伺いたくて初号試写をご一緒に観ましたが、たいそう驚いておられましたね。

秋吉｜年齢を重ねられて、しかも病魔と闘っている大林さんが、ここまでいきいきと激しく、表現とテーマにぶつかっていかれていくさまは私として、本当に畏怖する思いでした。あの官能と色彩が渦巻く狂気の恍惚を、いったい言葉でどう表現していいのかわかりません。その映画の匠の技に、時々心のなかで嗚咽していました。そして『花筐』は、今やあまり描かれなくなった私小説の世界を継承して、「日本人とは何か?」という問いに対して、実験映画なのに大娯楽映画という類をみないスタイルで答えようと挑んでいる。

樋口｜その「日本人とは何か」にどう解答している

ように思われましたか。

秋吉—「日本とは?」と言うと、ナショナリズム的に美化されたサムライ日本と、グローバルな売りとしてのハローキティ的なクールジャパンが真っ先に思い浮かぶわけです。でも、実際の日本人のありようはもっと「なんともいえない」微妙さがあると思うんです。自虐的で、破滅的で、でもなぜか野太くない…そんな「見え難い日本人像」がリアルなものではないでしょうか。大林監督は、そういう特殊な日本人のありよう、体質を、美化せずにそのまま撮っているように感じます。

樋口—それはひじょうに的確なご指摘で、まさにその「なんともいえない」日本人のありように踏み込んでいるからこそ、この映画も「なんともいえない」不思議なたたずまいなのだと思います。

秋吉—言葉をかえると、『花筐』はそういう「永遠の子ども」みたいな日本人像を描いているという気がします。でも思えばそれは過去の大林作品の人物たちにもつながることで、そういう意味で大林映画はどれも「青春映画」なのかもしれません。アプローチは違うけど、大林さんもパキさんも目標地点は同じだったのではないかと今思います。

秋吉久美子［あきよし くみこ］

斎藤耕一監督『旅の重さ』(1972)の文学少女役で注目されたのち、松本俊夫監督『16歳の戦争』(1973・公開 1976)で主演し、本格的に女優デビューする。藤田敏八監督『赤ちょうちん』『妹』『バージンブルース』(いずれも1974)の主演三部作で絶大な人気と評価を獲得し、70年代のシラケ世代の代表的女優として活躍。その後は『男はつらいよ 寅次郎物語』『さらば愛しき大地』『誘惑者』『インターミッション』などさまざまな作品に主演、大林監督作品では『異人たちとの夏』『淀川長治物語・神戸篇 サイナラ』『可愛い悪魔』に出演している。

常盤貴子ロングインタビュー

Interview

大林映画のカオスのなかにずっと身を置いていたいです

インタビュアー
樋口尚文
Higuchi Naifumi

樋口―常盤さんはもはや大林映画を代表するヒロインのおひとりですが、そもそも十代の時から大林映画のファンだったそうですね。

常盤―やっぱり大林映画との出会いといえば『ふたり』ですね。世代的にも、私たちがハイティーンの頃に『ふたり』を観ていた子はけっこういるんじゃないかな。もちろん『HOUSE』も『時をかける少女』も大好きですし、『さびしんぼう』も『異人たちとの夏』もとても感動しましたけど、年齢と出会いの関係で言えば凄く印象深かったのが『ふたり』なんです。

樋口―『ふたり』と言えば、あの作詞が大林監督、作曲が久石譲さんの主題歌「草の想い」ですね。

常盤―そうそう！今もって時々鼻歌で「草の想い」を唄っちゃうくらい好きですね（笑）。それに意外と、石田ひかりちゃんが家のなかで独白してるシーンがとても記憶に残っているんです。ひかりちゃんのあのいい声で、のんびりとしたペースでひとりごとを言っているところになんだか妙に萌えるんですよね（笑）。

樋口―実は当時あの映画のファンだった女子の方々とお話しすると、なぜか異口同音にあの部屋のなかでごろごろモノローグを言っている実加にはまった、あの散らかった部屋までまねをした（笑）とおっしゃるんですよ。

常盤―アハハ！その感覚、よく理解できます。あの映画はまず、ひかりちゃんやお姉さんの中嶋朋子さんが演じるティーンの女の子たちの甘く優しい世界があって、一方にそれを見守る富司純子さんや岸部一徳さんたちの苦くて辛いオトナの世界が描かれていますよね。でも、これを観た当時はあくまで女の子たちのワールドに感動してました。それが後になって観かえすと、けっこうビターなオトナの世界の話が理解できて、とても深い作品だなあとさらに気づかされました。そういえば、私はまだ訪ねたことがないのですが、あのお姉さんの千津子が事故で亡くなるシーンのロケ地は、いまだに命日にお花は供えてあるそうですよ。

樋口―そんな常盤さんは、ほどなくしてご自身も女優としてデビューされるわけですが、大林監督の作品に参加したいという意欲をご本人に伝えたことはあるのですか。

常盤　デビューした後に「キネマ旬報」の記事で「今後、一緒に仕事をしたい監督は？」という質問に、「大林監督と黒澤監督！」と。怖いもの知らずですね（笑）。自分でも忘れていたのに、二十年近く経って大林監督に出会った時、「あの記事は覚えてるよ」とおっしゃったのには、本当にびっくりしました。

樋口　それはどういう出会いだったのですか。

常盤　私はＮＨＫ大河ドラマ『天地人』で、長岡にあった与板城ゆかりのお船の方を演じていたので、二〇一一年の長岡花火大会にお招き頂いたんです。すると、ホテルに着いた時から大林組の撮影隊が来ていると聞かされて、しかも主演が私と同じスターダスト所属の松雪（泰子）さんだったので、羨ましいなあと思ったんですね。それで花火観覧席に案内されたら大林監督がいらしたので、「大ファンなんです！」とご挨拶しました。今までどなたにもそんなことを言ったためしはないのに、蛮勇をふるって……。すると大林さんが「知ってるよ」と、その記事のことをおっしゃって、しかも「いつか一緒に映画を創ろうね」と。私はもう「そのお言葉、一生覚えてますから宜しくお願いします！」と言いました。すると本当にすぐ芦別に呼んでいただいてその夢をかなえてくださいました。

樋口　翌年、長岡で撮られた『この空の花』の完成公開に続いて、すぐさま芦別で『野のななのか』の撮影が始まりました。ここで大林映画初体験にして主演となるわけですが、現場での最初の驚きはなんでしょうか。

常盤　いきなり信子の登場シーンだったので緊張しながら現場に入ったら、もうすでに激押しでスタッフさんからは「もう朝から殿がご乱心で今日は常盤さん出番ないかも」なんて言われて。撮影を見ていたら寺島咲ちゃんが俳優さんに持ち上げられてポンと椅子にのせられて、そのままくるっと回りながら、ずっと長台詞を言っているわけです（笑）。「ええ?!　大林組ってこんなことができないとだめなの？　なんてレベルが高いんだ…」（笑）と心配になりました。

樋口　でもさすがに常盤さんにそういうアクロバティックなアクションは要求されないですよね（笑）。

常盤　そこまではないんですけど、たとえば『花筐』でレコードに針を落とす私の手からクレーンが引いていっていろいろな人物の出入りをとらえるところなんか、「ああ、これ一連でやるんだ」みたいな驚きと面白さがありましたね。しかもクレーンの下をくぐって横断してください、みたいな指示があって。その時も初日だったので「ああ、始まったなあ！」（笑）と思いましたね。

樋口―いつもの演技とは発想を切り換えて、そういうたくらみを愉しんでくれる常盤さんのような女優さんは、大林映画にとってとても貴重ですね。

常盤―なんだか『アメリカの夜』を思い出しちゃうんですよ。まさかそういう雰囲気あるシーンで女優がクレーンくぐったりしてるとは思わないじゃないですか。そういう遊びごころが好きなんですよねえ。

樋口―そんなユニークな工程を経て、出来上がった『野のななのか』を観た時の印象はどんな感じでしたか。

常盤―私は『この空の花』を劇場で観て大号泣していたので、その世界に自分が入れたという喜びが強かったかな。このカオスのなかに加われた、というのが感激でしたね。それと芦別は大林監督の映画学校からのスタッフの方が多かったので、私たちの受け入れ体制も完璧だったし、食事ひとつにしてもその皆さんが給食センターで手作りしてくださるのでとても美味しいんですよ。だからつい食べ過ぎて危険だなあと自分を戒めているのに、大林監督も（大林）恭子さんも〝若いんだからどんどん食べなさいよ！〟とおっしゃるので、そこをセーブするのが大変でした。

樋口―それはまた幸せな悩みですね（笑）。

常盤―幸せと言えば、大林組にはそれまで大林映画に関わったいろいろな人が遊びに来るんです。尾道から大分から多くの方が見えて、長岡からは森市長（当時）までいらして、みんなでバーベキューしました。そういう幸福な人間関係が見える現場ってまずないじゃないですか。そんなところも素敵だなあと思いました。

樋口―『野のななのか』に次いで、さらに圧倒的な画と音の洪水からなる傑作『花筐』に主演されるわけですが、二度目ともなると大林映画のお作法には慣れるものですか。

常盤―お定まりのルールがなくて、映画についての既成概念がことごとく覆されてゆく、本当に特別な組なので驚きは尽きませんね。監督から投げられてくるアイディアがとにかく独特なので、それに即座に対応することができるという意味では、俳優さんの演技水準が本当に高い組なんですよ。この対応力というのは、本当に人間性のレベルの話ですよね。そんな組にいると、ああ、決まっていることを普通に決められたままに演るというのは、これに比べたらそんなに難しくないことなんだなと気づかされました。

樋口―確かに大林映画では演技への要求がきわめ

て独特ですよね。

常盤―そうなんです。先ほどふれた『野のなななのか』の寺島咲ちゃんは、そんな不思議な演技を大林監督に注文されて、「ちょっと待ってください。いったん整理しますから」すら言ったりしないで「はい」って演ってしまうんですから。そのレベルの高さと来たら尋常じゃないですよね（笑）。

樋口―確かに咲ちゃんは演技職人みたいな貴重な女優さんですね。ちなみに『花筐』でもシナリオは刻々と変わっていったんですか。

常盤―もはやシナリオが変わる、という域のことに関しては誰も驚かない（笑）。それについては、かつて香港の映画をやっていたので幸い免疫もあったんですよ。ただそれにしても、演じていて気持ちいいというよりは難しいなあという状況を作られちゃうんですね。つまり、監督は「ここは○小節の間に台詞を言いきってください」みたいな音楽的な指示を出されることがあるんですが、しかもそれを数人でやるとなると、もう自分なりのペースで演ずるということはなくなるわけです。でも結局映画というのは監督のリズムが大事で、そこに自分をあてはめるしかない、自分のリズムなんてものは求められていないということを改めて思い知るんです（笑）。それでこそあんな類をみない異色の映画ができるわけですからね。

樋口―本当にその「○小節で言ってください」という指示なんですか。

常盤―そうなんです。たとえば『花筐』のパーティーのシーンはずっと音楽に合わせて進行するわけですが、十二小節から二十四小節まで窪塚俊介くんと矢作穂香ちゃんが話して、それを受けて二十四小節から小節の間に満島真之介くんと私が話す、みたいな指定が入るんです。それは『野のなななのか』で私が寺島咲ちゃんたちと車に乗っているシーンなども同じで、そこで流れている歌が先にありきでそれに合わせた演技だったんです。だから撮影時は助監督さんが「三十一、三十二…」とカウントしてるのを聞きながら演技しているんです（笑）。

樋口―よくそんな演技ができるものですね。

常盤―実はこれも幸運だったんですが、『野のなななのか』に入る前にパルコ劇場で寺山修司さんの舞台『レミング』に出たんです。天井桟敷の最終公演だった戯曲ですが、維新派の松本雄吉さんが演出されたので、これもリズムを刻みながら台詞を言っていたんですね。だからちょうど『野のなななのか』で求められる演技の下地ができていたとも言えるんです（笑）。

樋口―最初に『花筐』のシナリオを読まれてどんな感想だったのでしょう。壇一雄の原作は読んでいましたか。

常盤―ちょうど監督のお宅にお邪魔した時に原作を見つけて、お借りして読んでいたんです。だから、シナリオを読んだ時はここまで行間が膨らむんだとびっくりしました。監督の脳のなかは本当に自由だなあと（笑）。

樋口―『花筐』の演出で、特にこれは面白いなという瞬間はありましたか。

常盤―山崎紘菜ちゃんが持ってきたお花を私が活けてきたら、花びらが落ちる。それを矢作穂香ちゃんが見て「血！」と叫ぶ。そこは単純に花びらが一枚転がるカットだったのに、モニターでそれを凝視していた監督が閃いて「これは本当の血でもいいんだよね」と。それを聞いてスタッフ、キャスト一同「ええ、なんですって?!」と騒然となるわけですが（爆笑）。それで観客が穂香ちゃんと同じ目線になるように、血のりをポタリと落して撮った。そういう閃きが『花筐』にはたくさんあったような気がします。

樋口―血といえば『花筐』は吸血鬼映画的な側面もありますね。

常盤―そうなんです。監督からこれを観ておいてくださいと、ロジェ・バディムの『血とバラ』のＤＶＤを渡されました。こんな大好きなものを今までなぜ観ていなかったんだろうって思いました。

樋口―しかし常盤さんが扮した美しい憧れの女性は、聖女でありつつ、時にはひじょうに小悪魔的な女性でもあって、その「ゆらぎ」が印象的ですね。

常盤―そういうポジションは『野のななのか』でも同じで、ある意味監督は私を生（なま）な人間にはしてくれなくて、逆に言えば凄く自由な存在なんですね。だから、好きなようにどこにでも行ける役。極論すれば生きてるのか死んでるのかもわからないような役なので、演じていても瞬間瞬間で役を解釈しているような感覚が面白いんです。

樋口―さて続いて最新作の『海辺の映画館――キネマの玉手箱――』です。最近の大林映画はご当地で撮影しているのにグリーンバックのセットに籠って撮影して、後から別撮りの実景やいろいろな素材を足すので、『海辺の映画館』もいったいどこまでをどこで撮ったのか、というのが推測し難かったのですが。

常盤―セットの部分も含めて基本的には全部、尾道か福山で撮っているんですよ。でも撮影の時期に、この地域は大変な豪雨災害にみまわれて、特に尾道はずっと断水になったり大変だったんですよね。

ところが撮影期間のちょうど真ん中あたりで尾道の花火大会があるので、もし尾道を拠点にすると宿泊場所を変えたり、けっこう面倒なことになるねと監督が判断されて、ベースを福山にしたんですね。結果、福山は尾道よりは豪雨の被害が少なかったので、おかげで撮影に大きな支障が及ぶことは避けられたんです。あの暑さのなかで断水でシャワーも浴びられないとなったら撮影も中断せざるを得なかったでしょうが、幸いそういう事態にはならなかった。実際、福山を拠点にして近郊にロケしたら、どこでも断水になっていたので、尾道に再び観光客が戻ってくるよう、皆で良い映画を作ろう！と私たちに今できることをよく話し合いながら撮影していました。

樋口─そんな不自由な状況でロケ隊が頑張っている、というのは、地元の皆さんにも元気を与えたのではないですか。

常盤─被災された地元の方々を元気づけることになっていたらいいなと思ってはいました。断水している地域の助け合いなどは素晴らしいものがありましたし、私たちもささやかながらお手伝いに行ったりしました。

樋口─あの映画館のセットはどんなところに組まれていたのでしょう。

常盤─尾道の海辺の昔からある倉庫を活かした「Onomichi U2」という複合施設がありますが、そこにまだ再利用していない倉庫があって映画館、映写室、防空壕のセットを組んだんですね。けっこうしっかり作ってあるセットでした。桜隊が乗る列車や広島駅のセットは、別の通称「みかん倉庫」という実は畳表のイグサの倉庫に組んでありました。

樋口─しかし豪雨被害もあり酷暑もありという厳しい条件のなかで、制作風景のドキュメンタリーなどを観ていますと、監督とスタッフ、キャストの間にかなりストレスが生じていたようですが。

常盤─もちろん苛酷な天候が輪をかけたということはあるかもしれませんが、いつも通りといえば、いつも通り。というのは、やはり大林監督の脳内イメージに誰もついていけないから、今いったい何をやっているのかがわからなくて混乱してしまうわけです。監督が何をしたいのかをくみ取るのは、ほぼ無理なんじゃないでしょうか。全てのスタッフ・キャストの想像を上回るから楽しいんであって、皆、監督の虜になるんだと思うんです。だから、私はストレス大歓迎です(笑)。

樋口─大林組の常連俳優の方で、やっと何とか斟酌できる域なんでしょうね。

常盤─確かに…最初はみんなとまどうでしょう

ね。でも、そこは「類は友を呼ぶ」…というか、結局大林ワールドを楽しんじゃう人たちがキャスティングされているような気がしますけどね（笑）。不平不満をもってても始まらないわけで、大林映画の現場はこういうものなんだと楽しめたほうがいいんですよ。だから、経験者の私としてはとまどいの空気が流れたら「なんだか変わってるけど面白いね！」って、みんなの疑問を笑いに転じさせるように振舞ってみたり（笑）。「これウケる〜シナリオと全然違うよね！」とか（爆笑）、（山崎）紘菜ちゃんも加勢してくれて一緒にはしゃいでみたり。

樋口｜素晴らしいムードメーカーぶりですね。常盤さんは『花筐』でも印象的にダンスをなさっていましたが、今回の『海辺の映画館――キネマの玉手箱――』でもミュージカルシーンがありますね。

常盤｜シューズをもらってタップの練習もしたんですが、私は運動が得意でないのでなかなか大変でした。（成海）璃子ちゃんも同じだというので、二人で励まし合って「ゆっくりやろう！のんびりやろう！」って言いながらやってました。「もう最終的には顔芸でなんとかしますから！」（爆笑）ってスタッフに言い放ちながら…。

樋口｜江戸時代の御殿のお庭でのオペレッタ的な踊りもありましたが。

常盤｜あれも男女全員がうまくおさまる踊りを練習していたんですが、そこに監督が観にいらして、最後に「まあそんな感じかな、今日は」と言い残して帰られたんです。その「今日は」がおっかないよねとみんなで言ってたら（笑）、当日は全くフォーメーションから踊りの内容まで全部変わってしまって、それはもう大変でした。江戸の衣装なので早朝から準備して、終わったのは真夜中。くたくたになりながら、「もう夜になっちゃうけど、つながりはどうなるんだろう。あっ、つながりはどうでもいいのか！」と（笑）。実際つながったものを観ても暗くなってましたね。

樋口｜今回また大林映画に参加してみて、新たな発見はありましたか。

常盤｜アフレコの際に「どこをやるんですか」と伺ったら「全部」というお返事が来たんですが、それが本当に「全部」なんです。というのも、もちろん全篇を通して自分の台詞はアフレコするんですが、たとえば（厚木）拓郎くんと（山崎）紘菜ちゃんが会話していて、途中で私の顔のインサートが入ったら、私の口は開いていないけれど「あら」とか心の声が入るんです。そんなふうに全篇に誰かの声が入っていて隙間はゼロ。だから、最終形は言葉の嵐だと思いますよ。そんな映画は観たことないから楽しみですね。

樋口―大林監督はご自分でも隙間恐怖症なので画面はぎっしり埋めるとおっしゃっていましたが、それが音声にも及んでいるんですね。しかし、それは実際どんなふうにアフレコするのでしょう。

常盤―いちいちブースに出入りすると大変だし、わけがわからなくなるので、なんと調整卓のあるスタッフ側の部屋に何人ものキャストが控えていて、そこにマイクが据えてあって、監督から呼び出しがかかると前に行ってその場でアフレコするんです。さすがにこんな経験は初めて（笑）！

樋口―それはさすがにこれまでにはなかったやり方ですか。

常盤―今回初めてですね。

樋口―そんな『海辺の映画館』は、あいかわらずの実験精神と生気がみなぎるとてつもない作品ですね。ところで、常盤さんは最近ＴＢＳの日曜劇場『グッドワイフ』で久々に連続ドラマを主演を果たされて大好評でしたが、一方で一連の大林映画のような作家性の強烈な作品にもすすんで出演されています。この活動のレンジの広さは本当に素晴らしいと思いますが、今後もこうしてメジャー作品とインディーズ作品の隔てなく好きなものに出演していく方針に変わりはありませんか。

常盤―メジャーとインディーズという尺度はなくて、とにかく面白いものに出ていきたいなと思います。そういう、嗅覚が「面白い」と感じたものにヒョイと乗れるような自分でありたいです。そういう流れにいると、仕事がただの決まり事ではなく、本当に生きがいを感じるものになる。昔、天井桟敷の看板女優だった新高恵子さんは、寺山修司さんに初めて会った時に「私を寺山さんの素材にしてください」とおっしゃったそうですが、それは本当にすばらしいあり方だなと思いました。自分というものを表現するだけでは限界があるけれど、監督の表現の素材として使ってもらえたら、むしろどんどん新しい世界が広がるような気がするんです。大林映画ではないですが、今後もずっとそういうカオスの中にいたいんですね。

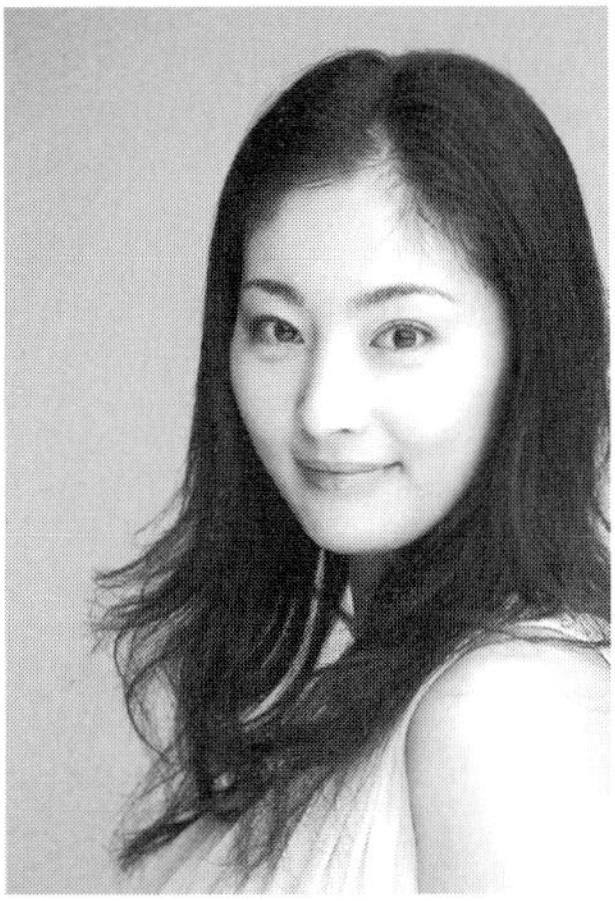

常盤貴子［ときわ たかこ］

TVドラマ『悪魔のKISS』で強烈な印象を刻み、本格的女優へとスタートする。TVの代表主演作には『愛していると言ってくれ』（TBS）『ビューティフルライフ』（TBS）などの他『グッドワイフ』（TBS）で弁護士役を好演。映画では『千年の恋 ひかる源氏物語』（2001）『赤い月』（2004）『間宮兄弟』（2006）『20世紀少年―第1章―終わりの始まり』（2008）など『20世紀少年』シリーズ全3作に出演。最新出演作は『こどもしょくどう』。大林監督作品では『野のなななのか』『花筐／HANAGATAM』『海辺の映画館―キネマの玉手箱―』に出演している。

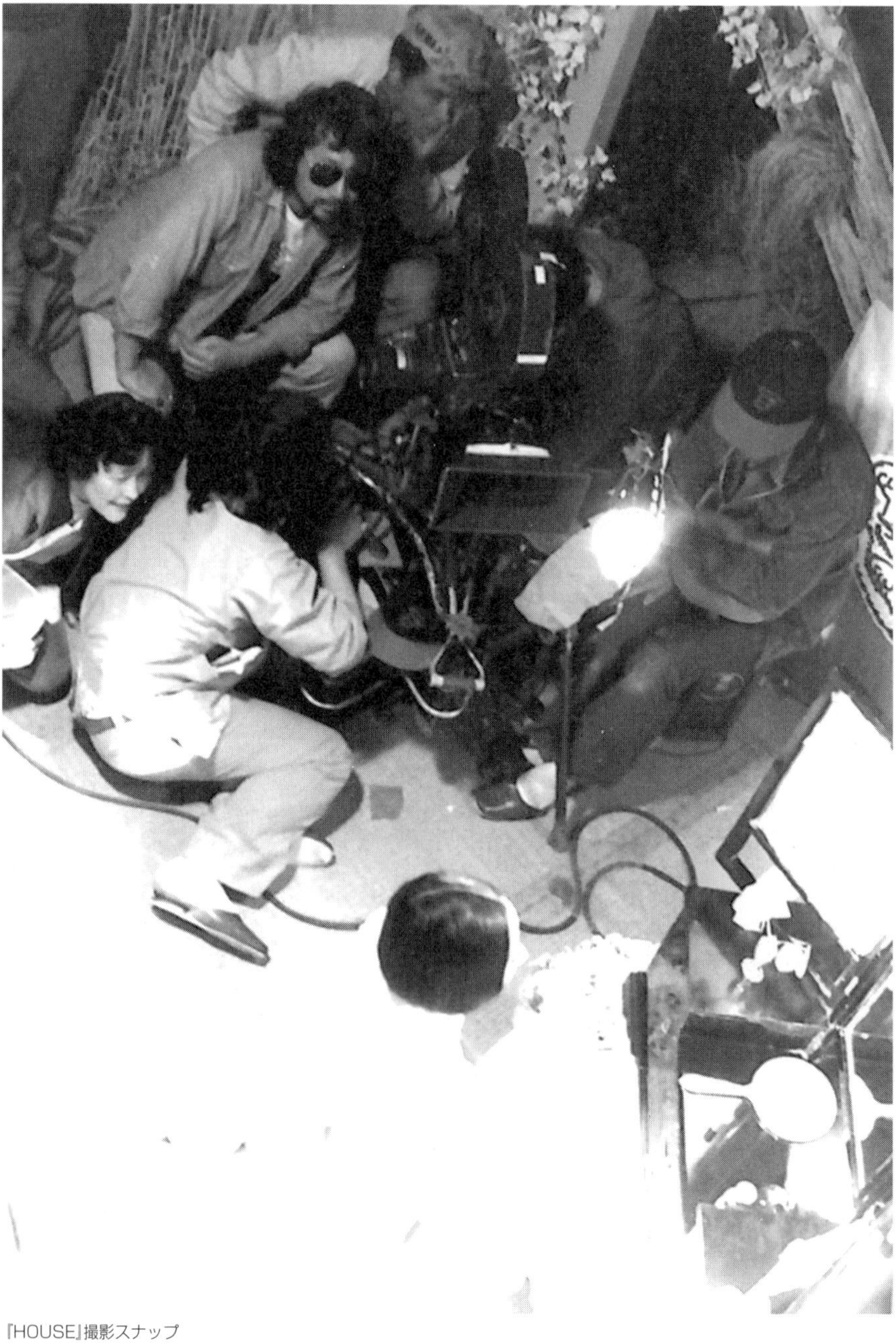

『HOUSE』撮影スナップ

Filmmakers 20 Nobuhiko Obayashi

|第3章| 大林宣彦の全映画作品ガイダンス

Part3

「工場」の映画史を震撼させた「工房」の映画

樋口尚文
Higuchi Naofumi

一九七七年七月三十日に公開された一本の映画が、日本映画の転換点となった。東宝の夏休み映画、山口百恵・三浦友和主演『泥だらけの純情』の併映作品であった大林宣彦監督の劇場用映画第一作『HOUSE』は、十代の観客から圧倒的に支持されてヒットし、一部劇場では公開中にトリ（メイン作品）に変更された。

しかし、公開後の大林監督自身が「八割は否定的な意見だった」と述懐しているように、この熱狂的な支持はおおむね若年層のもので、一般の観客にはとまどいも多く（ごく少数だがこんなものを見せるとは何ごとかと劇場に怒鳴りこんできた観客さえいたという）、批評家のなかには「CMふうに映像を数珠つなぎにしたカタログ的映画」と一刀両断にする意見もあった。もちろん個人映画時代の大林監督を知る評者には、その文脈で『HOUSE』をエポックメイキングな冒険ととらえて評価する向きもあったが、どこか当時は応援する意見も恐る恐るという感じであったのを覚えている。

では、このたぐいまれなる奇篇に微熱とともに率直に反応し、無条件に肯定したのはどんな層だったのかといえば、主に十代の映画少年たちであった。なかでも作り手を志向していた映画少年にとって、『HOUSE』は鮮烈なマイルストーンだった。それまでの劇場用映画は、撮影所という「工場」で商業的な品質保証のもとにお行儀よく生産される「商品」であって、それは映画館のスクリーンに日常から乖離したスタア伝説とともに厳かに上映されるものだった。言わば映画少年にとって、映画は遠い遠いスクリーン

の向こうに存在するプロフェッショナルな「規格品」であった。

ところが『ＨＯＵＳＥ』は、それ以前の大林監督がこしらえた個人映画の作法とまるで地続きの映像世界が、全国の東宝の封切館のスクリーンで展開されているという、前代未聞のケースで、映画少年たちはそれを目撃してスクリーンとの遠い距離が一気に縮まった気がした（同時上映がそれこそ典型的かつ古式ゆかしい撮影所アイドル映画であったことがより『ＨＯＵＳＥ』の画期的な部分を鮮明に輪郭づけたかもしれない）。つまり、それまでの映画監督は撮影所という企業に入社して助監督修行を積み、やがて撮影所のスタッフとインフラを背景にして「商品」然としたものをつくる、というかたちでしか存在し得なかったのだが、社員監督でもない大林は、撮影所外部から食い込んで、しかも撮影所的な作法にはお構いなく、８㎜や16㎜の個人映画の延長上にある感覚で一本の映画を撮りあげてしまった。映画少年たちは「そんなあり方もあるのか」と稲妻のごとき啓示を受けて、めいめい８㎜や16㎜を携えて映画を作り出した。それが『ＨＯＵＳＥ』ショックであり、本書の第四章に集う〈大林チルドレン〉監督たちを生んだのであった。

さてそんな類例のない作品『ＨＯＵＳＥ』がなぜ実現してしまったのかにふれておきたい。そもそも大映の倒産と日活のロマンポルノ路線への転換に象徴される１９７０年代の日本映画界は、企画のマンネリから脱却できずお定まりの二本立て興行に堕しているおもむきがあった。そんななかで従来の邦画五社のなかでは、日活ロマンポルノの数々の挑戦作や『仁義なき戦い』などの東映実録やくざ路線のように、予算を勢いでカバーし「セックスとバイオレンス」という見せ場を強烈に訴求する作品群、あるいは松竹『男はつらいよ』の定番路線のほか東映『トラック野郎』、日活『嗚呼！花の応援団』シリーズのようにたまさか当時の観客の好みにはまったプログラム・ピクチャー、あるいは東宝『日本沈没』、松竹『砂の器』のような大作がたまに観客を集めたほかは、いつ出向いても閑古鳥が鳴いているような劇場が多かった。

ちなみに、『ＨＯＵＳＥ』が公開された前後の東宝の番組がまさに当時の日本映画のありようを物語っている。まず手前が邦画の興行記録を更新した大ヒット作『八甲田山』で、これは東宝独自の作品ではなく、『砂の器』同様に脚本家の橋本忍が興した橋本プロダクションのイニシアチブで実現したものだ。そして後の番組が「金田一」シリーズのヒット作『獄門島』で、これは前年に角川春樹事務所が製作して興行を席巻した『犬神家の一族』の流れで生まれたものだった（『獄門島』では角川は企画協力という関わり）。

つまり、一九五〇年代後半の日本映画黄金期から恐るべきスピードで映画業界は凋落していったため、製作者側は過去の成功の方程式にすがるばかりで、革新的な企画を編み出せなくなっていた。そこで『八甲田山』のように社外の独立プロの提案を受けたり、『獄門島』のように映画業界外部の出版社の企画に追随したりして何とかヒットの芽を探っていたという時期であった。個人映画から出発してＣＭディレクターの旗手となった大林宣彦は、映画会社の撮影所のスタジオをＴＶＣＭで使いまくる「上得意」であったわけだが、東宝映像の企画室長だった角田健一郎が、まさに社外の名うてのＣＭ演出家であった大林に「何かヒット映画のアイディアはないか」と尋ねてきたのだった。

実は大林には期するところがあり、檀一雄原作の『花筐』で劇場用映画にデビューすべく、桂千穂との共作シナリオを東宝に持ち込んだが、あまり手ごたえがなかった。この時点での『花筐』は事前に録った音楽にのせて総員ファッションモデルで撮影し、声優によるオールアフレコを想定していたというが、この時点でのロケ地と想定していた唐津において、『花筐』は実に四十余年後の二〇一六年に撮影され、翌年完成を見た。この時点での手法的な構想にドラスティックな変化はないような気がするが、それ以上に大林自身の言葉を借りれば「戦争の影にリアリティが出てきたこと」と本人が癌で余命宣告をされたことによって、作品の凝集力は凄まじいものになった。結果としてこの幻の処女作は見送られ、長年の発酵を経たことが正解であったと思われるが、一方でもし『花筐』で大林が劇場用映画を初監督していたら、その後のフィルモグラフィも一変し、あるいは『時をかける少女』や『さびしんぼう』のような作品は生まれなかったかもしれない。

『花筐』にかえて、しからばと大林が提案した企画は当時十三歳だった娘、千茱萸が思いついたという家が美少女たちを食べてしまう『ＨＯＵＳＥ』という企画だった。折しも一九七五年のこの時分は『ジョーズ』というモーション・ピクチャーの原点に立ち戻るような娯楽作が大ヒットし、貧すれば鈍すの日本映画にあってはそういう単純でいきのいい企画は特に欠落していたと言えるだろう。七〇年代の洋画興行ではオカルト映画、パニック映画、カンフー映画といったシンプルなジャンル映画的切り口が復興し、家が人を襲うというアイディアも『ヘルハウス』『家』『悪魔の棲む家』など散見されたが、そういう家が人を喰らうなどというシンプルな娯楽映画はどうしても生真面目な日本の映画会社の企画部からは生まれてこなかった。そして『ＨＯＵＳＥ』の基本的なストーリーは東宝の企画会議で好評裡に採択されたのだが、問題はここからで企画が通っても映画が実現するとは限らない。

特に『ＨＯＵＳＥ』の場合、ほぼノースターの企画あり、大林監督とてまだ個人映画やＣＭ業界で知る人ぞ知るという存在だった。そこで大林は、どこにも興行に派手に貢献するスターがいない、しかも生粋のオリジナル企画を世に知らしめるたくらみに打って出た。今や映画会社は既成のヒット原作ありきでしか企画を考えられなくなっているが、この70年代当時とて全く裏付けのない『ＨＯＵＳＥ』のような企画を実現するというのはかなり「暴挙」に近かったはずだ。そこで大林はプロデューサー的に立ち回って、『少年マガジン』の宮原照夫編集長から全面協力をとりつけ、劇画化と特集記事の掲載が具体化した。さらに『セブンティーン』でも劇画化され、コロムビアレコードの清水美樹夫は小林亜星作曲のサウンドトラック盤を映画公開前に発売した（ゆえに、あの楽曲は撮影中からステージに鳴りわたっていた）。ここで小林亜星が「無名の有望新人」として連れてきたのが、なんとゴダイゴであった。

こういった仕掛けのなかでも大いにマスコミを騒がせたのが、ニッポン放送の上野修ディレクターによる「オールナイト・ニッポン」を四時間ジャックしたラジオドラマ版『ＨＯＵＳＥ』のオンエアで、私もリアルタイムでこれを完走したが、リスナーのオカルト体験談などをブレイク的に織り込みながら『ＨＯＵＳＥ』のストーリーが（けっこう本気でコワがらせるムードだったが）語られていくという構成だった。確かにこの時点でオープニングタイトルに小林亜星のテーマ曲が流れていて「東宝映画化決定」というふれこみだったのだが、実はまだ製作が決定していたわけではなかったのだ。

しかし、このラジオドラマのキャストは、どう考えても映画になるのだろうなと思わせずにはおかない豪華な布陣だった。というのも、岡田奈々、木之内みどり、松原愛、三木聖子、松本ちえこ、林寛子、秋野暢子と来て司会が堺正章で、松原愛は映画でもガリ役で続投しているが、当時としては出来上がった映画版よりもゴージャスな売れっ子アイドル勢ぞろいであった。さらに、このオンエア中のスタジオに駆けつけた編集者、猪俣久子の申し出により三笠書房から早々にノベライズも刊行されることとなったが、その小説版を執筆したのがなんと『吸血鬼ゴケミドロ』『怪談せむし男』などの好事家的ホラー映画の監督として知られた佐藤肇というのも驚きだった。オンエア後の反響もかまびすしく、これをもって漸く東宝も映画化を決定したという。

この経緯について東宝の松岡功副社長（当時）が大林に語った内容がきわめて印象的で、「いま、うちには監督たちもたくさんいるけれども、映画を撮れるチャンスを棚ぼたのように待っている。だけど、大林さんは棚を自分でこしらえて、自分で棚の上にぼた餅をつくって、自分でその下に立って、自分で棚を揺らせてぼた餅を落っことして、自分で食べている、このエネルギーはすごい、これに賭けてみたくなった」。

興行の不振により製作本数も減り、かつてはぶりのいい時期に映画会社に大学卒で採用された社員監督たちもなかなか劇場用作品にありつけず、テレビ映画の演出で食いつないでいる人も多かった。そんな折に興行に新味を持たすべく外部の才能を招聘しようものなら、撮影所の監督会が経営側に猛反発をした。大林と親交があり映画製作においても協力関係があった日活の藤田敏八監督は、一九七三年に東宝配給の秀作『赤い鳥逃げた？』や『修羅雪姫』シリーズを監督したが、この際も撮影所の表門で社員監督が赤旗を掲げてピケを張って出入りを阻止したと言われる。したがって、いかに映画中心に回らなくなった東宝撮影所の営業にＣＭで貢献していた大林監督とはいえ、全くの社外の才能が東宝本家で映画を監督するということには極めて大きなハードルがあった。

当時の東宝監督会を仕切っていたのは、西村潔と小谷承靖という東宝アクションの旗手コンビだったのだが、『ＨＯＵＳＥ』から十年後に大林は小谷からある秘話を聞かされる。というのも、ここで大林が東宝内で映画を撮ることが可能になった決め手は、当時岡本喜八監督が監督会のメンバーを招集して外部の才能を歓迎し、そこから学ぶべきは学んで邦画復興に寄与すべしという提言をしたことだったという。ここで思い出したのは、岡本喜八自身が監督昇進した経緯である。一九五七年に東宝は芥川賞作家として時代の寵児となっていた石原慎太郎に自作『若い獣』を監督させることを発表したが、これに対して助監督47名が自分たちをさしおいて外部のアマチュアを起用するとは何事かと猛反発し、結局会社側との交渉で、助監督からもシナリオ選考で一名監督昇進する約束をとりつけた。そして翌1958年の年始早々に、『独立愚連隊』『ああ爆弾』のシナリオが認められて岡本喜八は監督となったのだった。岡本喜八としてはこの外部の才能を排除する動きにのって監督となったわけではあるが、しかし『若い獣』の出来もそんなに悪いものではなく、どこかそういうむやみなアレルギーへの違和感があったのではないか。

こうして東宝撮影所の七つのステージと屋外プールにもセットを組み、二か月がかりで『ＨＯＵＳＥ』は撮影された。東宝からついたプロデューサーの山田順彦は、『死ぬにはまだ早い』『豹は走った』などの西村潔監督作品や『三婆』『動脈列島』などの話題作を手がけていた。自らの企画以外の作品を手がけるのはこれが初めてだったというが、81年に東宝を退社してフリーになった後は、八三年の『時をかける少女』で改めて大林映画に参加した。撮影は成島東一郎門下で、大林とあまたのＴＶＣＭで組んできた阪本善尚が担当した。日本のＣＭに外国人スターが登場しはじめた草創期、カトリーヌ・ドヌーヴ、チャールズ・ブロンソン、ソフィア・ローレンらがブラウン管を華麗に彩ったが、これらは実は大林と阪本がハリウッドやチネチッタのスタジオに乗り込んで撮ったものだった。

そんな海外でのＣＭ作業のなかで彼らがいち早く出会っていたパナビジョンのカメラが『ＨＯＵＳＥ』にも導入され、最新式のパナビジョンレンズが取り揃えられた。そもそもパナビジョンカメラ自体は高額でレンタル専門だが、従来のミッチェルに比してコンパクトで高性能ゆえに照明も効率化でき、人材と機材の圧縮が可能であるため、かつては低予算のアメリカン・ニューシネマの現場でも重宝された。しかも意外や『ＨＯＵＳＥ』は公開当時もかなり減っていたスタンダードサイズの映画なので、従来使われたシネマスコープではないスタンダードのパナビジョンが導入された。

この阪本善尚の撮影は『日本侠花伝』『櫛の火』などの小島真二の細やかな照明ともども、『血を吸う薔薇』『修羅雪姫』などの薩谷和夫の人工美みなぎるセット美術を、従来の自然主義的な日本映画の撮影センスとは真逆の虚構的な色彩とカメラワークによって美麗にとらえた。ちなみに小島はラーメン屋の店主の役で、薩谷は大林千茱萸とともに靴職人の役で顔を出しているが、特に薩谷は本作以降、一九九三年に病いに倒れて五七歳で鬼籍に入るまで大林映画の美術を担い続けることになる。『ＨＯＵＳＥ』での薩谷との出会いは、大林にとって最大級の収穫だったかもしれない。

そして今ひとつ特筆すべきは、『ＨＯＵＳＥ』には多数のオプティカル処理を要するカットがあるけれども、これを東洋現像所（現、イマジカ）のＴＶＣＭ担当セクションが手がけたことだった。実は従来の劇映画ではオプティカル処理を多用する機会も、それに充てられる予算も潤沢でないためにあまり進化が見られず、かわりにＣＭ分野はその逆の状況で発展著しかった。こうしてかつてなら肩身の狭かったＴＶＣＭの分野が越境的に劇場用映画に参加したという座組みも、本作ならではの画期的なことだった。

こうしてふり返ってみると、『ＨＯＵＳＥ』という作品は表現自体の特異さもさることながら、映画会社と撮影所の保守性と旧弊との格闘によって辛くも実現できた挑戦作であったことが理解できるだろう。しかもそんな難関を超えて必死で実現された映画自体が、これだけ荒唐無稽でナンセンスで、かつ怪奇映画はもとよりジャンル映画の数々に造詣の深い脚本家の桂千穂のディレッタンティズムが横溢した、ちょっと日本映画に前例のない奇異なるものであったのも、もはや痛快である。この脚本についても前出の松岡功が所見を述べていて、大林はこれを人生で出会った至言のひとつに数えている。「この話は全然わかりません。私から見て、こんな無内容なシナリオを初めて見ました。わからぬところがいいんでしょうね。どうか、私にわかるようにつくらないでください」。

「少年マガジン」のグラビアでは〝ＨＯＵＳＥ ＧＩＲＬＳ〟として紹介されていた、家に喰われる美少女七人は、池上季実子（オシャレ）、大場久美子（ファンタ）、神保美喜（クンフー）、松原愛（ガリ）、佐藤美恵子（マック）、宮子昌代（スウィート）、田中エリ子（メロディ）と決まったが、大林演出はこの少女たちをリラックスさせて、まさにこの時期にしかありえない彼女たちのユニセックス的な魅力を切り取っていくようだ。とりわけ、中心となる池上季実子と大場久美子のコンビのチャーミングさは目覚ましいのだが（池上季実子はドラマ『愛と誠』の主演を果たしていたし、大場久美子もアイドル歌手やデカプリンで知られたＣＭのキャラクターとして活躍していたが、本作の魅力は図抜けている）、冒頭の女子校の放課後からセーラー服のふたりが帰宅するだけのシークエンスで、すでに演技、映像のトーン、画と音のエフェクト、編集の洪水が、観る者を圧倒する。だが、大林の個人映画に魅了された者ならなぜかジャンプするオシャレとファンタが『いつか見たドラキュラ』のエミとサリの転生だと気づくのにそう時間はかからないだろう。『ＨＯＵＳＥ』にあっては、まさに個人映画の季節に醸成された大林のフィルム的生理が、以後のCM界での技術的洗練を経て、なんら希釈されることなく劇場のスクリーンで再演されているのであった！

このゆるぎなき序盤に続き、女子たちが家に喰われてゆくさまざまなパターンが繰り広げられるが、それはおっかないホラー要素には無頓着な、独特な映像表現のカタログ的なつるべ打ちである。押し出しワイプにアイリスイン／アウト、コマ撮り、コマ伸ばしスローモーション、あえて人工感を張り出させたマットペインティングとオプティカル合成、あえて模型のシズルを出したミニチュアワーク、理由なきミラーリングとストップモーションと二重露光、虚構的なデラックスな映像トーンと生成りのドキュメント感の混在……こうした新旧の映像テクニックの数々が、これでもかと詰め込まれるのだが、それはくだんのホラー演出を盛り上げるために投入されるのではなく、むしろ「これはつくりものの映画です」とそこかしこに注釈をつけてまわるようであり、それを単なる悪ふざけととれば劇場に怒鳴り込みたくもなるかもしれないが、だが『ＨＯＵＳＥ』に熱狂した映画少年たちの多くは、そこにひじょうに特異な風味のある抒情を感じ取ったのではなかろうか。すなわち、この大林の繰り出す技巧の奔流は、「カタログ映画」などと要約するにはいささか度を越しているのだった。言わばこういった技巧でフェティッシュにフィルムという玩具と戯れまくる熱狂が生むかたちなき抒情こそが、大林の映画話法の核なのだ。狂騒の夜を経て終盤は一転、麗しき魔女たる義母（鰐淵晴子）を迎えて、オシャレが羽臼屋敷の縁側をランウェイにして着物姿でモデルのようにしゃなりしゃなりと雨戸を開けてゆく、そのハイスピードの時間の奇妙なる抒情。この不思議な作品のパルスもまた、大林宣彦の専売特許である。

この大林ならではの映画言語は、明らかに劇場用映画の日本映画史にはかつてない衝撃的なものだった。なぜなら仮にこういうフィルム作法が存在するとしても、それこそ８㎜や16㎜の個人映画の「工房」でひっそりこつこつと作られるものであって、商品としての映画をどんどん効率的に生産する「工場」である撮影所からは、到底このように極私的なフェティシズムを凝集したような作品が生み出される由もない。私は『花筐』に感激した山田洋次監督と大林監督という真逆の出自の監督の対話に立ち合ったことがあるが、ここで「工場」の名匠は「工房」の鬼才の仕事に「いったいあれはどうやって撮るの」と興味津々であったのが印象的だった。山田監督からすれば、大林監督の今もってぶれない「工房」の仕事が、本当にどうして可能なのか作家的好奇心つきぬ感じであった。

映画草創期から映画製作のかなめは脚本にあるとされ、山田洋次監督は物語を軸に映画を紡ぐ作家の典型であるわけだが、『ＨＯＵＳＥ』に至っては脚本はなんだかヘンテコで空っぽな内容であり、まさにそのことによって大林印の映像言語、フィルム的抒情が主役として張り出し、大林の作家としての特異さを存分に知らしめた。撮影所の監督のなかにも岡本喜八監督のようにフェティッシュな映画技巧に訴える作家はいたが、それはあくまで物語を快調に進行させるためのもので、大林のようにフィルムそのものが醸す抒情やパルスで語る詩人は「工場」の映画が築いてきた日本映画史には存在しなかった。

ゼロ年代に入って映画の制作・公開のデジタル化が進んだことには、実はこの「工房」と「工場」の閾を無化するという効果があった。制作上のバジェットの圧縮と上映方式の変革によって、ある意味「工房」の映画は何ら「工場」の映画と変わらずさらりと劇場公開することが可能になった(原理的には)。そんな趨勢を追い風にして、デジタル時代の大林は原点回帰したような濃厚な「工房」の映画に帰還して暴れまくっている。ただ、かかる映画環境の変遷を経ても、「工房」の映画が「工場」の映画中心の映画興行に『HOUSE』ほどのインパクトをもって殴り込みをかけている例を私はまだ知らない。案外、このデジタル時代の到来を得難いチャンスだと誰よりも貪欲に活かしまくろうと狙っているのは、偏見と不自由の時代をくぐってきた大林本人かもしれない。

それにしても、一九七〇年代の私はたまさか大林の主たる個人映画も観て、氏がCM界の名手であることも知っていたので、『HOUSE』のラジオドラマも雑誌展開も漏らさず追いかけていて、楽しみにするあまり試写にももぐりこんだのだが、そうやって大きな期待とともに本作を観終えた後、試写室を出て雨上がりの銀座を熱っぽいうつろな気分でそぞろ歩いたのを覚えている。その初見の折に、私がひじょうに気になったのは冒頭の「A MOVIE」なるタイトルで、まるで東宝映画に個人蔵の落款を捺すかのようで驚いた。つまり、8㎜・16㎜の時代、CMの時代を経て自分の言葉、自分のパルスで自分なりの映画を歌い続けてきた作家が、ここでもあいかわらずのやり方で通しますが、これもまた映画なのです、という決然たる思いをタイトルは言外に主張している気がした。

そんな「A MOVIE」の拠って来るところが、大林の愛する福永武彦が十年がかりで著した処女長篇『風土』の初版(1951年)の表題「小説 風土」にあったことを後になって知った。従来の自然主義的な私小説と決別してモダニズムを押し出したこの作品もまた小説なのであります、というそれは福永のマニフェストであった。

作品論｜02 『瞳の中の訪問者』

手塚マンガそのものになりきる「暴挙」

樋口尚文
Higuchi Naofumi

一九七七年七月三十日公開の『HOUSE』の衝撃を経て、打ちのめされた映画少年たちは大林宣彦の次回作を待望したことだろう。だが、それはたちまち同年の十一月二六日にひっそり公開されて、大林監督によれば公開が終わった後に「あれはいつやるんですか」と尋ねられたりしたそうである。その作品はなんと手塚治虫原作のバイブル的人気を誇る『ブラック・ジャック』の一エピソード〝春一番〟を原作にした『瞳の中の訪問者』だったが、初日のメイン館・千代田劇場に赴くとポスターはいかにも安手の即製で、パンフレットすらない穴埋め興行だった。併映は花の高三トリオの卒業コンサートの記録映画『昌子・淳子・百恵 涙の卒業式〜出発〜』。

『HOUSE』でしたたかにショックを受けた私は「いったいこういう映画はどんな工程で作られているのだろう」とどうしても現場を見せてもらいたくなって、十五歳の子どもだったのに大林恭子さんに電話してみたところ、そこまで熱心に質問してくる小僧もいなかったのか「じゃあ『ブラック・ジャック』を撮っているから現場にいらっしゃいよ」と優しく招待してくださった。もう四十二年も前の出来事なのによく覚えていて、久我山のテニスコートでの試合シーンのロケか、日活撮影所でのブラック・ジャック邸のセット撮影か、どちらがいいですかと聞かれたので迷わず後者を希望して、勇んで撮影所に出かけると日活からついた中川好久助監督（後の監督、プロデューサー）が丁重に案内してくださった。

撮影：樋口尚文

瞳の中の訪問者
DVD（デラックス版）：4,700円＋税
発売元：NBCユニバーサル・エンターテイメント

しかし恭子さんから『ブラック・ジャック』のひとことを伺っていても、あの『ブラック・ジャック』の実写映画化ということがイメージできず、真っ青なホリゾントのもとにかわいらしく造型されたブラック・ジャック邸のセットの周りをうろちょろしていたら、忽然とあのマンガのブラック・ジャックの仮装をした（というふうにしか見えない！）宍戸錠さんが入ってきて、私は仰天した。「ええ?!これはいったいどういう映画なんだ」と焦っていると、宍戸さんが「君は８㎜で映画作ってるんだって？　８㎜は照明がきかないから大変だよね」とすっかりブラック・ジャックの口調で爽やかに話しかけて来られるし、そこへどう見てもピノコの仮装をしたとしか見えない子役さんが来て「お兄ちゃん、ポッキー食べる?」とおやつを持ってきてくれたりして、私はいつしか手塚マンガの中にいるような気がしてきたのだが、「いやしかしこれは映画になるのか?!」というシンパイは子どもながらに増幅していった。

そこへ私の最大のお目当てであった大林監督が見えて、撮影の本番のはざまに本当に懇切丁寧にご自分の映画づくりの工夫やフィロソフィーを長時間お話ししてくださって、私は『ＨＯＵＳＥ』の狂おしさから想像していたとっつきにくい鬼才とは真逆の、大林監督の歓待精神に感激して撮影所を後にしたのだが、その日の撮影はシンプルな会話の場面でひじょうにサクサクと快調に撮影されてゆくので、あの『ＨＯＵＳＥ』で私を虜にしたフェティッシュな映画話法の裏側を見た感じではなかった。それだけに、これが映画としてつながるとどういうものになるのかしらという興味はいや増すのであった。

『瞳の中の訪問者』は、インターハイを目指すテニス選手の千晶（片平なぎさ）が今岡コーチ（山本伸吾）の打ったボールのせいで左目を失明、責任を感じた今岡はアイ・バンクから眼球を盗んでヤミの名医ブラック・ジャックに手術を依頼する。結果、視力が回復した千晶だが、謎のピアニストの男（峰岸徹）の幻像が見えるようになる。ミステリアスな男の魅力に導かれ、やがてその実像に出会って惹かれてゆく千晶だが、実はそのすげかえた目は男に殺された悲恋の女（ハニー・レーヌ）のものだった、というお話である。ここでのブラック・ジャックは狂言回し的な立ち位置で、主役は千晶だった。日活のプロデューサーとしてあまたの青春映画、アクション映画を製作していた笹井英男は、後にホリプロに転じ、ホリ企画制作による本作は片平なぎさ主演のアイドル映画として企画されていた。

そして笹井はチャールズ・ブロンソンのＣＭなどを通して懇意にしている大林に監督を打診したわけだが、なにぶん幼い頃から手塚マンガに深い影響を受けている大林としては、あまりの突貫工事ながらこれを引き受けない手はなかった。ちなみに幼少期から思春期を通して手塚マンガに耽溺していた大林は、手塚マンガはあらかじめ映画への憧憬で成立しており、わざわざ映画にしなくてもいいくらいもともと映画的な体質を備えていて、ルネ・クレール的な精神とディズニー的な技巧が渾然となったものではないか、そして手塚にとりつくシスター・コンプレックス的な要素に自分もいたく共振すると語っていた。

　このたびもエミとサリ、オシャレとファンタのように『噂の二人』的なキャスティングとして片平なぎさの傍らにテニスでペアを組む京子役で志穂美悦子を据え、手塚マンガを大林ワールドに翻案する準備も万端かと思いきや、翻案ではなくここまで思い入れ深き手塚マンガそのものに実写でなりきるという、到底余人の思いつかぬ「暴挙」に出たのだった。

　といっても、手練れのジェームス三木による脚本は手塚マンガの要諦とも言うべきストーリーテリングの妙をかなり映画的に再現していて、そこは誰しも抵抗を覚えないところだろう。凝ったクレーンワークや個人映画時代から息の合った宮崎尚志の細やかな「劇伴」志向のサウンドトラックも、この低予算即製娯楽映画を成立させるうえでは有効であったと思う。

　ただここがやはり好き嫌いの別れる大林監督の「体質」のなせる部分であろうが、こうして手塚マンガそのものになりきるという方向性きわまって、ブラック・ジャックは生身の宍戸錠がそのまんまメイクして演ずるし（実際そのホンモノに接して私はかなりびっくりしたわけだが）、さらには実写なのにあのマンガならではのギャグキャラクターであろうヒョウタンツギや「オムカエデゴンス」のスパイダーまでもが堂々出現してしまうのである！（にわかにどういうことか想像できない向きは一見されれば本当に「そのまま」であることを理解いただけるだろう）。おそらく手塚治虫本人なら、これらのマンガ限定ならば許されようディテールを実写として恥ずかしくないかたちにスマートに翻案してもらいたかったに違いないが、なにぶん手塚ワールドの隅々のシズルまで偏愛する大林はそこまで真っ向から実写化してしまったのだった。

　念のためにジェームス三木のシナリオを確認してみても、どこにもヒョウタンツギやスパイダーが出るとは記されておらず（当たり前だ）、まして大団円の霧の湖のショットに〝朝…湖…そして、愛〟という唐突なスーパーが挿入されるなどとは一切書かれていない。したがって、このあたりは全て大林の発想で演出的に付加されたものだが、逆にこれはとことんやりきらないとかえってお恥ずかしいものになる、という計算はあったのだと思う。だからこそその過剰さなのだが、案の定これらの場面が特に批評家たちからかなり白眼視され、『瞳の中の訪問者』は酷評にまみれることとなった。とりわけ印象深かったのは、大林と映画評論家の山根貞男、山田宏一の各氏の間で翌78年を通して「月刊シナリオ」巻末でえんえんと月をまたいで繰り返された論戦であった。

　これはさまざまな論理と感情が入り乱れたシリアスな論戦であったが、その中心にあるのが『瞳の中の訪問者』という言わば珍品じみた風変りな作品だったというのが、ひじょうに不思議でもあった。そんなことが起こってしまう根底には、山田宏一にいわゆる「批評家がなぜネコとしてネズミを食おうとするのかという根底的な理由は、映画作家には〈作品〉があるけれども批評家にはそれがないという一事につきると思うのです」という感情が渦巻いていたのだろう。これはちょっとびっくりするほど本音の文章で、「〈作品〉がある。それだけで、どんなことがあったって、批評家よりも強いのです」というコンプレックスが素直に吐露されている。

ましてこの当時、映画を監督することは今より格段に難しかったわけで、こうした批評家としてはそんなありがたい機会に恵まれながら、こんなふざけた映画を撮っていていいのかという思いがふつふつとたぎったのであろう。だから、かなり手厳しく非難するが、あなたには作品があるのだからそのくらい耐えなさい、という論調である。これについては、私は「批評家も、映画作家も、等しく同じ場所にいるのであり、等しく映画を夢想しているのです」という大林の意見に無条件に賛成するのだが、とにかくこの論戦を見守りながら、こんな視線でロックオンされつつ映画を創らねばならない大林監督は大変だと思わず同情した。そもそも大林はふざけた映画を創っているのではなく、ごく真摯に「体質」的にその独特の映画言語とパルスになだれこんでしまうのであって、それはもうひとつの性（さが）であった。

ところで、この論戦序盤で、大林監督が山根貞男の批判を受けて反論を発した時（「月刊シナリオ」一九七八年五月号）、十五歳時の私が大林に送った『瞳の中の訪問者』の感想が長く引用されている。

その四十二年前の私自身を引用すれば、「ハニー・レーヌの回想と峰岸徹さんの告白のあたりでは、僕も少々おもはゆさを禁じ得なかったのですね。ところが〝大林さんは筋に没入しすぎてはいまいか〟という僕の愚見を打ち破るかのように、かのヒョウタンツギが登場したのです。いやはやこの時の場内の笑いは僕を救ってくれました。逆に先ほどまでの大マジな演出には大林監督自身耐え忍んでいたのではないか、という思いさえしてきたくらいです。ヒョウタンツギがそのぶん効果を増して出て来るということは、それまでの内容に対して、よりドライな感覚が突如としてドラマに介入してくることです。そういった部分の挿入によって、大林監督が中年の理性とのバランスをうまく保ちつつ、このような内容の「大マジな恋愛物」をいとおしんでいるさまを、僕は再認識させられるのです」。

この引用の後、大林は「手塚治虫さんが常に漫画にこだわり続けるのは、手塚さんにおける〈表現〉とはメッセージをストレートに伝える手段としてではなく、ひょっとしたら起こり得るかもしれない奇蹟への願いをこめた、仮説であるからだろう。ぼくが映画化したかったのは、実にその部分であり、そのとき山根さんはきっと〝筋に没入〟したかったのではぐらかされた思いがしたのではないか。そして当然のこととして〝筋に没入〟しながら映画の肉体を構築していくというつくり方だってあるんだが、ただ、それはぼくの担当外のことである。ひとはみな己れの資質にしたがって己れのポジションでこそ仕事をすべきだろう」と続ける。

15歳の自分がやけにおおらかにこの作品を受け入れているので今観てみたらどんなものだろうと思ったが、近年犬童一心監督や常盤貴子さんとご一緒に『瞳の中の訪問者』をスクリーンで再見してみたところ、もちろん珍品ながらけっこう面白く観られた。そして、ヒョウタンツギやスパイダーについては、くだんの大林が解説する手塚マンガの「仮説」の符牒という域をはみ出して、やっぱりこれはやり過ぎで顰蹙を買うだろうなあと爆笑した。それにしたところで当時も現在も私がヒョウタンツギに否定的になれないのは、やはりこの大林監督という人がそういうおかしなことをやらかしては映画の定式を壊してくれるのではないか、という期待があるからだろう。

作品論｜03

『ふりむけば愛』
百恵・友和の素顔をさぐって

樋口尚文
Higuchi Naofumi

『ふりむけば愛』は一九七八年七月二二日に東宝系で公開されたが（併映は同じくホリプロの森昌子主演、西河克己監督『お嫁にゆきます』）、一九七四年から続く百恵・友和共演のグリコセシルチョコレートのCMを手がけて二人とは親しかった大林宣彦が監督を委嘱された。

やはり七四年公開の『伊豆の踊子』にはじまる盆暮れの百恵・友和シリーズの映画作品はこれで八作めを数え、ジェームス三木の原案・脚本になる本作が初のオリジナル作品となった。

当時十六歳の私は『瞳の中の訪問者』に続いて大林演出の現場を見たくて日活撮影所に出かけたが、その日は急遽百恵・友和のラブシーンの撮影となって見学が禁止となり、日活からついた斉藤信幸助監督（後に監督）に丁重に謝られて恐縮した。今観るとちょっとおもはゆくなるようなソフトで硬いラブシーンだが、当時はトップアイドルの百恵ちゃんがこの程度のセミヌードを披露するということだけでもやんやと話題になった。

大林組の現場はおあずけになったものの、当時の日活撮影所はあちこちが面白かった。というのも、あるスタッフルームでは日活が日大生の石井聰互監督の8㎜映画『高校大パニック』を劇場用映画としてリメイクする準備が進められ（私はそっちのエキストラもやっていた）、あるステージでは佐藤純彌監督、薬師丸ひろ子主演で角川映画の第3弾『野性の証明』が撮影たけなわ、そして今ひとつのステージではこの大林組『ふりむけば愛』撮影も佳境を迎えていた。

ちょうど出来上ったばかりの田中登監督の傑作『人妻集団暴行致死事件』のポスターも食堂に堂々貼り出され、まだまだ日活にも元気があったが、このように撮影所じゅうに外部の資本や才能がひしめいて、その頃の日本映画の状況を熱気とともに反映していた。久しくマンネリに堕していた大手の撮影所は、外部の力によって刺激され、蘇生させられていた。

足かけ七年も続いたグリコのCM撮影の過程で百恵と友和が徐々に恋愛感情をはぐくんでゆくさまを見守っていた大林だが、その撮影でカットをかけた後に若干残るカット尻に、はしなくも演技を終えて素の本人に戻る一瞬が見え、そこに二人の感情を読み取っていたという。しからば、このカット尻に相当するものを撮って、二人の秘めし感情の発露をフィルムにおさめようと、カメラの萩原憲治と打ち合わせをしていたという。すなわち、演技がひととおり終わってもカットをかけず、しばしカメラを回し続けることで、百恵・友和の素の表情を引き出そうと試みた。

そんな工夫もあって、確かにそれまでの『絶唱』『風立ちぬ』『春琴抄』といった文芸作に比べるとアクチュアルな若者らしい雰囲気もとらえられた気もするが、大林の目論見どおりに生々しいプライベート感覚の瞬間がたくさん手に入ったかというとそうでもなかったようだ。つまり、それほどに山口百恵は素の自分というものを封印して、スタアを演ずるプロフェッショナリズムに生きていたのかもしれない。本作でも山口百恵の据わりがいいのはサンフランシスコのライブ感のある実景というよりも、つましい実家のセットで母役の奈良岡朋子のようなベテラン女優とともにいる時であって、当時まだハイティーンだったというのになんとも堂々たる構えの「映画女優」だった。

大林は『瞳の中の訪問者』に続いてジェームス三木と組んだが、調律師の杏子(山口百恵)、ヒッピー的な哲夫(三浦友和)、会社経営者の大河内(森次晃嗣)の絵に描いたような古めかしい三角関係をあえて顰蹙を買う覚悟でやってみようという合意があったらしい。しかも終盤の恋のコンペティターが決着をつけるディスコ周りの描写などやや露悪的なくらいのふざけっぷりで、自ら酷評を煽るようだった。思えば、それまで大林映画で批評家筋を怒らせたのは、常にこうした悪ふざけ高じたスラップスティックじみた瞬間であったが、本作でもそれはやめられないのであった。

急ぎの作業であったはずの本作でも、『瞳の中の訪問者』に続いて音楽の宮崎尚志の功績は大きいだろう。この作品をちょっと面白い風味のメルヘンとしてまとめあげているのは、宮崎の「劇伴」志向の音楽であった。

作品論｜04

『金田一耕助の冒険』

オルタナティブ・シネマの誘惑

手塚眞
Tezuka Makoto

ぼくは大林宣彦監督の映画はオルタナティブだと思っている。

オルタナティブ・シネマとはなにか。つまり、流行を追う映画ではなく、観客の馴染んだスタイルの映画でもなく、それでも商業映画であるという前提を決して覆さず裏切らない映画のことだ。古くはヴィーネの『カリガリ博士』がそうであり、ベルイマンの『狼の時刻』がそうであり、フェリーニの『8½』がそうであり、ヒューストンらの『００７カジノロワイヤル』がそうであり、レスターの『わたしの戦争』がそうであり、アルトマンの『ＢＩＲＤ★ＳＨＴ』がそうであり、ラッセルの『リストマニア』がそうだったかもしれない。その基本は言うまでもなくエンターテインメントだ。

大林監督の商業映画はすべてエンターテインメントであって、アート・シネマを気取ったりはしない。「実験精神旺盛」というのとも違う、ひたすら映画的愉悦を追及しているのだ。そんな大林映画の代表作といえば近年の『花筐』であり、そしてまぎれもなく『金田一耕助の冒険』である。この作品には他の大林映画を凌ぐ寛いだ自由さがある。シンプルで明確であり、これこそが「大林映画」の本質を一番提示した作品であるとぼくは見ている。一見、度の過ぎたおふざけであって、自虐的パロディ満載の、軽い作品に映る。しかも、物語がわかりづらい（「話がピーマンなんだよ」と当時の流行語で台詞が出てくる）。

だからといってこの作品が失敗作というのは当たらない。むしろ成功し過ぎてこうなってしまった。だいたいこんなに個性的なスタ

©1979 角川映画

イルの作品が、偶然の過失で生まれるはずがない。これは、このような映画を作ろうという強烈な意志がなければ決して成立しない作品であり、この意志を貫いた大林監督と角川春樹プロデューサーは確信犯である。なにしろおふざけと自虐的パロディが沸点に達する最高の場面は、当の角川本人が出演している2シーンなのだから。

まず、団地に住む低所得一家の主を演ずる角川は、度の強い眼鏡をかけた冴えない亭主となって惚け味を発揮し、古谷一行相手に俳優そこのけの演技を披露する。さらに映画終盤では、原作者横溝正史のところへ出版印税を持ってゆく角川本人として登場。アタッシュケースいっぱいの札束を手に取った横溝は、それをめくると白い紙の束で、「見た目は立派ですが中身は薄いですな」などとぼやく。これは当時の角川映画がそう揶揄されていたからだ。そして横溝は障子貼りの内職をしながら「私はこんな映画にだけは出たくなかった」と言うのだが、これは『悪魔が来たりて笛を吹く』の本人のコメント「私はこの恐ろしい小説だけは映画にしたくなかった」のもじりである。

こんな具合に無数のパロディが並び、その大半が八十年代当時の角川映画の予告やら日本映画はたまたテレビ・コマーシャルだったりで、それらは時代とともに風化してまったくわけがわからない摩訶不思議な場面として後世に残るだろう。別の見所としてキャスティングのユニークさもあるが、こちらもしかり。多数の映画で金田一を演じた古谷一行本人が自らの存在理由を批判する傍らで、轟警部役の田中邦衛の軽妙な芝居がこの映画の味つけの中心になっているが、なんといっても醍醐味はその周囲に寄せ鍋の如く並ぶ出演者たちの怪演である。特別出演の三船敏郎（やはり金田一に扮する）はご愛嬌だが、実に妖しい樹木希林の登場あたりからバラエティ度は加速し、ドラキュラを演じる岸田森、東千代之介、小野ヤスシ、草野大悟、坂上二郎、大泉滉、南州太郎らが珍妙なキャラクターとなって入り乱れる様は圧巻だ。まるで手塚治虫の初期のマンガのようだ。（もちろん大林監督はその崇拝者である。）

しかしそれら愉快なアトラクションもまた作品の表層であり、その化粧をすべてぬぐい去ったところに現れる素顔がこの映画の本質なのだ。大半の観客が置いてけぼりをくってしまう複雑怪奇な物語の核心には、吉田日出子の名演が存在する。ぼくにとって大林映画の最高のヒロインは、この吉田だ。これまた茶化したマンガ的な役割かと思いきや、あどけなさも含めて次第に強烈な存在感を主張し始め、クライマックスでは完全に主役を食ってしまう。吉田が呟く「面白きこともなき世をおもしろく」。高杉晋作の晩年の名句だが、吉田の声で口にされるとえも言えぬはかなさが滲み出て、実に美しい。その瞬間にこの映画はすべてが明らかになり、恐ろしいまでに実直な愛と孤独の映画であることが判明する。

ぼくはこの場面で必ず泣いてしまう。そしてこの映画のすべてが愛しいと想う。それはこの作品の存在自体が映画を体現しているからだ。すべてが虚構であることのはかなさと、その虚構を慈しむことへの畏れ。ここには大林監督の人生論が感じられる。意味を拒絶した先に見出せる真の愛。それに対峙する絶対の孤独。オルタナティブ・シネマには常に孤独の笑みが漂う。

もちろんエンターテインメント映画とは愛の映画のことであり、流行の「ふり」で愛を描くのではない、このように率直な愛と孤独が、かくも馬鹿馬鹿しい狂騒の中に仕組まれるというのは、それ自体なんという虚無の優しさ、そしてなんという知的な愉悦であろうか。

『ねらわれた学園』キャストとして見た大林映画撮影顛末記

手塚眞
Tezuka Makoto

この作品の原稿を頼まれたのですが、出演者でもあり、客観的に書けないので、なぜぼくがこの映画に出演することになったか、そのいきさつを記しておこうと思います。

ぼくは高校生の時——七十年代後半に映画を作り始めますが、初めて作ったものを映像記録が主催していた「日本を記録する8㎜フェスティバル・高校生部門」へ出品しましたところ審査員が大島渚監督で、ぼくの作品を面白がってくださった。大島監督と大林監督は共に雑誌「ぴあ」の映画祭（現在のぴあフィルムフェスティバル）の審査員でもあって、「こんな映画を作る高校生がいる」ということで大林監督もぼくの映画を見てくださった。そんなことからぼくは自然に大林監督と知り合ったわけです。身近にはやはり学生映画作家の犬童一心さんや今関あきよしさんらがいて、彼らは『ＨＯＵＳＥ』を熱く語っていた。大学生になって彼らと『ＭＯＭＥＮＴ』という8㎜映画を作るとき、大林監督にゲスト出演してもらおうということになりました。そこで夏の日、ロケ地である国立の学校まで大林監督にご足労いただいたのです。

当時ぼくらはいわば素人。撮影に時間がかかり、大林監督を現場で長時間お待たせした揚げ句、カメラが回り出すとすぐにカットをかけ、「はい、ＯＫです。」と切り上げてしまいました。実のところ、監督を長時間お待たせして申し訳ない、早く終わらせて差し上げなければという気持ちに追い込まれていたのです。大林監督にしてみれば「こんなに待たされたのに出番は一瞬なの?」と

落胆されたことでしょう。そうして出来上がった『MOMENT』は若い観客に人気もあり評価もされ、ぼくはそれをビデオにして監督に1本差し上げました。

その後、監督が新作映画を準備中で出演者を一般公募しているという話が出たとき、学生映画を応援されていた評論家の磯野好司さんが「手塚くん、応募してみれば？」というのです。ぼくは自作自演が多く、仲間うちでは評判は悪くなかった。しかし商業映画の主役（薬師丸ひろ子さんの相手役）となれば話は別で、恐れ多くてそんなことは無理ですとお断りしました。ところが磯野さんは大林監督の研究本なども出されていて交流があり、直接お伺いを立ててしまった。大林監督は困惑されて（手塚くんは主役のイメージじゃないよなあ）、そうだ、脇にちょっとした役があるからあれがいいんじゃないか、というような話（推測ですが）で、その役の打診がきたわけです。

送られてきた脚本を読んでみると、なかなかの敵役。ぼくでは軽くなってしまうのではないかと心配していたら、今関さんに「この役は下手な役者が演ると嫌らしくなるから、君がやったほうがいいよ」と説得され、お引き受けすることになりました。

後で知りましたが、主役の応募は1万8千人にも上ったそうで、選び抜かれた高柳良一さんとは撮影を通じて仲良くなります。他に候補者として中川勝彦さんもいて、結局、彼は同級生役で出演しますが、その後歌手としてもデビューし、人気スターの仲間入りをします。ぼくは中川さんとは撮影初期からとても仲良くなり、その後も付き合いが続いてぼくの自主映画にも出演してもらいました。『星くず兄弟の伝説』にも出てもらおうと思っていましたがスケジュールが合わず断念。その後惜しくも他界されましたが、彼の娘が中川翔子さんで、彼女とは何回も仕事をしています。もうひとり同級生の役で三留まゆみさんが出演していますが、彼女は今関さんの短編『ORANGING'79』のヒロインであり、その作品はPFFにおいて大林監督が強く推した作品でした。他に仲良くなった共演者に水島かおりさんがいて、ぼくの作品にもいろいろ出演してくれていますが、現在は自主映画の先輩、長崎俊一監督の奥様です。

忘れもしない出演者の顔合わせと脚本の読み合わせの日。東宝の会議室にはたくさんの若い俳優が揃っていました。こちらが緊張していると、大林監督は「手塚くんは好きに芝居していいよ。出番毎に演技が違ってもいいしね」と恐ろしいことをおっしゃる。むしろ、それは難しい。ははあ、これは癖のある役にしたいのだなと勝手に考え、じゃあちょっと作り声でもと思って出したのがあのヘンな声。他の俳優にはなんだあいつという顔で見られ、監督は黙ってニコニコ笑っておられる。現場でも演技指導なんてまったくありませんでした。

それからメイク室で髪をバサッと切られ（当時ぼくは長髪だった）、

小道具のスタッフにものすごく度の強い遠視用の眼鏡を渡されました。まさに牛乳瓶の底で、目が飛び出したように映るのですが、かけている自分はなにも見えない。これは夜間の撮影のときに足下がまったく見えない恐怖を味わいました。

撮影初日は自分にとってもプロの撮影現場デビュー。いきなりお弁当が赤飯だったのが印象的でした。「お祝いだからさ」と制作の人も満面の笑顔。なるほど。プロにとってお弁当が大事だということが、現場で最初に学んだことでした。

薬師丸ひろ子さんはすでに売れっ子のスターで、そのせいか楽屋も他の皆とは別。同級生役の若い役者たちは大部屋でわいわいやっているのですが、彼女は本番のときにしか姿を見せません。角川映画の人気アイドルでしたし、取材やらなにやらで常に忙しい。しかも学校の試験で徹夜続きの直後だったそうで、いつも少し疲れている感じでした。物静かで、まじめでした。大林監督の指示にはい、はい、とていねいに従っています。ぼくが共演する場面で、「へんな顔をして近付きますが笑わないでくださいね」と言ったのですが、「はい」とだけ返されて、もちろん本番は決して笑いませんでした。ちょっと悔しかった。笑わせてみたかった。

一方こちらは無頼の出演者です。しかもただの映画好きですから、出番がないときも8㎜カメラを手にうろうろ見学している。次第に大林監督も目障りになってきたのでしょう。勝手にカメラを回していたら、急に監督から「このシーンにも出なさい。はやく衣装とメイクを直してこい!」と怒鳴られました。「ひとつの現場に監督はひとりでいい!」と。

たいてい現場には朝一番に呼ばれて行きます。メイクをしなきゃならないので朝五時とか六時に呼ばれるんです。それで衣装も着てずっと待っていると、昼になっても出番が来ない。そのうち夕方になり、ついに夕食が出ます。結局、出番はその日の最後の撮影で、深夜を超えている。次の日もまた朝から呼ばれます。そして、出番は夜中。この繰り返しで、スタッフもそのうちに同情して(もしくは面白がって)、朝行くと「今日も最後?」と挨拶されるようになりました。途中でハッと気付いたのですが、これはもしやぼくが監督を長時間お待たせをしたお返しなのだろうか。あるいは「手塚くんはいわば身内みたいなものだし映画作りも知っているのだから、出番が遅くても文句はいわないよね」という監督ならではのお考えだったのかもしれません。

監督は始終忙しそうで、一度スタッフルームでお灸をされていた姿が印象的でした。まだお若いのに、そんなに身体を酷使されているのかと。大林組は撮影するカットが多いので、スケジュールはどんどん押していきます。徹夜も珍しくない。スタッフからは「ねわすれた学園」とも言われていました。

映画の中盤に、急にみんなが踊りだすミュージカルのような場面があります。大林監督が往年のミュージカル映画がお好きなのはもちろんですが、撮影前に『ＭＯＭＥＮＴ』をご覧になり、同様の場面を気に入られたからではないかと推察しました。そうであるなら光栄なことです。大林監督とは年齢もキャリアも違いますが、影響を受けた映画は共通するものがたくさんあるのでしょう。映画の遺伝子は意識せずとも自然に継がれてゆくものです。「わが意を得たり」という感じだったのかもしれません。

クライマックスには、東宝のステージにセットが組まれると聞いていました。どんな華麗なセットに出演できるのだろうと楽しみに行ってみたら、壁一面に青い布が下がっているだけ。合成画面のためのブルーバックというやつです。しかも、天井からワイヤーで吊り下げられました。ハーネスという止め具を腰につけるのですが、重心を調整するのがなかなか難しい。しかもたくさんの参考書を抱えていて、そのまま吊ると本の重みで身体が前に倒れてしまう。それを自分の腰の力で必死に体勢を立てます。その辛い状態で足をバタバタさせなきゃならない。意外と大変でした。ぼくは自分の8㎜映画でも合成をしたり特殊な映像処理をしていたので、こういう特撮のことはわかっていましたが、プロの現場も案外原始的なものなのだと驚きました。

約一ヵ月に及ぶ撮影が終わると、全編アフレコがありました。恐らく合成映像が多いので、現場で台詞が録りにくかったからなのでしょう。あるいは監督がより虚構性を求めてそうしたのかもしれません。

こうして出来上がった『ねらわれた学園』は、想像以上に虚構に満ち溢れた不思議な作品でした。撮影中は監督の意地悪にあっているのかと疑心暗鬼にもなりましたが、スクリーンに自分の名前が出た瞬間、主演の薬師丸ひろ子さんから数えて四番目で、しかも「新人」と書かれていないことに驚きました。「だって君はもう映画に出てるし、監督もしているのだから新人じゃないだろう」と監督に言われましたが、その心遣いがとても嬉しかった。これは本当に監督に感謝しています。

映画が公開され、こっそり劇場に自分で観に行きましたら、ぼくがスクリーンに登場した瞬間、まるでホラー映画ように客席から「ギャーッ」と叫び声が上がりました。40年経った今でもよく「『ねらわれた学園』に出ていた方ですね？」と言われます。照れくさいのですが、本当にありがたいことだと思っています。

作品論 06『転校生』

忘れていた一美のスキップ

犬童一心
Inudo Isshin

©日本テレビ

公開当時『転校生』を見終わった直後の、あのどこかすっきりとしない自分の気持ちをどう説明すればいいのか？「いい映画だけど…」と言葉が途切れ、結局続かず黙ってしまう。

『HOUSE』から『ねらわれた学園』に至るまでの大林宣彦の商業映画5作を本気で評価していたのは若い観客だった。特に、8ミリカメラを手にした者たちにとって大林宣彦は「自由」を携え商業映画作りをしているヒーローであり向かうべき道標でもあった。「物語」に殉じて窮屈にならない態度、暴力的衝動が刻印されたショットの連なり、行き過ぎた過去の映画への愛。それらは、すべて他人事ではなかった、大林は我らが待望の映画作家だったのだ。

で、六作目に現れたのが『転校生』だ。その味わいは、程よく甘い青春映画の気配でコントロールされている。カメラは二人の若い優れた俳優の演技にひたすら向かい、行き過ぎたセンチメンタリズム、フィクショナルな映画的逸脱は消え、夕日はホリゾントに描かれず、瀬戸内の海にキラキラと沈んでいくだけだ。

劇場を出た私はどこか裏切られた気がしていた。大林宣彦が正当派になろうとして、自らの欲望を必死に抑えているかに見えた。

『転校生』をきっかけに大林への世の評価が急に好意的になったこともしっくりこなかった。あの、『HOUSE』に始まる無理解からくる暴言のような批評は一体何だったんだ！と思った。大林宣彦が「みんな」のものになっていく――。

と、ここまで書いて、『転校生』を公開以来久々に見直した。私はもはや老人に近づき、思春期の男女の戯言にはあまり近づきたくない。決心してＤＶＤの再生ボタンを押す。

映し出される8ミリフィルムに焼き付けられたモノクロの尾道。尾道のことなど何も知らないのに、この身を焦がすような郷愁はなんだ。なぜ私は、この街を、そこだけの時の流れを知っている？

冒頭、一夫と一美の幼稚園以来の再会が今となってはこれぞジュブナイルなコメディタッチで展開される。続いて、話しながら歩き続ける二人の弾む肉体をカメラが追い始め、様相が変わる。尾道独特の入り組んだ小路、上り下りと坂の連続、遠く抜けに見え隠れする風景が次々と入れ変わり、歩くごとに奥行きや高低が把握できなくなっていく。それはまさに迷宮のようだ。そして、たどり着く寺の階段、蹴り上げられる空き缶。転げ落ちる二人。気づけば、俺はあいつであいつは俺で、性が未分化だったあの時にいた。そう、それはかつて私もいた子宮の中だった。その後は一夫と一美、男女の入れ替わりに驚き揺れる二人の心、その振動が、羊水の中、さざ波のように伝わって来る。まさに子宮の中で見る夢。

家出した二人が尾道を彷徨うシーンの素晴らしさよ。思春期のどうすることもできない未決定の時間、その狂おしさと快感がこれ以上なくリアルな感触で伝わってくる。この退屈こそが青春で、まさに映画ではないのか。

そして、驚いたのは、ラストシーンだ。転校のために引っ越しのトラックに乗り込む一夫。走り出すと懸命に追いかけ手を振る一美。その姿を収めようと8ミリカメラを回す一夫。感極まり叫ぶ一美「さよならあたし」叫ぶ一夫「さよなら俺」。諦め立ち止まる一美。一美は悲しみに俯き、踵を返す。振り向いた先にはまっすぐな一本道。8ミリカメラのフレームの中、トロイメライが高まり、一美の背中は遠去かろうとする。「いやあ、泣けるなあ」と浸ろうとした瞬間、なんと、間髪を入れず彼女はスキップをし始めるのだ。このスキップを完全に忘れていた。「ああ」と小さく声が出そうになる。そんな声を無視するように一瞬振り向く笑顔の一美、でカットアウト、エンドロールが始まる。聞こえてくるオッフェンバッハ「天国と地獄」に身を任せ思った。これは、忘れられない青春の一コマ、いつかまた大人になって再会するかもしれないという恋愛ドラマの一コマ、そのどちらにも属さない、この映画だけの、大林映画だからこそのエンディングだ。

一美のいく道、その先に一夫はいない、だからこそ未来は果てしなさを獲得できる。未来が何ごとにも規定されない、その喜びをスキップに込めている。

ふと思う。もし、二人が共にまっすぐに、果てしなく歩き続ければ、もしかしたらまたいつかばったり会えるかもしれない。そう、あの『時をかける少女』のように。なんという希望のあり方、なんという切なさ。終わろうとするが終わらない、永遠が顔をのぞかせ、見るものはそのまま放り出される。この終わろうとして始まって行く物語の感触こそが大林宣彦ではないのか。

素晴らしい！感動した。あの昔の私はなんだったんだ？高揚した気持ちを抑え、ＤＶＤのディスクをケースに戻しながら思う。二十二歳、当時見終わった私は、きっと、大林映画を急に大好きだと大声で言いだしそうな人たちが現れる気配を感じてそれが嫌だったのだ。抑制なき大林フルスロットルの『瞳の中の訪問者』が理解できないくせに、きっと、『転校生』は良いって言い出すな……、なんだかなあ。といった気分。私もまだ青春だったんですね。（まあ、今も『瞳の中の訪問者』は踏み絵のようだと思う）

作品論｜07　『時をかける少女』

いつも撮影は時をかける

高柳良一
Takayanagi Ryoichi

映画の撮影は、必ずしもシーンの順番通りには進まない。スタジオはスタジオ、ロケはロケで固めて、同じ場所でのシーンは、まとめて撮影する方が効率的だからである。はたして『時をかける少女』は、どういう順番で撮影されたのか、この機会に振り返ってみよう。

撮影は、二月の上越国際スキー場から始まった。ただし、深町一夫が登場するファーストシーンはセットで、その後に先生や生徒たちと合流するところからが、ロケであった。

撮影は夜に行われたが、昼間から現地に入っており、「それまでの時間にスキーをしたい」とスタッフにお願いしたところ、「骨折でもしたら大変な迷惑がかかる」と、ピシャリとはねつけられてしまった。

そんなこともあって、雪山の斜面を駆け降りるシーンでは、かなりのテンションで、はしゃいでいる。

セットとロケの深町一夫は、明らかにつながっていない。

その後が、調布のにっかつ撮影所のセットとなり、先ほどのファーストシーン、スキー帰りの列車のシーン、和子の家、実験室などを撮影した。

つまり、深町一夫と芳山和子の出会いと別れは、ほぼ同時に撮影されていたのである。

常に冷静沈着であった一夫が、秘密を明かし、別れを告げる場面になって、初めて感情を表に出す…ように見えるのだが、実は、このシーンは思い悩まず、あっさりすんなり演じられた。

撮影の進み方とシーンの順番が逆なため、尾道に行ってからは、ずっと感情を抑える演技になり、むしろこちらの方が難しかった。

この実験室のセットの片隅に、出前の岡持ちのような器具があった。

蓋を開けると中からもくもくと白い煙が流れ出し、それをまんべんなく広げると、実験室のシーンの準備が整うのだ。

あの煙こそが、実験ならぬ化学反応によるもので、スタッフには「絶対に吸うなよ」と言われていた。

その中に長時間倒れていた知世ちゃんにも、聞こえていたのだろうか?

いよいよ撮影は尾道、竹原に移る。

「尾道三部作」と称されるが、実は竹原のシーンが多いことをご存知だろうか?

熱心なファンの方は、ロケ地めぐりを楽しみに尾道を訪れるそうだが、残念なことに、尾道に当時あったものは、あらかた消失している。

ラベンダーの温室はそもそもセットであるし、深町家やタイル小路も無くなり、小学校は建替え中の旧校舎を借りていたので、撮影中も解体工事の真っ最中であった。

芳山和子の家は、つい二年ほど前に取り壊されたそうだし、深町一夫と芳山和子が並んで歩いた竹藪は、今は跡形もない。

一方で、竹原は町並み保存地区ということもあって、ほとんどが映画のシーンのまま残されているというのは、不思議な対照である。

二〇一八年七月に、尾道への旅行の計画を立てた。

実は『時をかける少女』以来ではなく、角川書店の編集者時代に、赤川次郎先生に同行して『ふたり』の撮影を見学して以来なので、約三十年ぶりに訪れることになるはずだったのだが、出発の数日前に西日本豪雨が発生し、中止を余儀なくされた。

これはきっと、今はまだ尾道に呼ばれていないのだろう。無理に行こうとすると、黒滝山での出来事が再現され、今度こそ足場もろとも崩れ落ちてしまうのだと言い聞かせ、無理矢理自分を納得させたのであった。

最後は東京に戻り、早稲田のアバコスタジオで、アフレコの作業となった。

大学の履修手続に間に合わなくなるので、わがままを言って、一人だけ先に最終の新幹線で、福山駅から(当時はまだ新尾道駅がなかった)東京に帰らせてもらったことから推測して、アフレコは四月の中旬に行われたのではないだろうか。

『ねらわれた学園』は合成シーン満載のために同時録音ができず、オールアフレコに近い状態であったのに対して、『時をかける少女』のアフレコは、わずか一日で終わったように記憶している。

それも、修正が必要な音声の一部分だけをピックアップして、録音は行われた。

通称「桃栗三年の歌」こと、「愛のためいき」を温室で歌うシーンは、知世ちゃんのアドバイスで「じゅうはーちー、ねんー」を、「じゅうはーちー、ねーん」に直した。

実験室での別れのシーンは、和子の「あの、星が妙な感じの」というセリフが、「あの、星が不思議な感じの」に直されている。

深町一夫の家の前での別れ際、芳山和子が自分の身の回りで起こっている出来事を打ち明けようとするシーンがある。

ここでの一夫のセリフ「なに?」の一言だけを、録音し直すというのである。

なぜか大林監督が笑いながら「まずは最初に見てみよう」と、映像が流れ出したのだが、このセリフのところで、スタッフ全員が大爆笑することになった。

「なに?」とは言っているのだが、いわゆるオネエ言葉で「なぁ～にぃ～?」という節回しになっていたのだ。

確かに現場では「もっと優しく、優しく」という監督の指示があったのだが、限度を超えていたようだ。

当然、ここも無事に「なに?」に直ったのだが、それにしても、その場に何十人もいたスタッフの誰一人として違和感を覚えなかったのは、なぜだろうかというのが、謎のままである。

あれから三十六年の歳月が流れた。

いまだに映画はシーンの順番通りには撮影されていない。

機材や技術がどんなに進歩しても、人間が演じて、それをカメラで捉える限り、永遠にシーンの順番通りに撮影されることはないだろう。

いや、二六六〇年には実現するのだった。

タイムトラベルの技術を使って。

作品論｜08『廃市』

滞留する〈浪漫〉のよどみに沈める傑作

樋口尚文
Higuchi Naofumi

いつか大林宣彦監督と酒席でお話ししている時に、なぜか『廃市』に話題が及んだ。とにかく多忙を極めた時代に不意に二週間ばかり休みができたので、スタッフ、キャストと柳川へ赴いてほとんど寝る間もなく撮影して作り上げたのがこの作品なんですよ、そんなふうだからもうみんな眠くて眠くてしかたがなくて、心中した亡骸を演じている峰岸徹さんと入江若葉さんはそのまま眠ってしまったし、気づけばスタッフもそこらで寝ていたなあ、という逸話とともに、柳川の掘割を舟で移動しながら地元の協力者のもとを転々としたことなどを聞きながら、なにかこの映画づくり全体がもう柳川という「空想の物語に似合う町」で幻想化しているような感じを受けた。

あえて小さな16ミリカメラを携えて往年の個人映画時代を彷彿とさせる構えで撮ったという本作には、全篇にそんな夢遊病者のごときスタッフ、キャストがうつろに舟で移動しているような酩酊感が漂っていて、これは通常の商業映画が作為的にそんな感じを出そうとしても無理な、蠱惑的なけはいが充満している。

そもそも尾道時代のティーンの季節に福永武彦の出世作「草の花」に出会い、暗誦するまでに耽溺したという大林監督は、本書とともに壇一雄が戦前に書いた「花筐」が映画化したい原作のツートップであった。そして福永武彦原作「廃市」を柳川で撮ろうと思い立ったことには、壇一雄にゆかりのある柳川で映画を撮って「花筐」に接近したい、という秘められし動機もあったのだという。

ところが世紀をまたいで二〇一六年、大林監督はついに約四十年前の企画当初の狙い通りに、佐賀県の唐津市での「花筐」映画化を実現してしまった。そんな現在『廃市』を再見すると、これが後年の『この空の花』『野のなななのか』から『花筐』に至る「古里映画」の源流であるという印象が強い。さらに加えるならば、『廃市』の後に小樽を舞台にした『はるか、ノスタルジィ』を通過点として「古里映画」連作へとつながっている、そんな気がしてならない。その大きな特徴は、ご当地に根ざした破滅的なまでの〈浪漫〉への傾斜である。

ここで興味深いのは『廃市』をまたいで作られた『転校生』『時をかける少女』『さびしんぼう』、いわゆる「尾道三部作」も尾道という正真正銘の監督の「古里」の映画ではないかという説もあるかもしれないが、尾道というのは大林監督にとっては夢の対象ではなくて生まれ育った現実感が強いのだろうか、作品もファンタジーとして均衡のとれたものである。おのずから大林映画のなかで安定の人気を更新するのは、こちら側の「大川」である。

対するそこそこ大きな構えながら〈浪漫〉の噴出した『はるか、ノスタルジィ』が、「大川」と並行して走る「ちいさ川」だとすれば、その「大川」と「ちいさ川」を結ぶ網の目のような情感あふれる「掘割」が「古里映画」ではなかろうか。尾道にあっては均整のとれた作品をつくる大林監督が、遠方のゆかりなき土地に旅してもの思う時、「掘割」の滞留した流れに藻や水草の繁茂するがごとく〈浪漫〉のはびこる世界にはまってゆく。この濃い口で、時に香りもきつい側の大林映画は、観客を選ぶタイプのものであろう。

したがって自作が陳腐なメロドラマとして映像化されるのを予想して映画化を拒んできた福永武彦の、稀有なる映画作品であるがゆえに、『廃市』に関心を示した映画会社もあったというが、大林監督がそういう誘いを遠慮して、あくまで自らの思いの小函のようなかたちで存分に〈浪漫〉尽くしの『廃市』をATGで撮ったのは大正解であった。

84年の公開時に『廃市』を観た時は、『転校生』のおきゃんな女生徒役の小林聡美が一転ナイーヴでリリカルな旧家のお嬢を演るというのに少々違和感を覚え、かつ大林監督には角川映画の大舞台で『時をかける少女』で唸らされたばかりだったので、『廃市』はそんな勢いのなかでオマケのように生まれた小品という印象が強かった。ところが時は過ぎて、そういうことが一切気にならなくなった今、この作品を観て、圧倒的な傑作ぶりに驚かされた。この実り多き映画は、みごとに時を超えてみせたという訳である。

「廃市」という言葉は、北原白秋が故郷の柳川を「さながら水に浮いた灰色の柩」と呼んだことに由来するのだが。要は「死にかけている町」ということである。大学生の江口（山下規介）は縁あって旧家に逗留しつつ卒論を書き上げようというのんきな心持ちであったが、訪れた水郷の美しさとは裏腹の、そこに住まう人々の虚無や悲しみの深さに呑まれてゆく。じわじわとしたこの過程の描写が素晴らしく、安子（小林聡美）は町のどこへ行っても聞こえる川の流れる音を「町が死んでいく音」と言い、さらには「わたしたちも死んどるのよ、ちっぽけな町に縛られて」とニヒルに呟いて、江口を当惑させる。

さらに安子の義兄・直之（峰岸徹）も「ここに住む者にとってこの場所は何もいいことはない。一日一日退屈して、ただ時間をもてあましているのでお謡いとか小唄とか徘徊に凝り、掘割に凝る。そして人も掘割も滅びてゆく」「町のもんは生気がない。ただ時間を使い尽くしてゆくだけです」と江口に語り、水郷の美観をつくる掘割についても「掘割ももとは大川の氾濫をふせぐためのものなのに、それを道楽みたいにはりめぐらせた。だから自然の風景ではなくて人工的な、頽廃的なもの」と手きびしい。それを「（この町の人は）芸術的なんですね」と江口は擁護するも、それも諦観に満ちた直之を前にしては虚しく終わる。

安子の「ここでは生きている人と死んでいる人の区別がつかない」という言葉通り、この世の者とは思えぬたたずまいの郁代（根岸季衣）は、なぜ人を避けて寺に身を隠しているのか、それが本作の大きなミステリーだが、やがて直之の口からやりきれない愛の顛末が語られる。灯りと提灯のなか、掘割にたくさんの舟が浮かび、船舞台で上演される「御所桜堀川夜討　弁慶上使の段」を安子と江口が観る場面、それに次いで楽屋裏の直之が愛人の秀（入江若葉）の前で江口に悲痛な愛情のもつれを語る場面までの流れと、画面の美しさは、本当に素晴らしい。人びとは抗うこともせずただただ〈浪漫〉に殉じてゆく。

撮影の阪本善尚、美術の薩谷和夫、音楽の宮崎尚志、脚本の桂千穂、・・という大林映画初期からのスタッフが、この文字通り掌編の映画にこってりとした愛情と創意を注いで、まさに宝物のような小品に仕上げてみせた。この手練れの仕事で異世界に見えてくる柳川に、安子の「ここは水の多い町だから、疫病がはやるとひとたまりもなく、母もそれで亡くなりました」という台詞がかぶさると、これは大林版『ベニスに死す』であったのかと気づかされるのだった。そして心中に接しても「道楽が高ずれば死ぬほかない。道行としゃれたんでしょうなあ」と死になじみ過ぎた町を江口が去る時、やにわに無口な三郎（尾美としのり）が感情を突沸させる。そのひとつまみの塩のような爽やかさに、大林流〈浪漫主義〉の甘美さいや増すのであった。

作品論｜09

『少年ケニヤ』
アニメ映像の冒険と常識の破壊

氷川竜介
Hikawa Ryusuke

一九八二年、大林宣彦監督は『時をかける少女』で、アニメファンやクリエイターの注目を集めた。美意識にあふれたロマンチックなビジュアル、ピュアな感情を触発するイマジネーションという点でアニメとの共通性が同作にあったからである。

映画『少年ケニヤ』は、そんな大林監督唯一の長篇アニメとなっている。原作は終戦直後に産経新聞の部数を飛躍的に伸ばした山川惣治の絵物語だ。アフリカの大自然の中、父親とはぐれたワタル少年を主人公に、神秘的な民族、守護神の大蛇ダーナや金髪碧眼の美少女ケイトの出逢いと冒険を描き、戦後の少年たちを勇気づけた名作である。

「『初めてのアニメ映画』ということで何度か質問を受けましたが、私にはそういう気持は全くありません。というのは、私にとって映画は『動かないものに息を吹き込む』という本来の意味で全てアニメーションなのです。ただ、素材が山川惣治氏の絵物語であるということなのです」（劇場用パンフレット掲載、監督の巻頭言）

監督自身がこう語る映画『少年ケニヤ』は、桂千穂、内藤誠、剣持亘の共同脚本、『時をかける少女』の高柳良一・原田知世コンビを中心にしたキャスティングに加え、主題歌は渡辺典子が担当、音楽監督は宇崎竜童と、実写の大林組と角川映画系の人材を中核に進められ、宣伝的にも角川映画らしさを前面に出した。

その一方でアニメーション制作には老舗の東映動画（現：東映アニメーション）が参加し、現場との橋渡しをする共同監督には『六神

合体ゴッドマーズ』をヒットさせた今沢哲男があたった。これはかなり手堅い布陣で、アニメ的常識を超える大林監督のリクエストに全力で応えたユニークな映像が満載である。原作者の山川惣治による絵物語特有の画調を活かすため、全編にわたって動画も背景もペンでタッチを加え、必要に応じて白バックに線画の画面に切り換えている。ワタルの母だけはトレス線のない画調に変えるなど、手触り感を単調な平面にしないよう腐心しているのだ。さらに山川惣治自身がペン画を完成させていくプロセスをコマ撮りしたり、現地人と主人公ワタルの肌色が戦闘中に入れ替わるなど、遊び心にあふれた実験も入っている。

冒頭と終幕の実写パートの撮影は阪本善尚、山川惣治本人が登場する書斎を模したセットの美術は薩谷和夫、高層ビルとジェット機を光るワイヤーフレームＣＧで表現したのは白組の島村達雄とベテランが担当。原子爆弾が作動して時空間が歪むクライマックスでは、ビデオエフェクトとオプチカルの合わせ技による幻惑感が描かれるなど、観客がアニメに抱く固定観念を、あの手この手で崩そうという気概にあふれている。ところがそのトリッキーさゆえに、当時の観客にはあまり受け入れられず、歴史上も見落とされがちなエアポケット的存在となってしまった。

その原因は、同時期に公開された宮崎駿監督の映画『風の谷のナウシカ』にある。公開時期（一九八四年四月号）のアニメ雑誌をチェックすると、月刊「アニメージュ」（徳間書店）は原作掲載誌としてナウシカ中心なのに対し、「マイアニメ」（秋田書店）は「角川アニメ第二弾」の『ケニヤ』を表紙にして特集にも力を入れている。角川書店（当時）の月刊「ニュータイプ」掲載がない理由は、創刊が翌一九八五年だからというのも象徴的である。宮崎駿が日本のアニメーションの本流である東映動画出身であることを考えると、いろんな点で転換点に思えてくる興味深い作品なのだ。

作品自体がまさに時代の変わり目を意識した「冒険」だったわけだ。その企画は角川春樹が前年の『幻魔大戦』制作中、アニメづくりに情熱を覚え、少年のころ夢中になった「少年ケニヤ」「少年王者」を再読して、〝面白いものは横溝正史のように時代を超えて甦る〟と確信し、「絵物語」という形式を本格化させた始祖である山川惣治に接触したところから始まっている。「時代を変える冒険心」が必要とされていると直感し、大林宣彦監督が選ばれたのだとすると、あながち的外れではない。

事実、このタイミングで作られたことは現実世界にも奇跡を起こしたのだから。宣伝の一環で全国アマチュアからアニメーター公募を行い、高校生時代の漆原智志（現・うるし原智志）が実制作に参加した。そして合格したものの上京できなかった細田守は、大学卒業に際して角川書店に転籍した『ケニヤ』のプロデューサー田宮武に相談、東映動画に入社した。退社後の細田守監督は、他ならぬ『時をかける少女』をアニメ映画化することになる。

冒険心再来への願いは果てしなき因果の連鎖を招き、このように時をかける円環構造をもつ奇跡を起こしたのだった。本来「トリックスター」とは、閉塞の破壊こそが役割である。『少年ケニヤ』は大林宣彦監督らしい「規格外の発想」に充ちたトリッキーなアニメーション映画であることの確認ともに、歴史への位置づけの再点検も必要な映画ではないだろうか。

作品論｜10

『天国にいちばん近い島』
アイドル映画の神髄はドキュメンタリー性

とり・みき Tori Miki

©KADOKAWA 1984

自分の担当になってしまったが、困った。

一部の方は既にご存じの通り、筆者はこの映画でツアー客のエキストラの一人として主人公の周りをウロチョロしている。セリフはないが、もし私が私ではない別の観客であったとしたら、間違いなくスクリーンやテレビ画面に対してこう叫んでいるはずだ「そこの黒眼鏡のマンガ家、うぜえ」……大林作品では地元の方や関係者のエキストラ出演はむしろ恒例であって珍しくはないのだが、しかしこのマンガ家は『時をかける少女』以後無節操に原田知世祭りをくりひろげていた問題児なので、その分よけいに目障りなのだ。

出演以外にも私は劇中の重要な小道具である紙芝居の画を担当している。これも今なら監督の意図をより深く理解し、素人の未熟な部分を残しつつ、タロウ少年が移民の祖父から見せてもらったであろう戦前の絵本のようなタッチで巧く描けたと思う。だがデビューまもない当時の私の絵はただただ下手だ。

というわけで、自己嫌悪や反省、それにロケ中の想い出等が先行し、私は長い間この映画を客観的に評価することができなかった。

ただ、私でなくとも『時かけ』で原田知世ファンになった者にとって、この映画はかなりむずかしい分岐点になっているとは思う。『時かけ』は徹頭徹尾造り物の映画である。舞台は尾道と竹原とマット画まで足した架空の町。ある意味ピグマリオン的なヒロイン。ゆえに観客、とくに男性観客はその舞台や人物の空洞を自分の想い出や自分の理想の少女像で埋めなければならない（それはまさにこの映画のテーマそのものだ）。アニメやマンガの若き作り手や受け手によって熱烈に支持されたのは、たぶんその辺に理由がある。加えてストーリーはタイムトラベルＳＦであるから劇的で合成多用の画面も派手だ。逆に言えば真実はあっても現実味はない。

いっぽう『天国にいちばん近い島』の万里はいかにも等身大の十代の頼りない女の子である。旅の目的もいわゆる「自分探し」にも似た観念的なもので、日本を出てきたはいいが周りとは馴染めず、さりとて積極的に動くわけでもなく、流されっぱなしの、観客から見ればツッコマレ待ちのような共感しにくいキャラクターだ。話もとくに劇的な展開があるわけではない（ストーリーでこの映画を語ろうとするとなかなかまとめづらい）。舞台のニューカレドニアも現実同様美しいシーンもそうでない場所も出てくる。

大林映画での主演二作目ということで『時かけ』のようなフィクショナルな昂揚感を期待して当時劇場へ向かったファンはおそらくちょっと肩すかしを食らったのではないかと思う。一部の観客は自分が好きになったのは芳山和子であって、原田知世ではなかったのかな、と感じたかもしれない。

だが、しかし、それこそが実は監督があえて意図したことではなかったか、と今になって私は思っている。主人公・万里の、異国には来たものの、不安と迷いを抱え能動的になりきれないどっちつかずの姿は、自分でも事態がよくわからないまま上京して映画の世界に入ってしまい、まだまだ戸惑っている当時の原田知世そのものだ。彼女の不安を象徴するのは、おそらくわざと必要以上に大きくしてあるスーツケースで、これをゴロゴロ引きずりながら彼女は島のあちこちを移動する。実際の撮影現場でもこれがなかなかやっかいで、スーツケースのトラブルで撮り直し、ということがままあった。ロケ地によっては過酷な環境・危険な場所もあり、撮影の過程で、主人公同様、女優もまた美しい観光地の裏の側面、移民の苦労や戦争の歴史や植民地の矛盾を知ったはずだ。アイドル映画というパッケージのため映画ではそこまで描かれていないが、当時のニューカレドニアではフランスからの独立闘争で多くの犠牲者も出ていた。

つまり『天国にいちばん近い島』は極めてドキュメンタリーに近い映画なのだ（その手法は近年の大林作品まで通底している）。監督は、主演三作目ということで、おそらくこの後もこの仕事を続けていくことになるであろう女優を想い『時かけ』でかけた魔法を解いて芳山和子を原田知世に戻してあげたのだ。ニューカレドニアの美しい風景とその裏のシビアな側面というのは、まさに映画の世界そのものでもある。

その意味では『天国にいちばん近い島』もまた正統のアイドル映画といえるかもしれない。なぜならアイドル映画のキモとはドキュメンタリー性にほかならないから。映画内容とともに、それと並行して役をけなげに頑張って演じているアイドルにファンが感じる心配や応援や成長の発見（ときにはサディズム）の共存こそがアイドル映画の醍醐味だからだ。

黒眼鏡の怪しい観光客は早々にいなくなりますから、安心して見てください。

『さびしんぼう』
ショパンの名曲と共に、ずっとそばに置いておきたい

中村由利子
Nakamura Yuriko

『さびしんぼう』撮影スナップ

「ひとがひとを恋うるとき、ひとは誰でもさびしんぼうになる」

久しぶりにまたこの映画を観た。なんて温かい作品だろう。

『さびしんぼう』が大林宣彦監督作品の中でも特に人気が高いのは、観る人の記憶のどこかにある正体不明の「さびしんぼう」に、キラキラと光る糸でいつの間にかしっかりと繋がってしまうからではないだろうか。言わずと知れた尾道三部作の完結編であり、あの黒澤明監督がスタッフにも観るように勧めたほど好まれていたというこの名作『さびしんぼう』の、私なりの思いと紹介を綴っていこうと思う。

「さびしんぼう」とは「がんぼう」という腕白小僧のことを言う尾道の言葉が元になっていて、それに対して大林監督が考えられた女の子の呼び名だったという。だがその造語は監督の感性の中で「ひとを恋することは寂しいことだ」という思いそのものとなり「僕の映画は全部『さびしんぼう』と題をつけてもいいくらい」とおっしゃっている。監督はこの「さびしんぼう」をテーマにシナリオを何度も書かれ、山中恒氏の「なんだかへんて子」という作品に出会ったことで、ずっとあたためていた企画がようやくこの映画になったのだそうだ。長い年月の間で枝葉を削ぎ落としたと監督が語られているように、脚本はシンプルで細かい説明がない。しかし、その説明のない部分が心に残す温度のなんと心地よいことか。また前半に続くコミカルなシーンたちが、後半の切なさの色をより

濃くしているのも印象的だ。

そしてこの映画の大きな魅力となっているのが全編に流れるショパンの「別れの曲」。Etudes（練習曲）の中の一曲で、旋律を大切にしながら内声部を弾く難易度の高い曲だ。祖国ポーランドへの思いがこもったこの曲をショパンは「一生のうち二度とこんな美しい旋律を見つけることはできないだろう」と言ったという、まさに名曲中の名曲である。大林監督は中学生の時にショパンの伝記映画『別れの曲』をご覧になり、ショパンが演奏するこの曲に惹かれ、映画館で一生懸命耳を傾けメロディーを覚え、ピアノで再現されたのだそうだ。大林監督映画はピアノ映画とも言われるぐらい、ピアノやピアノ曲がよく登場する。その中でこの『別れの曲』には監督の特別な思いが込められていると言っていいと思う。世界中の映画やドラマでこんなに多く使われた曲も珍しいが、『さびしんぼう』ほどこの曲がいろいろなバリエーションで登場する映画も他にはないだろう。

ヒロインの百合子（富田靖子）が学校のピアノで演奏し、それに合わせて主人公のヒロキ（尾美としのり）も口ずさみ、自宅のピアノでたどたどしく弾き、父とお風呂の中で一緒に歌い、そこから尾道の風景に重なりストリングスの演奏にバトンタッチし、エンディングでは富田靖子が歌詞が付いたバージョンで歌うなどなど、メインテーマだけでもいったい何回繰り返されることだろう。ショパンもびっくりの使われ方である。ちなみに私も子供の頃にこの曲に憧れて挑戦した。メインテーマの二十小節目まで何とかメロディーを辿れたものの、その後の展開が難しくてギブアップしてしまい、未だにこの部分はちゃんと弾けない。ヒロキが憧れの百合子と会うシーンでは、心動く様子をその難しい展開が見事に盛り上げ、時にはヒロキが部屋で片手で弾くメインメロディーに繋がっていく。さらにそこに住職である父のお経が重なるところも・・と説明すると何だかシュールに思われてしまうであろう「別れの曲」のリレーだが、これがいつの間にかヒロキの切ない心境に惹きつけられていく魔法のような音楽効果なのだ。

またヒロキが百合子をフェリーまで追いかけていくところでは、展開部の一番難しい劇的な部分が使われ、夕暮れに彼女を送っていくシーンやオルゴールを渡したあとには、メインテーマにきらめくようなオブリガート（主旋律を引き立てるための即興的な助奏）が加わり、やがてコンチェルト風にも発展していく。こういう部分も全て監督のリクエストなのだろう。饒舌すぎるようなアレンジも、胸ときめくシーンに自然と溶け込む、大林監督マジックである。ショパンだけではなく、この映画の音楽監督である宮崎尚志氏のオリジナル曲も素晴らしい。そのオリジナル曲がショパンのメロディーと見事に融合し、双方を引き立てていると言っても過言ではない。

職業がら音楽のことばかりを連ねてしまったが、ヒロキと百合子を囲むキャストの名演もこの映画の魅力であることを忘れてはならない。ヒロキの父親は小林稔侍、母親は藤田弓子、祖母は浦辺粂子、学校の先生に岸部一徳と秋川リサ、校長に佐藤充、PTA会長は入江若葉、お正月にヒロキの母を訪ねてくる親子は、樹木希林と小林聡美である。（ここでは割愛させて頂いたキャストの方々も、もちろん素晴らしく、ヒロキの同級生たちを演じる若き俳優の演技もフレッシュだ）この豪華キャストを見ただけで、すぐにこの映画を観たくなる方も多いのではないだろうか。

　ここで私が語るのもおこがましいこととは思いながら、尾道の風景のことも少し。尾道には行ったことがないのだが、記憶の中の風景とつながる。ヒロキの家であるお寺を見るたびに思い出すのが、母の実家の西伊豆のお寺である。それも海が近いということで特別な思いを抱いてしまう。そして私の生まれ育った横浜。やはり急な坂道が多く、海を見下ろす風景にもどこか懐かしさを覚える。画家だった父とよくスケッチに出かけ、どこまでを画面に入れるかを教わった。道を曲がると向こうにどんな風景が広がっているのかワクワクする気持ちも、そのまま映画の中に感じる。そしてどのシーンも坂道が大切に切り取られていることに胸が熱くなるのである。

　もちろん風景だけではない。言うまでもなく、その輝きを一瞬も逃がさずに撮影される大林監督の人物への深い愛情にも。特にヒロキがファインダーを通して、また自転車を押しながら見つめる百合子の横顔。男性はこの百合子の可憐な美しさを観るだけでも必ずや「幸せ度満点」と評価することだろう。（あぁ、このヒロインの名前が「由利子」でなくて良かった（笑））

　…と、この映画を語っていると、エンディングへのフレーズが見つからないままどこまでも続いてしまいそうだが、ここで大林宣彦監督とのご縁について少しお話しさせていただきたいと思う。もう三十年以上前になるが、デビューしたばかりの頃にライブにいらしてくださり「CDを聴いていますよ」という嬉しいお言葉を頂戴した。その約二年後にベストアルバムのライナーノーツをお願いしたところ、ご快諾をいただき「恋の戦士・中村由利子——明日の中村由利子への、ラブレター」というタイトルで身に余る推薦文を書いてくださった。ここにその全文をご紹介できないのだが、冒頭の「さびしんぼう」と同じく、恋することの寂しさに私の曲とピアノを絡めて、最後に「戦友として見守っていたい」と。今も私の大切な宝物だ。その後、トークショーに伺い、国民文化祭でご一緒したことも。お目にかかるたびに素敵なメッセージをいただいた。表現に携わる者としての在り方を、あの優しい眼差しで心の中にそっと置いてくださるのである。そしてそれは「さびしんぼう」のように、時に目の前に現れて私を切ない気持ちにさせる。

　最後に、心に残るシーンからヒロキの父がお風呂の中でヒロキに話す言葉を。

「お前、ひとを好きになったことがあるか？好きになれ・・思いっきり好きになれ。そのひとの喜びも、悲しみも、みんなひっくるめて好きになれ」そんなふうにこれからもひとを好きになりたい。叶わぬ思いに一人うずくまってしまう時には、この映画が「いいよ、いいよ」と優しく頭をなでてくれるだろう。

『さびしんぼう』は、ずっと傍に置いておきたい愛しい作品である。

作品論｜12

『姉妹坂』

横の時間と縦の事件、対角線のまなざし

南波克行
Nanba Katsuyuki

『姉妹坂』撮影スナップ

大林監督屈指のオールスター作品。一九八六年元旦に向けたお正月映画として、当時デビューしたての斉藤由貴主演『雪の断章――情熱』（監督：相米慎二）の併映作品として公開された。しかしキャストの絢爛豪華さは『姉妹坂』に分がある。四人姉妹それぞれの純情を描くこの作品は、第一回東宝シンデレラガールに選ばれ、大きなデビューを飾ったばかりの沢口靖子を三女の杏役で主演に迎え、長女の彩役に華の盛りの紺野美沙子。次女の茜に、浅野ゆう子と共に「ダブル浅野」として、やがて八〇年代末のテレビドラマ界でブームとなる浅野温子。そして大林監督の『さびしんぼう』でも高評価を受け、人気抜群の富田靖子を四女の藍役と、東宝が当時の贅をつくしている。

原作は、七九年から六年にわたり「プチセブン」に連載された、大山和栄によるコミック。新書版全十九巻に及び、三千五百ページを超える長大な物語である。四姉妹それぞれの出生の秘密に、もつれにもつれる三角関係、自殺未遂に不治の病、失明の危機など、これでもかと畳みかける苦難の連続で、今から思うと『冬のソナタ』など、九〇年代終わりに流行する韓流ドラマの要素が、ここにすべてそろっている。

大林自身は本作を「監督を依頼された」作品とし、「個人映画」がほとんどの自作品としては「珍しいケース」と書くが、常に坂道を重要な背景とする大林作品らしく、依頼作品といえども

「坂」をタイトルに持つことは、さすがに一貫している。

大河的ともいえるこのドラマをわずか百分の映画作品にまとめるため、大林監督は物語をまるで絵巻物のように紡いでゆく。京都という、まさに古都におけるドラマを語るのに、絵巻物風とは何ともふさわしく、すべてのシーンにおける人物の移動は、横へ横へと流れるようなカメラワークで統一する。時間の経過や場の転換も横へのスワイプが連続し、列車や車に乗ると、窓外の風景は超高速で通り過ぎるのが目に留まる。すべて横への動きに徹しためくるめく展開は、ちょうど作品冒頭でも示される、強い春の風に吹かれて散る桜の花びらを思わせる。過ぎ行く時のはかなさのイメージが、そこに託されているかのようだ。

映画はこうして、不断の時の流れを印象づけつつ、同時に原作から取捨選択されたエピソードを、次々と楔のように刻み込んでいく。たゆまぬ時間経過を疾風怒濤とするなら、個々の事件の勃発を波乱万丈と定義してみよう。すると二度と戻ってこない疾風怒濤の青春の日々を横軸、そこに刻み込まれる事件の波乱万丈を縦軸に、この映画は構成されているように思われる。その縦と横の交点に、大林宣彦流の「思い出」が焼き付けられるのだ。

その印象を強調するためか、原作ではタウン誌の記者である三女、茜の職業をカメラマンに変更し、四姉妹の家庭は元写真店という独自の脚色を施している。姉妹で撮ったセピア色の家族写真によって、大林宣彦流のノスタルジー感が全編を覆う。

主人公の杏が「校内の人気を二分する」、柚木冬吾（宮川一朗太）と桜庭諒（尾美としのり）の、ふたり同時に言い寄られることに始まるこの映画は、四人姉妹それぞれに多くの人物がかかわり、連鎖反応のように関係が変化していく。たくさんのピースのどれかひとつが欠けても崩れそうなバランスを保つため、大林監督は「『悲しみ』が生む物語の『想い』をぼくは映画の『視線』に託して物語ってみたのである」と記している。そして、「向かい合っている人間同士がお互いを見詰めてはいず（ここ迄は小津安二郎監督の映画で有名だ）。更には別の誰かを見詰めているのである（これは《姉妹坂》の独創だ）」という監督の言葉は、登場人物全員が網羅的にかかわっている様を描こうとする演出意図を語ったものと理解したい。

さらに大林監督が言うところの「別の誰かを見詰めている」という効果を狙った演出は、最後の最後において杏がじっと見詰める向こうから、ゆっくりと近づいてくる男性の顔に、また別の意味を呼び寄せる。当初は諒であったその顔が近づくにつれ、切り返しの編集によって冬吾の顔へと変わるのだ。つまり杏は諒を通して冬吾を見、冬吾を通して諒を見詰めている。

そうすることで杏という少女の成長が、彼ら二人によって形成されたことを示すと共に、大林監督が『転校生』以来、『ふたり』や『はるか、ノスタルジィ』など、過去と現在の自分、恋人同士、姉妹同士が、いつしか「ふたりでひとり」になるという分身の主題が、ここでもしっかり再現されている。

四姉妹の家へと向かう長い長い坂道。タイトルとなった「姉妹坂」である。原作では「人生そのもの」表現されたこの坂を上ることで家に帰り、下ることで家を出る。その繰り返しで、四姉妹それぞれの運命は変化していく。

そして映画のいよいよ最後、姉妹坂が横長の画面を縦に垂直に割っている。そこをゆっくりとのぼっていく長女の彩を演じる紺野美沙子。

そのとき彼女は、横の時間と縦の事件のすべてを束ね、一身に引き受けるかのように、横軸と縦軸の対角線を描くがごとく、斜め上へと目線を向けつつ振り返る。女優、紺野美沙子が見せた一世一代の艶姿。この顔にすべての時間と事件が吸収され、浄化されてゆく。

※参考：大山和栄『姉妹坂』第二巻（講談社漫画文庫）所収 大林宣彦による解説

作品論|13

『彼のオートバイ、彼女の島』
B級映画は心意気でつくられる

南波克行
Nanba Katsuyuki

© KADOKAWA 1986

『野のななのか』一七一分、『はるか、ノスタルジィ』一六五分など、大林作品の多くは長い。ほとんどの作品は一二〇分を超え、これは日本映画の監督として、特権的な地位にあることを証しているが、『彼のオートバイ、彼女の島』は九〇分と比較的短くまとめられている。

今作は、角川春樹事務所創立十周年記念と銘打たれた、角川春樹監督『キャバレー』の併映作品として一九八五年に封切られた。必然的にメインは『キャバレー』のため、もともと一一〇分ほどの作品だったのを、「興行上の理由」で九〇分にという求めに応じたものという。

大林監督は、映画は歴史的に「A級映画」と「B級映画」があるという。これはランクではなくジャンルの違いであり、前者は主張やメッセージを伝える「志の映画」であるのに対し、後者は面白さを追求する「心意気の映画」と定義する。そして『彼のオートバイ、彼女の島』は「心意気の映画」なのだと。「志の映画」は切れないが、「心意気の映画」なら短くできる。そこで「いちばん切りたくないシーン」をまっ先に切った。というのも「それを捨てても立派なエンタテインメントになるのが心意気」だからと述べている。

そしてもうひとつ、この映画の正確な長さは、実は九〇分より一コマだけ短い八九分五九秒二三コマだと明かしている。言われなければわからぬ細工だが、これもまた「B級映画の心意気」だと言う(これもフィルム時代の映画製作ならではのお遊びだ)。こうした「心意気」から生まれるこの映画の、大上段にかまえぬ、ゆるやかなムードが心地よい。それでいて、これはちょうど簡潔な短編小説のような作品なのだ。

実際、大林監督も本作を川端康成の中編小説「伊豆の踊子」になぞらえている。それも序盤の温泉シーンで、ヒロインのミーヨを演じる原田貴和子の、天真爛漫な裸身を見ることができるからだ。「伊豆の踊子」での出会い同様に、少女が一糸まとわぬ姿で、男性の前で少しも恥じらわぬ健康なエロスを焼き付けてみせる。主人公コオ（竹内力）とミーヨが初めて出会い、ひとたび別れたあと、雨に降られて冷えた体を温めようと、コオがふと入った温泉浴場で、偶然の再会を果たす場面だ。

公開当時も少なからず話題になった、全裸の二人がばったり出会うこの温泉シーンは、片岡義男の原作小説そのままだ。けれど『タッチ』、『みゆき』でこの当時一時代を築いた、あだち充の作品を思わせる、ちょっとエッチでコミカルな原作のイメージを、大林監督はユーモアを湛えつつも情緒豊かに撮っている。

湯けむりにかすむ背景に、人物だけをくっきり浮かび上がらせ、しかも肌のきめを美しく輝かせたモノクローム撮影は、たいへんな難易度に違いないが、苦心のあとを少しも感じさせぬ、自然で親密なムードが漂っている。また、二人の距離感を丁寧にコントロールし、交互に切り返す編集も相まって、若い二人を描きつつその風情は、モノクロ画面であることもあいまって、古典的でさえある。

このシーンのように、映画は場面ごとにカラーとモノクロームが切りかわる。それが本作をひとつのおとぎ話のように見せている。この演出は、同じくカラーとモノクロの画面が交互に切りかわる、クロード・ルルーシュの『男と女』（１９６６）の構成を思わせる。『男と女』でもしばしば雨が降ってきたが、『彼のオートバイ、彼女の島』でも実によく雨が降る。そして、分離しては合流する山道を並走する、彼らのバイクの走行も『男と女』のカーシーンを容易に思い出す。

ルルーシュの『男と女』と同様に、この映画もひとつの夢だ。つかの間の別れが、常に再会へと回帰するおとぎ話のようにぐるぐる回っている。それはコオの部屋にある、同じところを回るだけの、ゼンマイで動くバイクの玩具にも象徴される。彼の部屋では常にレコードが回っているのも、その表れだろうか（しかも反復練習を前提とするショパンの「練習曲」）。そしてコオが見守る中でバイクの練習をするミーヨもまた、彼女の母校の校庭をぐるぐる回るだけだ。

バイク好きのコオは、ひとつの場所に留まらぬ自由な魂を持つようで、実はきちんと帰ってくる場所を求めている。その点では彼が最初に別れた女性、家庭的な冬美（渡辺典子）の方が性には合うはずなのだ。けれどいつもじっと座ったままの彼女は、彼と共には回れない。

ミーヨを演じる原田貴和子の動きは、いつだって彼や彼のバイクをぐるりと回りこもうとする。彼もミーヨという島のまわりをぐるぐる回りつつ、ミーヨもコオのまわりを回っている。互いに回りまわって男女の関係を深めつつひとつの調和へ。ラストに撮ったふたりの記念写真は、出会いのときに撮った写真へとまた戻っていく。雨が晴れになり、冬から春が来るように。そしてモノクロからまたカラーになるように。

そこに原作にはない、いかにも大林作品らしいナレーション（石上三登志）がかぶせられる。「今や彼女はぼくだ。ぼくは彼女だ。ぼくたちは同じひとつの人間だった」。いつも変わらぬ「ふたりでひとり」の大林的主題もここに署名される。

原田知世の実姉として話題を呼び、大きな期待と共にデビューした貴和子は、本作以外には決して多くの代表作を持つわけではない。けれどこの作品の中に、この上なく初々しい姿を残している。『彼のオートバイ、彼女の島』は彼女の永遠のおとぎ話であり、最高の映像記録だ。

※参考：『彼のオートバイ、彼女の島』ＤＶＤ特典 大林宣彦インタビュー

『四月の魚』

オシャレと料理と危険なパーティー

大林千茱萸
Obayashi Chigumi

繊細な旋律に導かれ、水に揺らめく〝Poisson D'avril〟の立体的なタイトル。次いで青色のネオン管が点滅、おなじみ〝A MOVIE〟の文字。キャメラが引くと、いかにもセットでござる！とおぼしき屋上で雨に濡れながら顔を近づけ、たいそう芝居がかり語らう男女からの男「ハックション！」。ムードぶち壊しの流れにかぶる「カット！　カットォー!!」の大声が虚構世界をさえぎる。キスシーンを前に萎える女。さらにキャメラが引くとここは撮影所のスタジオ、映画の撮影現場であることがわかる。その一連をしらけた目で見詰めているひとりの男・根本昌平（高橋幸宏）。萎えているのは人気女優の衣笠不二子（赤座美代子）。どうやら根本は売れない映画監督で、妻の撮影現場を見学にきたようだ（そこにテロップ）——YUKIHIRO TAKAHASHI IN ポワソン・ダブリル 四月の魚——（音楽♬）——。

当時重苦しい印象が強かった日本映画のくびきをひょいっと軽く超えてみせる、フットワークの軽いオープニングのおもてなし感は、思わず『アメリカの夜』を想い出しワクワクする導入部。そして適材適所でキビキビと働く劇中劇のスタッフの中には、クレーン上でキャメラを覗く撮影監督の阪本善尚さんをはじめ、見知ったスタッフの顔もちらほら。大林組のスタッフはときおり、手塚漫画のヒョウタンツギのように映画に現れるのでニヤニヤ笑いが止まらない。「ロール・チェンジしまーす！」なんて声も飛び、画面からはFILM時代の甘やかな香りが漂ってくる。全大林映画は全作品

を通し映画愛にあふれた作品群であるけれど、『四月の魚』はその中においても極めてチャーミング。オシャレで蠱惑的で、ちょっとしたオトボケ感さえまるっと愛おしくてたまらない1本。

さて、大林映画に忽然と現れたる高橋幸宏さん。私事ながらYMOに夢中でテレビ番組をチェックしていたときに見た、漫才番組に出演した彼らの「トリオ・ザ・テクノ」がコトの始まり。教授は忌野清志郎、矢沢永吉のモノマネを、細野さんは当時すでに他界されていた〝故人〟シリーズで林家三平、柳家金語楼、大河内田次郎を。そして幸宏さんはあろうことか「ジャングルの中で小野田寛郎さんが豚さんと猪さんが交尾しているところを見て大変感激しているところ」のモノマネを敢行したのであった！　タキシードに軍帽の出で立ちで!!　一見、無表情に見えるYMOと、その軽やかでひょうひょうたる大人の洒落っ気とのギャップはかなりの衝撃だった。一方そのころ大林家では「日本でも軽やかなラブコメディ映画にオシャレに主演を張れる人はいないもんかねぇ?」と家族会議が行われており、私の頭の中には小野田さんを真似しながらもなぜかフランスの香り漂う幸宏さんほどピンポイントな方はおらず、かくしてすこぶる自然な流れで幸宏さんの主演が決まったのだった。劇中にはたくさんの仕掛けがあるけれど、幸宏さんがレコードをかけるシーンで手に持つ紙製内袋に印字された「YEN」の文字は、当時美術監督の薩谷和夫さんの助手で現場に入っていた私がインレタ（インスタントレタリング！）で拵えたもの。中のレコードまでは映らなかったけど、「ポワソン・ダブリル」の作詞ピエール・バルー氏のお名前も、挿入歌「ブラン・ニュー・デイ」の作詞ピーター・バラカン氏のお名前も、実はちゃんと書いたことを覚えている。

そして『四月の魚』を語る上で外せないのが料理のこと。幸宏さん演じる根本昌平はフランス料理屋の隣で育ったため料理上手――という設定。料理監修は渡辺誠さん。〝天皇の料理番〟秋山徳三氏の愛弟子であり、ご自身も昭和天皇と今上天皇の皇太子時代の料理番を務めた方。恭子プロデューサーが英会話教室で渡辺さん奥様の美枝子さんと出逢い、誠さんのご職業を知らずご夫妻を家にお招きして家庭料理を振る舞ったところ「天皇の料理番」と知りびっくり!?　以来家族ぐるみで仲良しになり、私はのちに誠さんとは師匠と弟子の関係になる。映画に登場する料理は映画用語で「消えもの」というけれど、世界最高峰のお料理であっても食べれば料理は消えゆくもの。それが映画に映れば未来に残るからと、料理の監修を引き受けて下さった。劇中に高級スーパー明治屋が全面協力で登場するのも渡辺氏の粋なはからい。渡辺夫妻も明治屋のシーンで買い物客として出演している。セットのキッチンに印象的に並ぶ銅鍋や料理道具の多くが渡辺さんの私物。今だからカミングアウトすると羊やウズラをさばく手の数カットは渡辺さんの吹き替えだ。華麗なるテーブルセッティングを含め、渡辺誠ワールドの美しい料理の数々は、あれから数十年経っても、いやこれから未来永劫色褪せることはないと思う。

＊＊＊＊＊＊＊＊＊＊

料理はプロレベルながら、高く評価された初監督作品で主演女優の不二子と結婚して以降新作を撮れず七年が経つ根本昌平。夫婦仲もなんとなく冷えていて、昌平の心はスーパーのレジ係、万理村マリ（今日かの子）に惹かれている。そんなある日、以前ＣＭ撮影で単身訪れた南の島で世話になった日系の酋長（丹波哲郎）から葉書が届く。そこには久しぶりに日本に行くので四月一日は昌平を訪ねるとあった。ドキ！　とする昌平。実はその島では友情の証として自分の妻を一晩提供する風習があり、昌平もそれに従った。とはいえ実のところ昌平と酋長の妻ノラは一晩中ロマンティックに夜空の星を数えていただけだったが、それは日本で留守番をしている妻の不二子には秘密。しかし酋長が来るなら不二子を提供せねばならない!?　慌てた昌平は脚本家の藤沢（泉谷しげる）に泣きつき、彼の知り合いの新人女優を替え玉とし、不二子は付き人（入江若葉）と実家に帰すことにして――と、準備万端整えたところに現れたのがマリだった！　複雑な心境で進む宴の途中で不二子が戻り、豪華な料理とともにもてなすはずだったパーティーは大騒ぎとなり……。

やがて映画は大騒ぎのパーティーあたりから次第に崩壊しはじめ、ジェームス三木さんの原作タイトルさながら「危険なパーティー」に突入してゆく。撮影現場も照明でどんどん料理が溶けてしまい、カットの繋がりを保つのが大変だったのを覚えている。それでも現場が常に妙な安心感に包まれていたのにはワケがある。キーパーソンは丹波哲郎さん。丹波さんは現場に入る度に毎回「はーい、みなさんおはようさん。ワタシが来たからにはもう大～丈～夫～！」とセットに良く響き渡る美声で現れたからだ。それはまるで大霊界から降り注ぐ言霊を戴いているようだった。

いまはもう丹波さんも、記者役でゲスト出演した峰岸徹さんも、美術の薩谷さん、そして料理の渡辺さんも、空の上。けれどはからずも渡辺さんが「消えものは映画に映れば永遠」と仰ったが、いつだって映画の中ではみんなに逢うことができる。願わくば、どこかなにかのチャンスを見付けられたら、本作のファンと共に大林ファミリーがＤＶＤかBlu-ray化を切に望んでいると、権利者さんの許可が出る日を心から願っていることをお伝えしたい。

＊＊＊＊＊＊＊＊＊＊

四月の魚／Poisson D'avril

フランスでは昔から一月一日が元旦だったわけではなく、マリアの受胎告知との関連から1年の始まりは「四月一日」とし、贈り物を交換する風習がありました。ところがフランス王シャルル九世が一五六四年に一月一日を元旦と改暦したため反対派は四月一日に固執。キリスト教徒が肉食を禁じられる断食明けが四月一日でもあることから旧習を利用し、四月にもっとも簡単に釣れるおバカな魚（鯖）を贈る風習が見られ、それはやがて「現実を受け入れられない人」たちが「架空の宴会の招待状を贈る」など他愛のないウソを付き合う習慣として残り、フランス語の「Poisson（ポワソン）＝魚」、「d'avril（ダブリル）＝四月」が、いわゆる「四月一日＝ウソの日＝エイプリルフール」として広まった（諸説あり）と言われている。

作品論 15

『野ゆき山ゆき海べゆき』

戦争に向き合いはじめた原点

小林弘利 Kobayashi Hirotoshi

A「この作品が『四月の魚』と『漂流教室』にはさまってる。まずそのことが意味深いかも。『HOUSE/ハウス』以降、基本はエンタメ映画を作り続けてきた監督がATGっていう映画監督の作家性こそが主役、という場所で純文学の映像化『廃市』を作り、再びATGでこの作品を作ったってことが」

B「ATGでのこの二作目は二〇一二年の『この空の花・長岡花火物語』からはじまり原稿執筆時における最新作の『花筐HANAGATAMI』にまで至る《戦争の記憶》作品群の、その最初の作品になった」

A「そうそう。見直してみて『花筐』とよく似た作品だなって改めて思った」

B「最近は、映画で戦争を止めることが出来る、とインタビューなどで話されている監督が、はじめてそれを試みたのがこの作品なんだよね」

A「タイトルの『野ゆき山ゆき海べゆき』が第一幕では海と山のある町、尾道を走り回る天真爛漫な少年の日々の、その情景のことだと思ったよね。けど子供たちが思いっきり自然の中を走り回れた時代に戦争の影が徐々に大きくのしかかってくる」

B「第二幕でガキ大将と転校生の対立を収めるために主人公が《戦争ごっこ》を提案して、子供たちが東軍と西軍に分かれて大戦争ごっこがはじまる」

A「この辺のジュブナイル感覚はこの映画の中でもナレーター(右上

三登志！）が言ってる通り、《わんぱく戦争》だよね」
B「石上さんの声で伝説の個人映画『ＥＭＯＴＩＯＮ いつか見たドラキュラ』の記憶が呼び覚まされ、その結果、大林映画は最初からずっと、すべてが実験映画だったことに改めて思い至っちゃう」
A「うん。『ＨＯＵＳＥ／ハウス』だってかなり実験的だったし」
B「そういう映像実験というのはメジャーデビューしてからもちょこちょこ顔を出してたけど、この『野ゆき――』辺りから再びそれが前面に出てきた」
A「登場人物がカメラ目線で話したり」
B「双眼鏡で見てるはずの映像が、角度も位置も双眼鏡からは見えないはずの絵だったり、登場人物が自分のシーンの最初は必ず歌を歌ってたり」
A「そうそう。これはある意味、音楽映画でもあるんだよね。恋の歌がだんだん軍歌一色に染まっていく時代の変化を歌で伝えてた」
B「それにシリアスな場面でいきなり漫画的に大げさな絵が挿入されたり」
A「手塚治虫みたいに。そういえば、手塚治虫の息子くんが自主映画『ＭＯＭＥＮＴ』を作ったとき《ぼくは映画でマンガを作る》と言ってたけど、大林映画にもたぶんにそういう側面があるよね。この作品でも足の指が漫画的に腫れ上がったり、わかりやすいたんこぶが出来たり」
B「そういう漫画や音楽映画や実験映像がみんな、〈起きているときに見る夢〉である大林映画の特徴。観客は最初にこそその実験性に戸惑うけれど、やがてその独特の映像世界に巻き込まれて、その世界で語られるたったひとつのテーマに圧倒されることになる」
A「そのテーマが、反戦」
B「この『野ゆき――』は大林映画がはじめてそのテーマに真っ正面から向き合った映画で、後々の『花筐』たちにも通じる流れの、その源流となった」
A「というより『この空の花』以降の大林映画はみんなこの『野ゆき――』の焼き直し、と言ってもいいほど同じ映像手法も繰り返される」
B「それはキャスティングも、だけど」
A「だね。だから現在の大林映画を鑑賞するにあたって過去の作品を振り返るなら、まずこの『野ゆき――』をって感じになる」
B「野ゆき山ゆき海べゆき、がそのまま兵隊さんが出兵していく場所なんだってわかってくる三幕以降がとても悲痛だよね」
A「一幕目、二幕目の、のどかな戦争ごっこがいつの間にか本当の戦争にスライドしていることの恐ろしさ。気づかぬうちに誰もが戦争の渦中に身を置かれてしまう」

B「あこがれの無垢なるヒロインが女郎に売られていき、その恋人に赤紙が来る。気のいい先生はリンチを先導し、そんな自分の最低さを嘆くひ弱なインテリぶりを見せつける」
A「主人公の父親の町医者は日本が豊かになるための戦争だと言って、正義でも平和のためでもなく、戦争が経済行為なんだと明かしてみせる」
B「そういう大人たちのいかれた様をみつめる子供たちの視線が、大林監督やこの映画を見る観客の視線と重なっていって」
A「原爆投下と共に大人たちがすべて奈落に落ちて子供たちが快哉を叫ぶ、という反戦児童映画そのもののエンディングを迎えちゃう」
B「ヒロインと脱走兵となった恋人が炎の中で死んでいく場面の残酷な美しさが印象的だけど」
A「イエスを抱く母マリアの姿を描いたミケランジェロのピエタと同じ構図で、聖なる犠牲と炎による浄化を描くのね」
B「医者の息子だった監督自身の過去と映像作家として体感してきた映像の記憶とを総動員して《映画を使って平和を守る》という大林映画のいま現在を再確認する、これはそういう映画なんだね」
A「これがデビューの鷲尾いさ子が可愛い」
B「て、それがまとめかい！」

作品論｜16

『漂流教室』
怒りと抵抗うず巻く大林映画の〈例外〉

樋口真嗣 Higuchi Shinji

思い返せば、社会全体が浮き足立ち狂騒に沸きたっていた時代だった。一九八〇代後半に訪れた好景気、それに伴う突然降って湧いた異業種への投資熱、企業メセナと言う名の節税対策、あるいは一代でのし上がった経営者の気まぐれ。色々な形であの時代の日本の映画界はそれまでの停滞と縮減が嘘のように賑わっていた。その流れの中心に大林監督がいた訳ではない。むしろ一定の距離を取っていたように思えた。

実験映画、広告映像世界から一般映画に転身しコマーシャルフィルムのアプローチをアイドル映画に応用する事で成功したのちに、その作風を耽美的に切り返し、映画作家としての名声を手に入れながらも、その対極をなす投資家の莫大な野心とそれに比例した予算が投下された企画を「依頼」されることはあったとしても、実現に至ったのはごく稀だった。そのバラエティに富んだフィルモグラフィを鳥瞰すると、一貫して作りたいものだけを作り続けてきた狷介孤高たる姿勢が浮かび上がってくる…わずかな例外を除いて。それが一九八七年に公開された「漂流教室」ではないだろうか。

楳図かずおによるコミックスは、小学生が昆虫型生物が支配する荒廃した世界に学校ごと漂着し、生き残るための過酷な運命と闘いが繰り広げられ、極限状態で陥る恐怖、狂気、対立——生き残った小学生たちの容赦ない描写は今なお衝撃的な内容で、一九七五年小学館漫画賞を受賞した。その原作をテレビ局、玩

『漂流教室』撮影スナップ

具メーカー、制作プロダクションが共同出資して莫大な予算を投下する…後の製作委員会方式の嚆矢とも言える座組で始まった映画化のプロジェクトは如何なる理由があったのか知る由も無いが、原作の内容から乖離を始める。

舞台となる学校は平均的な公立小学校から神戸のインターナショナルスクールに。したがって主人公を取り巻くクラスメイトは自ずと国際色豊かになり、担任の先生は六十年代アメリカを代表するテレビドラマ『サーフサイド6』のトロイ・ドナヒューがキャスティングされた。まるで洋画のようなパッケージ感を目指しただけでなく、察するに海外での展開も視野に入れての変更だったのではないか？ 流された人々も小学生だけでは映画としての骨骼が弱いと誰かが判断したのか大人たちを重要な位置に配置するが、原作のように〝狂って殺戮の果てに死ぬ〟ような結末は用意されていない。原作が孕んでいた少年漫画にあるまじき要素は大ヒットを見込んだ超大作として必要なルールと対立し、ことごとく解毒されていった。

ドメスティックな魅力は悉く排除された結果、完成した映画に残されたのは明朗でポップな世界と甘美でセンチメンタルな悲劇だった。同様の映画にとって決して純粋とは言えない企画たちは前述した時代背景の元にいくつも企画されていたが、そのような企画になぜ大林監督が――？ 当時同じ撮影スタジオで別作品の準備を進めていた私の耳に届く噂は混乱を極めた現場の話ばかりだった。公開当時、私は出資会社のひとつであったおもちゃメーカーとアニメーション映画を製作していた縁で完成披露試写会に招待された。上映が始まる前にキャストの子供達と一緒に登壇した大林監督は予定を大きく逸脱して一時間近く語り始めたのだ。映画の内容に触れる事なく、映画づくりがいかに困難な道のりであるか、それを仲間と一緒に乗り越えた結果はかけがえのないものだ、そんな内容を丁寧に言葉を選びながら語りかける監督の姿はあまりにも卒爾で、予定を押して上映される映画が一体どんなことになっているかをいみじくも暗示しているように思えた。映画よりも監督の舞台挨拶が一番記憶に残っている程に。

原作をそのまま映画化することの困難さ。デジタル処理全盛の今ならいざ知らず、セットで砂に埋もれた学校を再現し、実物大の造形物と人形アニメでクリーチャーを表現し、天変地異や異常現象はオプチカル処理とマットペインティングで加工する――当時のアメリカ映画の黄金パターンを日本に導入して、コマーシャルフィルムでまるでアメリカ映画を切り取ったかのようなショットを作り出してきた国内屈指のチームが作り出したとしても、コミックスの奔放な想像力に到達するのは質や量共に難しいだろう。

だったら違う企画でやればいいじゃないか？という思いとチャレンジしてみたい野心がせめぎ合った結果、実現させることを優先させ、原作のエッセンスをギリギリまで切り詰めたおかげで至る所に穿たれた孔を埋める筈の『映画オリジナル要素』の雄弁な主張は観客との埋めがたい断層を広げていき、誰も望まない形で着地する。本作に限らず、この時期に制作されたチャレンジングな企画の多くは死屍累々の様相を呈しているではないか。公開から四半世紀を優に超えた今も、漫画原作の映画化は蜿蜒と続いている。

その困難さは図らずも同じような「衝撃的内容」で人気を誇る原作を自らの手で「映画の事情」によって奪胎するに至り、その場に立ち会って一層骨身に滲みる事になるのだ。その立場になって初めてあの時の舞台挨拶の意味が氷解してきたような気がする。

一貫して自由な映画を自由に作り続けた監督にとって、これは最も不自由な環境下で製作された映画だったのではないか。それでもなお自由であり続けようと翻した反旗が、過剰に快活なミュージカルであり、異生物が奏でる哀切なピアノの調べ（大林監督自らの作曲！）、ラストの子供達の純粋すぎる衣装として刻印されたように感じるのだ。原作との違いだけを論い頭ごなしに否定していた公開当時の私に教えてやりたい。この映画の本質はそこじゃない。この映画を作らなければならない怒りに近い絶望なんだと。

そののち、大林監督は二度と同様の企画に参加する事なく、作家としての孤高の道を目指し、今なお高みへと登り続けている。いちばんの問題はあの原因が未だに何も解決していない事かもしれない。

『日本殉情伝 おかしなふたり ものくるほしきひとびとの群』

尾道の旅、夢の時間

三留まゆみ
Mitome Mayumi

そうだ、あのときはチノンの8㎜カメラを持って行ったんだった。それを見た大林さんが「うん、うん」と笑顔でうなづきながら手に取って、回しはじめた。そこからはもう夢の時間だった。大林さんの大きな手の中でカメラが歌う。大林さんといっしょにカメラが踊る。「うん、いいねえ。この音」。カメラの音に耳をすませ、ぐう〜んとパンしながら、上下に移動しながら、レンズ越しに役者さんたちを、スタッフを見つめる。空を見る。海を見る。近づく。離れる。大きく振りかぶる。まるで魔法使いが魔法の杖（タクト）を振っているみたいに、いや、魔法使いが魔法のカメラをパートナーに踊っているみたいに自由自在に。そこには音楽があった。大林さん自身が楽器で、そして映画だった。みんなが魔法使いのダンスに時間を忘れた。もっとも幸福な8㎜映画の時間がそこにあった。

「宝島」のロング・インタビューで尾道に『日本殉情伝 おかしなふたり ものくるほしきひとびとの群』撮影中の大林宣彦監督を訪ねたのは一九八六年の夏だった。メンバーは担当編集者の町山智浩くんとカメラマンの石川徹くん、それから私（ここに手塚眞くんが加われば、同じくロング・インタビューのページでブライアン・デ・パルマ監督を訪ね、「ステューデンツ（『子ども新聞』かい？）」といわれた童顔子どもチームになる）。関川誠編集長（当時）を拝み倒しての超貧乏取材旅行だった。サンルートホテルにツインの部屋を取ってエキストラベッドを入れて三人で雑魚寝。帰りの笠岡駅で新幹線の切符の領収書をもらうのを忘れた町山くんが、「間に合わなかったらオレのこと置いてっていいっ!」といってみどりの窓口へ走る後ろ姿を今も覚えている。

大林さんは私たちを最高の笑顔で迎えてくれて、撮影の合間合間にそれはたくさんの話をしてくれた。子どものころ、納戸で見つけた手回しの映写機と、大好きな蒸気機関車(映写機を回すと機関車の音がしたという)ではじまるその物語が、『おかしなふたり』そのものであることを知るのはずっとあとだが(モノローグは大林さん自身だった)、今つくっている映画がとても個人的な作品であることはそこはかとなく感じていた。竹内力さんが少年の顔で楽しそうに小さなバイクを乗り回し、それを永島敏行さんが兄きみたいな表情で追い、三浦友和さんが「ぼくはまな板の鯉だから」と憧れと尊敬にみちた目で大林さんを見つめる。かたわらでは瀬戸内キネマのセットの設営がはじまっていて、大林さんがその映画館が物語の終わりに火に包まれることを教えてくれた。

「汽車が大好きだった。楽しいことがやってきて、そして去って行く」。うれしくて、たのしくて、だけど、そのあとにやってくるさみしい気持ち。主人公の山倉修(竹内力)は大林さん自身で、『おかしなふたり』は、想いと約束の物語だった(原作はあるが物語はほぼオリジナルである)。だれかへの想いがあふれるほどに、だれかを愛する気持ちが強くなるほどに、人はものくるほしく、ときに滑稽になる。室ちゃん(=室井幸男/三浦友和)しかり、成ちゃん(=成田和美/永島敏行)しかり、成ちゃんの母で親分のおせん(原泉)しかり、彼女の永遠のライバルのおたか(宮城千賀子)しかり、室ちゃんにひと目惚れした紅子(正力愛子)しかり。みなそれぞれの形で想い、愛し、約束を果たす。汽車に乗ってふらりとやってきた山倉は室ちゃんと成ちゃんと夕子(南果歩)のもうひとりの子ども、未来からやってきた息子でもある。ふたりの父に会い、彼らが愛した母に会い、妹に会い、そしてまた汽車で去って行く。「たのしいこと」にはいつも終わりがあることを彼は知っている。

初日の夜、助監督の内藤忠司さんから電話がかかってきた。「監督がまゆみちゃんに明日出ないかっていってる。衣装を手配するから服と靴のサイズを教えて」。ところが用意されていたのは24cmのハイヒール(22・5cmと伝えたのに)とチャイナドレスで、チンドン屋一家の最後尾でチラシをまく娘は、歩くのに非常に難儀したのだった。これもまた『おかしなふたり』のすてきな想い出のひとつ。そんな長いシーンではなかったと記憶するが、チンドン屋一家のショットはいくつもの場面に挟み込まれていて、観るたびにちょっと泣きそうになる。チラシは『上海帰りのリル』の瀬戸内キネマでの一夜限りの上映を伝えていた。もちろん一家はその夜、なにが起きるかは知るよしもない。

最終日は尾道から山陽線に乗って笠岡まで移動。向かいの席に座った南果歩さんが、訳あって頭を丸めたばかりの町山くんを見て「尾美(としのり)くんに似てる」と微笑んだ。笠岡は古い街で、なつかしい匂いでいっぱいで、むかしながらの商店街には本編にも出てくる「思い出カメラ」という素敵な写真館があった。

取材を終えて、石川くんは笠岡の港から船に乗った。瀬戸内海に浮かぶ島にある実家に帰るという。みどりの窓口で領収書を受け取った町山くんもなんとか間に合って、ふたりで山陽線に乗った。笠岡が、尾道が遠くなる。リュックの中の8㎜カメラはまだ歌っているような気がした。もしかしたら、あの列車には山倉も乗っていたのではと、これまた『おかしなふたり』を観るたびに思うのだ。

『おかしなふたり』撮影準備中の現場(撮影:三留まゆみ)

『異人たちとの夏』
名作に怪奇と鮮血のスパイスを

樋口尚文 Higuchi Naofumi

『HOUSE』の項で、映画には撮影所で生産される「工場」の映画と作家が個人を主体としてこしらえる「工房」の映画があると記したが、一九八〇年代後半から九十年代前半にかけては「プロジェクト」の映画があまた生み出された。バブル景気にのってさまざまな映画産業以外の企業が映画に投資し、「工場」=撮影所よりも製作主体が複雑かつ曖昧になり、いくぶん製作費は潤沢なれど監督という個の主張が反映されにくいかたちでつくられ、イベント的、お祭り的に消費された。

まさに一九八七年公開の『漂流教室』は、そういう時代の産物で、あの尖鋭な原作マンガの持ち味も、それを自らの作家性で料理しようとした大林宣彦のもくろみも、「プロジェクト」の要請する商品性、口当たりのよさを規定課題とされて実らず、本書の樋口真嗣監督による解説の通り、満身創痍のなかで苦闘する作品となった(そして、こういう主体なき作品の末路にありがちなことだが、あれほどテレビで宣伝して賑々しく公開した作品なのに、現在上映しようとしてもプリントの所在がわからないのである!)。

そんな『漂流教室』でまず印象的だったのは、あの一九七七年の『HOUSE』以来ずっと大林の作家的刻印として冠されてきた「A MOVIE」のタイトルが消えたことだった。それはもちろん、大林のフィルモグラフィを俯瞰してもここまで大林の〈私性〉から遠い製作条件のもとで作られた作品は見当たらないので、これが「A MOVIE」で始まることも考えにくいのだが、そもそも

『異人たちとの夏』撮影スナップ

個人映画的な作家性を商業映画の領分にもちこんで「これも映画なのです」と主張してきた「A MOVIE」がなくても、大林映画はそういう映画なのだという認識も観る側にすっかり定着したので、この断り書きをはずす潮時だったかもしれない。そして、翌八十八年三月公開の『日本殉情伝 おかしなふたり ものくるほしきひとびとの群』は、『漂流教室』のかたきをとるような、暗さと懐かしさがせつなく充満する〈私性〉の饗宴だったが、これをもって正式に「A MOVIE」の暖簾はおろされる。

かくして大林が「A MOVIE」を外して次の作家的なステージにさしかかったことは、続く同年の傑作『異人たちとの夏』において観客たちに正確に理解されたことだろう。一九八八年九月十五日に松竹系で公開された『異人たちとの夏』は、山田太一がゆかりの浅草を舞台に著した原作小説を市川森一が脚本化、大林宣彦が監督を委嘱された。これも大林発の企画ではなく、職業監督としての商品づくりを依頼されたものではあるが、ドラマとしてよくできた原作と脚本が先にあり、それに拮抗して強烈なカラーを放つ大林演出が味わいを付加していったことで、大林作品のなかでは比較的正調の(!)間口の広い作品となり、好評を博した。

売れっ子の脚本家・原田(風間杜夫)は、多忙をきわめて妻子とも別れて、都心の仕事場兼居宅のマンションにひとりで住んでいた。ある日、忙しいなかをぬって、幼少時に住んでいた浅草を訪れる。ところが六区の演芸場で、亡くなったはずの父(片岡鶴太郎)に遭遇し、彼に連れられて赴いた古いアパートではやはりこの世にいないはずの母(秋吉久美子)に歓待される。両親は原田が十二歳の時の交通事故で亡くなっているのだが、ここで現れたふたりはその当時の若い夫婦のままである。一方、原田はマンションでも、彼の作品のファンだという謎の女性ケイ(名取裕子)と出会う。同じマンションに住み、ある夜、孤独にたえかねて不意に救いをもとめてきたケイを当初は怪訝に思ったが、その不思議な魅力に惹かれて男女の仲になる。原田は、機嫌よく浅草のあたたかい両親にもとへ甘えに行き、自宅ではクールで艶っぽいケイにのめってゆく。だが、実はケイは世をはかなんでチーズナイフで悲惨な自殺を遂げた幽霊であった(ケイによるチーズ占いで原田は「傲慢」と刺されるのだが)。

原田は、この下町と山の手の幽霊の両極を往還するうちに生気を吸い取られ、みるみる衰弱してゆく。下町の父母の幽霊は、そんな息子のことを気遣いながら、すき焼き屋で最後の晩餐をしながら彼岸に去ってゆく。山の手のケイは、逆に原田を冥界に引きずり込む勢いであったが、原田の盟友であるプロデューサー間宮(永島敏行)が異変に気づき、彼を救い出す。

すべてが終わった後、父母のいたアパートの幻の址に花をたむけながら、原田は間宮と「あれは何かの夢」と語らいながら、異界の父母に「ありがとう。僕は生きていきます」と感謝の言葉を捧げる。

冒頭近くで原田がシナリオの取材で新橋の幻の地下駅をたずねて迷うところがあるが、この下町と山の手を結ぶ怪談には山田太一の地元東京をめぐるきめ細かな人と風物への描きこみがあって、下町の板前としてつつましくも地に足のついた夫婦の暮らしを営む父（片岡鶴太郎が好演）と華やかな〝虚業〟で富も名声も得ているもののどこかニヒルで家庭も破綻した息子という対比と、そこから導かれる感情の綾、台詞の数々が、観る者をがっちりととらえて放さない。劇中で原田とケイがテレビで『カルメン故郷に帰る』を観ているシーンがあるが、山田太一はもともと映画最盛期の松竹に入社し、木下恵介監督に助監督として師事、木下作品をテレビドラマ化する脚本を手がけた。六十年代半ばに山田は松竹を退社してフリーの脚本家となったが、折しも映画会社は凋落の一途、入れ替わるように活力を発散していた成長期のテレビの世界で山田は屈指の作家と目されるようになった。浅草出身の脚本家である山田にとって『異人たちとの夏』は、自らを投影した思い深きフィクションであった。

さて、このドラマの堅牢な土台を踏まえつつ、まず大林は作劇のうえで風間杜夫の安定した演技と対照させて父母の秋吉久美子と片岡鶴太郎を、演技の技巧を間引いた自然なかたちで「放牧」し、これが奏功して浅草のシークエンスは実にいきいきとした好ましいものとなった。通常の大林映画なら感情のありったけを吐露する台詞が隙間を埋め尽すところだが、言外に察しあう下町言葉の表現にそれはそぐわない。そこで大林は、無用の演技のニュアンスを排して、きびきびと台詞だけが飛び交う表現をもって下町なるものを描こうとしたのだが、それを瞬時に察した秋吉久美子も、演技が初体験の片岡鶴太郎にいわゆるテクニカルな演技はしないようにしようと申し合わせたそうである（本書の秋吉久美子インタビューに詳述されているので参照されたい）。

もうひとつの勝因は、もともとケイ役でキャスティングしていた秋吉久美子を、浅草の母役に交代させたことだろう。私は名取裕子であれば山の手も下町もどちらもこなせたと思うのだが、なんとなく都会を浮遊して生活感なく生きているような役柄が多かった秋吉久美子を、大林はあえて下町の方に据えた。これは得難い成果として実ったが、ユニークな風説どまりではなく秋吉本人をよく知る人は、彼女の秘めし気風のよさや潔さ、人情味に気づいているはずで、決してミスマッチを狙う配役ではなかった。秋吉自身は、脚本の台詞を額面通り読んでいるだけでは何の曇りもない下町の母なので、現場に入る前は演技の面白さをどこに求めればいいのか心配したそうだが、大船撮影所に組まれたアパートのセットに入った瞬間に、この台詞がそれ自体の意味ではなく、むしろ下町という場を召喚するためのものだと気づき、一気にスイッチが入ったという。

いま言及したついでにセットにふれると、浅草の実景ロケを切り返しレベルで細かく挿入した下町の風景は（その巧みさゆえにあたかも実在するかのようだが）ほとんどが大船撮影所に組まれたものであり、抜けにビューホテルがある父母の古いアパート界隈はもちろん、風間杜夫が立ち寄る昔ながらの店先も、そして山場の舞台となるすき焼き屋、今半別館までもが全てセットである。この世界にはさまざまな色彩が感じられるが、対する山の手の仕事場マンションは白基調で整然と洒落ているが、どこかひんやりとしていて、そこに住むケイも常に白いコスチュームで生活臭がない（そこにモダンな孤独の符牒として前田青邨の「腑分け」が白つながりでさりげなく活かされる）。このセットの対比に加えて、阪本善尚のカメラは下町を暖色系の鮮やかさで、山の手を低温の無色で際立たせる。このコントラストは音楽でも配慮され、篠崎正嗣のリリカルなメインテーマが全体を束ねつつ、下町には榎本健一の浅草オペラ「リオリタ」の楽曲が軽妙に、懐古的に流れ、山の手には同じオペラでもプッチーニの「私のお父さん」が厳かな抒情とともに流れる。ここで「リオリタ」を引用したのは大林の面目躍如たるところだが、大林は片岡鶴太郎に（微笑むほどに哀愁を帯びた）エノケンのような風情を探る意図もあったようだ。

事ほどさように人物造型と背景となる舞台の構築について、大林は入念な凝り具合を見せるのだが、しかしこれだけでおとなしくしていられる由もなかった。もともと松竹には、この原作のホームドラマ的な部分だけでは興行的なスパイスに乏しいという懸念があって、サスペンスとホラーの要素を強調した売り方にしたかったようだ（実際、かなりそういうカラーを押し出して完成作とはちぐはぐな宣材もある）。本作の映画化については原作と脚本を気やすくアレンジできない約束があったはずだが、大林はこのホラーを立てた売りの意向で一点突破するかたちで、山の手のケイをめぐる挿話の部分に強烈な怪奇映画の意匠をぶちこんだ。

まず両極の幽霊に引き裂かれて弱ってゆく原田の描写がとんでもない。この作品の全体の基調からおさまりのよさを狙えば、せいぜいやつれたメイクを重ねて表現するところだが、大林は斯界の鬼才・原口智生の特殊メイクによって風間杜夫にグロテスクな怪物のごとき風貌を施し、私も初見の折はちょっと目を疑った。しかも終盤、幽霊としての正体を現したケイが雷鳴とどろくマンションで空中浮遊するシークエンスは、ハイビジョン合成を用いた画づくりこそ効果的なれど、ケイが怨念を表明すべく自分をナイフでめった刺しにしておびただしい血が噴き出し、くだんの醜悪なモンスターのごとき原田の顔に飛び散るのだった。

直前の浅草の父母とのすき焼き屋での別離が、哀切な美しい場面であったがために、一転このプッチーニをバックにディレッタンティズム暴発せし怪奇と残酷と鮮血の描写は、おおかたの観客をとまどわせたことだろう。私は「ああ、また大林さんはやらかしたな！」と頭を抱えつつ快哉を叫ぶような、まことに複雑な心境で観終えたのであった。だが、そこまでがあまりにも上々のファンタジックなホームドラマであったので、観客は劇中の永島敏行の台詞そのままに、この毒々しいホラー描写に関して「とんでもないものを見てしまったけれど、あれはどうかしてたんです。忘れましょう」ということにしたのではなかろうか。

私はずっと大林映画を見なれていたから、ちょっとやそっとのことでは驚かなくなっていたが、ここまで上出来なものをこしらえながら、なおかつこの観る者の神経を逆なでするような、お行儀のわるい凝った悪戯がやめられないというのは、ちょっと筋金入りだなと恐れ入ったのであった。

『北京的西瓜』
利害を超えた自然な異文化コミュニケーションの表象

劉 文兵
Liu Wenbing

一九八九年四月から七月にかけて撮影された『北京的西瓜』は、一九八一年頃、千葉県船橋市にあった八百春という八百屋の主人が、チンゲン菜を値切ろうとする中国人留学生とジャンケンで値段を決めるところから始まった交流の実話に基づいている。

映画製作と実話のあいだには八年間のタイムラグがあったわけだが、その間の日本と中国の経済的格差はさほど縮まらなかった。九十年代初頭に留学生として来日した筆者も、映画の中の中国人留学生のように野菜の値段の高さに驚いた記憶がある。というのは、当時の中国では鶏肉や卵よりも、野菜が格安だった。そのため、同じ値段ならば、一束の野菜ではなく、から揚げや十個入りの卵パックを買い、不健康な食生活になったこともある。私自身の身に起きたことのようなこの映画のエピソード一つ一つに大いに親近感をもった。しかし、それ以上に、戦慄を覚えたのは、日本人と中国人のコミュニケーションがきわめて自然な形で描かれている点である。

数ある日中合作映画、とりわけ近年の両国の若いカップルを主人公とする恋愛映画にいたっては、片言の日本語、または中国語と思しき言語が溢れており、字幕を観なければ何を話しているのか分からないほど、そこに飛び交う言葉は滅茶苦茶である。にもかかわらず、なぜか映画の中で、両者の間でスムーズに会話が進み、大恋愛も成り立っていて、一種のファンタジーの域に達したコ

ミュニケーションといえる。

じつは『北京的西瓜』にも中国人留学生たちが用いる片言の日本語が多く登場している。しかし、そのほとんどは、深い内面描写よりも、自らの気持ちをストレートな形で日本人にぶつける場面に留まっている。海辺でのピクニックのシーンで、中国人留学生が「故郷の西安の西瓜が、千葉の西瓜とは比べものにならないほどおいしいね」となつかしさのあまりつぶやくと、「そんなことはない」と八百春の主人と言い争いとなる微笑ましい場面では、その片言の日本語こそ、観る者の笑いを誘う要因となっている。

『北京的西瓜』の演出は、セリフよりも「言葉に拠らないコミュニケーション」の表象に明らかに重きが置かれている。目の表情、肢体の動き、音楽（歌）、そして、キャメラの動きやカッティングによって両者の関係性が示されている。たとえば、八百春の主人が中国人留学生の女性にひそかに好意的な感情を抱いていることを表すために、彼の視点ショットとして、女性の後ろ姿がアップで映しだされる。そして、彼の感情を知らない彼女は、おもむろに振り返って、キャメラ（彼の目）をまっすぐな瞳で見返してくる、という場面はそれにあたる。

文化と言語の異なる人々が登場する群像劇の演出は至難の業であるが、「雑音は雑音のままで良い」（「ディレクターズ・トーク　監督大林宣彦」、『北京的西瓜』デラックス版ＤＶＤ、発売元：パイオニアＬＤＣ株式会社、２００１年）という大林監督の言葉に表されるように、『北京的西瓜』は中国人留学生の内面を、不自然な言語表象をつうじて彼らに自ら語らせるのではなく、また日本人の立場から代弁することもせず、取り繕うことなくその姿をフィルムに収めようとしたのではないだろうか。すなわち、真面目で努力家で活力もあって陽気な中国人青年たちの群像である。

「今苦しいけど、頑張ろう」と歯を食いしばって、先進国からの経済的遅れを取り戻そうという一九八〇年当時の中国人青年たちのメンタリティーが、『北京的西瓜』の人物像に凝縮されている。また、彼らの姿は、とりもなおさず高度経済成長期の日本の青年たちの姿を思い起こさずにいられない。

『北京的西瓜』の中では建築や医学などを専門とするエリート留学生たちが、歌やダンスができ、アコーディオンや胡弓を演奏し、絵も上手で、それぞれ特技をもっている、といったいささか現実離れした設定が見受けられるが、それは、大林監督が好意的な眼差しで捉えた中国人青年の理想像であると同時に、また監督自らが青春時代を過ごした一九六〇年代に纏わる古き良き日本のイメージを観る者に喚起しようとしたのではないだろうか。

しかし、『北京的西瓜』は善意の人々の心温まる美談に終始するものにはならなかった。映画の後半では、映画表象と現実の緊張関係が否応なく出現してきた。映画では、八百春の主人に世話になった留学生が、帰国後、主人夫婦を北京に招待する設定となっているが、「実際に八百春ご夫妻が訪中したのが一九八七年で、私たちの映画はついに現実に追いつくことができなかった」と大林監督は語っている（前掲「ディレクターズ・トーク　監督大林宣彦」）。

さらに、この「現実」は思わぬ形で表象システムの内部まで侵蝕してきた。それは撮影中の一九八七年六月に「天安門事件」が起きたため、訪中場面の中国ロケが中止され、日本のスタジオで撮影されることとなったことだった。『北京的西瓜』はこの中国国内の政治的激動を、三十七秒間の空白で表しているが、その表現は日本や、欧米で一種の政治的なメッセージとして受け止められ、作品自体も当初の製作側の意図と異なる形で受容される結果となった。そのため、中国ではいまだに公開に至っていない。誠に残念に思う。

というのも、ビジネスのための交流に留まらずに、互いの利害・打算を超えた人と人との交流が、『北京的西瓜』に描かれた時代にあった。実利重視の人的交流が特徴づける今日の両国関係に対して、『北京的西瓜』が提示した異文化コミュニケーションのあり方はきわめて示唆に富んでいるからだ。政治的、または興行的思惑に左右されない、映画テキストに沿った読解は今日こそ必要ではないだろうか。

作品論｜20

『ふたり』
激しい懐かしさから静かな旅立ちへ

樋口尚文
Higuchi Naofumi

八十年代の尾道三部作を経て、九十年代初頭に作られはじめた新・尾道三部作の第一作となる『ふたり』は、この時期でも突出した人気を集め、ファンの濃厚な偏愛の対象となった作品である。『ふたり』は松竹系で一九九一年五月十一日に公開されたが、私はそのおよそ半年前、九十年の十月半ばにイマジカでの初号試写で初見した。原作者の赤川次郎も観に来ていたその試写で、私は中嶋朋子と天宮良のふたりにはさまれた席で、なぜ倉本聰の『北の国から』と『昨日、悲別で』のふたりがいるのだろうと思ったら、なんと中嶋は当の『ふたり』の主演で天宮も後の『風の歌が聴きたい』で主演を果たすのだった。以下は、その初号の直後に書かれた『ふたり』の感想である。

「Ａ ＭＯＶＩＥ」は、映画黄金期を遠く離れて劇場用映画を撮り出した大林宣彦の「激しい懐かしさ」の吐露でもあり、またそんな時代に積極的なアマチュアとしてスクリーンに乗り出してゆくことの一種のマニフェストであった。「撮影所のお作法にはあり得ない、こんなアマチュアの遊戯に満ちた映画もまた映画なのです」という意志表明のもと、大林は映画という文化の墓場を掘り返し、屍を荒々しく揺さぶり、解剖してみせた。

そして九十年代に入った今、「Ａ ＭＯＶＩＥ」の十年を経て映画の墓場を狂気じみた熱気で荒らしまわる大林に鼓舞されて、墓碑をニヒルにまさぐっていた「映画以後」の世代から次々と日本映画の担い手が生まれつつある。大林が『ＨＯＵＳＥ』を撮った頃は撮影所外のCFディレクターであるというだけで許しがられたのに、今や映画は撮影所の伝統から切れたCMやコミックスの影響が強い自主映画やテレビから生まれた才能の輩出によって支えられている。かくして「映画」と「映画ならざるもの」の閾はいよいよ曖昧になっていったわけだが、「A MOVIE」時代の大林は「映画ならざる側」のぼくらに、もはや伝統から切れた者は臆せず何をしてもいいのであると、アナーキーでばかばかしいまでの情熱をもって教えてくれた。ぼくらは、そういう存在として大林を支持していたのだ。

だがしかし、「A MOVIE」が消えた今、大林は「激しい懐かしさ」を抜けて「静かな旅立ち」の時代に踏み出したという気がする。かくして「映画」と「映画ならざるもの」、言い換えれば「映画」のプロフェッショナルとアマチュアの重々しい壁がよくも悪しくも崩れ、自然児的な作り手たちが奔放に遊び始めた今、大林という先行走者のなすべきことは「映画に憧れる映画」ではなく「映画そのもの」をつくって改めてお手本を示すことではなかろうか。トリュフォーが『あこがれ』を撮ったように『廃市』を撮り、〝ドワネル物〟を撮ったように〝尾道三部作〟を撮り、『ピアニストを撃て』を撮ったように『彼のオートバイ、彼女の島』『天国にいちばん近い島』といった「ジャンル映画」へのオマージュを捧げた大林は、彼にとっての『恋のエチュード』のごとき作品を撮る季節になったではないか。いま生まれたばかりの『ふたり』を観て、そんなことを思った。

尾道。少女。幽霊。『ふたり』には「激しい懐かしさ」の時代を彩っていたさまざまなものが再び召喚される。『転校生』の橋が、山の公園が、『さびしんぼう』の坂道と船着き場が、もうすっかりおなじみの風情で顔を出す。そして、大林映画に欠くべからざるフェミニンな香り――思春の頃の少女たちのしぐさ、息遣いも魅力的に全篇を包んでいる。

大林映画の主たるヒロインは、たとえば『転校生』に対する『廃市』の小林聡美、『さびしんぼう』の対照的な二役を演ずる富田靖子のように、快活だが甘く周囲に密着依存する「母性的」ヒロインと、遠くに自立してしっとり咲いている「異性的」ヒロインとがはっきり対置されていたように思うのだが（『異人たちとの夏』についてはここがイレギュラーなのだが、きっとあれは山田太一の生んだキャラクターだからだろう）、『ふたり』でも前者を石田ひかり、後者を中嶋朋子という天の恵みのようにフレッシュな二人が担っている。さらに、姉の中嶋が幽霊だという設定も、『HOUSE』から『異人たちとの夏』へつながる、大林宣彦の身上とするファンタジーへのとば口である。

――と、こうして大林印の人物や風景、さまざまな設定が『ふたり』で一堂に会するのだが、これらのありようは「A MOVIE」の時代とはかなり異なっている。確かにここに登場する主人公の一家は、忌まわしいまでに過去の記憶に縛られ、それを意識して避けようとするほどに過去に生きることになる。だが、彼らはセピアや琥珀の世界に封じ込められるわけでもなく、その懊悩をひりひりと生きる。「Ａ ＭＯＶＩＥ」の時代を特徴づけた阪本善尚カメラマンが甘美な南方の柑橘系のトーンだとしたら、『ふたり』の長野重一カメラマンの映像は、その写真作品からも窺えるように美しく澄んだ北の光という感じだ。ひたぶるに追憶的な登場人物は、この映像によってきりりと現在を呼吸させられる。

尾道の風景も、大林の自伝的なフィルターの向こうでただ郷愁を帯びているのではなく、その石段を石田ひかりがリスのように昇降することで彼女の人物像を一瞬にして印象づけたり、その急勾配の坂道が姉の死をもたらし人びとの心に踏み絵的に横たわり続ける――といったように、ごく切実な物語上の装置となっている。また、これまでの大林映画のヒロイン描写にあって「母性的」ヒロインはむんむんするような存在感があったのに比して、「異性的」ヒロインはたとえば『野ゆき山ゆき海べゆき』の鷲尾いさ子や『おかしなふたり』の南果歩のように魅力的ながら周囲に食われてしまう影の薄さがあったように思うのだが、『ふたり』では、設定の妙で石田ひかりが健康的な肢体からなまなましい少女の存在感を発散してゆくのに対して、亡くなった中嶋朋子がどんどん実感を欠いてフィクショナルな浄められた存在になる――その距離がやるせない哀しみを生んで作品を貫く太い軸になっている。

ふたりの距離と哀しみが画として定着されているからこそ、ピアノ発表会で頑張る石田ひかり、彼女に思いを寄せ遠くから見つめる尾美としのり、さらにその尾美を愛しながら手の届かないものとして眺めるしかない中嶋朋子――という三者の残酷な関係が胸を打つのだ。この雨のピアノ発表会の場面は、お寺とピアノという大林印のモチーフと、きびきびとと積み重ねられる編集のリズムも相俟ってみずみずしい。さらに、大林映画ではえてして画に描いた理想像としてつつましく美しいイメージにとどまっていた父親と母親が、ここではどれほど傷ましくぶかっこうにその悩みをさらけ出していることか。今までの大林映画の夫婦なら、亡くなった娘という過去に呪縛されつつも、それをノスタルジーの向こうに美化して慰めの微笑を交わしあっていたかもしれないが、ここでの夫婦は過去の影に痛めつけられ、そこから逃れようともがいている。その結果、片や精神を病む富司純子、片や家庭を諦めかける岸部一徳、このふたりの名演で見せる確執ぶりが『ふたり』をいよいよ懐かしさから訣別させる。

加えて『ふたり』には、大林映画ならではの特異なる抒情と実験も窺える。ひとつは第九のコーラス場面や島を一周するマラソン大会の場面を中心とするハイビジョンの活用だが、高精細を追求するものという巷間の常識を覆して、キッチュな抒情のほうへねじ伏せてしまったところが愉しい。また、もうひとつの実験として映画版とテレビ版が作られたが、イマジカで観た二時間三十分の映画バージョンと四十五分ずつの前後篇に別れたテレビバージョンを見くらべると、確かに同じ物語なのにここまで別の作品になってしまうことが驚きだった。映画版は物語から揺れ出る過剰な部分に妙味があり、テレビは逆に映像が過不足なくきっちりと物語を説明してゆくほうが快く、これは善し悪しを問うというより、メディアごとの面白さを検証する試みだった。

さて、こうして「激しい懐かしさ」から決然と旅立った大林の手がける『ふたり』の物語が、よりによって過去への異常な愛情に憑かれた人びとが如何にして追憶することをやめ現在を愛するようになったか――というものであるのは、なんとも出来過ぎた偶然である。姉という遠い夢に抱かれながら周囲に依存していた石田ひかりは、悩み醜態をさらす父の岸部一徳に殺意さえ覚える。しかし、自分が距離をおいて父をひとりの男として「異性的」にいたわらなければならないことにふと気づいて、掲げたナイフをしまう。

その瞬間、ひとりの女性となった石田ひかりは、夢に甘えることをやめ、自らが夢そのものになることを引き受ける。そして、過去に縛られた人びとを明日の側に引っ張ってあげようと思う。自立とは、かくもきびしく、麗しい旅立ちであると『ふたり』は物語る。夢見ることと、夢そのものになること。両者に横たわる距離に畏怖する一方で、ぼくらはその距離を図々しく、強引に踏みにじらなくてはならない。その畏怖と熱気のかけがえのなさを、『ふたり』の大林宣彦は身をもって示してくれている。

以上が二十八年前、リアルタイムで『ふたり』を観た直後に書かれ、『ふたり』公開にあわせて「キネマ旬報」に掲載された長い論考の一部である。実は一九九一年の『ふたり』公開の直後から大林組は初夏の小樽に飛んで『はるか、ノスタルジィ』の撮影を開始したのだが、当時二十九歳の私が陣中見舞いに行くと録音の林昌平氏から「キネ旬の長い文章を読みましたよ」と感謝されたのを覚えている。この文章は、どうやら大林組のスタッフ各位に読まれて、いくらか励ましとなっていたようである。今の私ならもう少し別の書き方をすると思うのだが、二十代が『ふたり』に接して得た感動をごく率直に伝えているので、ほぼそのままここにとりあげた。この文章にも漂う微熱が、まさに当時の映画ファンたちに共有されていた。そのひとりが、まだデビュー前の常盤貴子だった。その時の感想については本書のインタビューでつぶさに語ってくれているが、当時「この世界の住人になりたい」と強烈に思ったという彼女の願いは、世紀をまたいで華麗に実現されることになる。

『私の心はパパのもの』
非・アイドル映画へのいざない

木俣冬
Kimata Fuyu

『私の心はパパのもの』記念撮影

大林宣彦が撮るアイドル映画は紅茶のファーストフラッシュのように初々しくも鮮烈な香りを発する。斉藤由貴を主演に据えた『私の心はパパのもの』もそのひとつかと思って見ると意外やちょっと違う香りがした。すでにこの頃斉藤はブレイクしていたのだ。斉藤演じる二十歳の女子大生と父親（愛川欽也）の屈折した愛情物語が劇場公開された年は九十二年だが、八十八年に日本テレビの「水曜グランドロマン」枠のテレフィーチャー作品として放送された。斉藤がデビューしたのはそれよりさらに遡ること三年前の八十五年。デビューするやいなや、歌、CM、映画、舞台（ミュージカル「レ・ミゼラブル」日本版の初代コゼット）と大活躍し、八十七年にはNHKの朝ドラこと連続テレビ小説「はね駒」のヒロインをつとめ国民的女優の名をほしいままにしていた。映画では大森一樹の三部作『雪の断章――情熱――』（85年）、『恋する女たち』（86年）、『トットチャンネル』（88年）ですでにある種のイメージが確立されていた頃だ。

美々子（斉藤）は、父親（愛川欽也）と母（入江若葉）が離婚した後、母子家庭で生きてきたが、突然母が亡くなり天涯孤独となったことによって十五年ぶりに父と暮らしはじめる。離婚の理由が父の浮気であったことも手伝ってぎくしゃくしぶつかりあい気を使いあいながら少しずつ自分の感情に向き合っていく姿を、名曲「MY HEART BELONGS TO DADDY」の甘いメロディや、合成技術を適度に使ったポップな映像などでエンターテイメント化して見せる。

美々子の潔癖さやブラコン的な感情は、共に暮らしていなかった空白の期間と法律的に父子ではないという状況を設けたことで、いっそう濃密な感情に煮詰められていく。父と美々子の、ともすれば危険な関係はまず、父の住むマンモス団地に美々子が入居してきたときに示唆される。そこに住む三人のおばさんがさながら「マクベス」の魔女のごとくかしましく、彼女を若い愛人だと色眼鏡で見る。戸籍上は他人なので表札の苗字も違うものだからそんな疑惑が芽生えるのだ。やがて父の再婚相手(根岸季衣)と三人暮らしになるとおばさんたちは騒然。一見地味な中年男にいったいどんな魅力があるのかと話題は尽きない。余談だが、このとき、おばさんたちが団地のベランダ(下の階にふたり、上の階にひとり)でそれぞれが洗濯物を干しながらおしゃべりしていて、その隣の棟の廊下を美々子が歩いてくるという構図がすばらしい。こんなロケ場所をよく見つけたものだ。

斉藤と愛川は大林作品には初参加で、ふたりのまわりを峰岸徹、尾美としのり、根岸季衣、入江若葉、正力愛子などの大林組の常連が固めることによって父子の不可侵な特異性が際立った。愛川演じる女に弱いダメ父は申し分ない喜劇性と哀愁があり、受けて立つ斉藤も若きトップスターの貫禄で自由自在に躍動する。父への複雑な感情はもとより、十六歳のときから交際している八歳年上の恋人(尾美)とはどうやら清い関係らしく、彼をはぐらかし手玉にとり続ける。その一方で父の友人で離婚後は相談相手だった弁護士(峰岸)にはほのかな憧れを抱いて秘密めいた逢瀬(でもプラトニック)を繰り返す。父が連れて来た再婚相手(根岸)には対抗心むき出しでガチバトル(手を出すわけではない)。大学の同級生(正力)と語らうときもまた違った表情になる斉藤。ダンスもするわ、ひとり三役(団地のおばさん三人が噂話している真似)の小劇場コントのようなこともするわ、発声の面では未だたどたどしさもあるが身体表現においては縦横無尽で、発声のたどたどしさすら演技ではないかと思うほどである。アイドル映画はアイドルそのものの魅力で勝負するもので非・アイドル映画は俳優の芸を見せるもの。斉木耀との共同で脚本を書いた岸田理生と縁の深い寺山修司の書いた戯曲「毛皮のマリー」に「役者はただ、じぶんの役柄に化けるだけ。これはお化け。化けて化けてとことんまで化けぬいて、お墓の中で一人で拍手喝采をきくんだ」というセリフがあって、『私の心はパパのもの』はまさに斉藤由貴がその域に進んでいく可能性を提示するかのような映画である。ただあくまで可能性でありこの作品はその過程に過ぎない。時折映る美々子の暮らす街に走るモノレールの軌道がそれを物語るようにも見える。

美々子は、男性相手に〝女〟を使うことを知ってはいるつもりだが、まだまだ巧妙には使いこなせないし、女を巧妙に使う完全体の〝女〟になるほどの決意もまだなく揺れている。強がっても子供であることは女友達に見透かされている。結果、再婚相手と恋人が一夜の過ちを犯してしまうは、大学の同級生に先生と肉体関係を持たれてしまうはと敗北の数々を経験するのだ。そしてそれらが父との関係性を決める、すなわち少女漫画的ブラコンからの卒業のきっかけとなる。ドキリとするのは美々子の父親への愛憎の愛のほうが増していった末の顔だ。父親が母に宛てた手紙の入った古い木箱を傍らに置き、父の布団に潜り込み自分の香りを寝具に染み込ませようとするところ。まるで離れていた家族三人がひとつになったかのようなとき美々子は娘の顔になる。化けて化けて……の域に行くまでまだ焦ることなく、もう少し少女でいてもいいんじゃないかという父的な優しさのようなものをそこに感じるのは幻想だろうか。ちなみに、美々子にお預けをくらわされ続けた恋人と一夜、関係をもつ役を演じる根岸季衣がかっこいい。モノレールの下を軽やかに去って行くその姿を、いつしか斉藤由貴が継いで行くことになるのだろう。

『彼女が結婚しない理由』

自立するヒロインとその時代に寄り添って

木俣冬
kimata Fuyu

はじまりの音楽が威勢よく、さながら時代劇のようでたじろぐが最後まで見ると選曲の意味がわかるような気がする。『彼女が結婚しない理由』は、『私の心はパパのもの』（88年）に続き九十年に日本テレビ「水曜グランドロマン」という二時間ドラマ枠（88〜91年）でテレフィーチャー作品として放送されたのち、九十二年に劇場公開された。離婚して十年、大手結婚式場で敏腕ブライダルコーディネーターとして活躍する三杉有子（岸恵子）とひとり娘・怜子（石田ゆり子）や有子を密かに慕うバー・風のマスター・江口（永島敏行）、元夫・大垣（藤田敏八）、結婚式をコーディネートしてもらう客・永井正子（鷲尾いさ子）などのそれぞれの人生が絡み合う。再婚せずひとりで生きていく有子に、五十年代、フランス人と結婚しフランスに移住し、一女をもうけた後、七十年代に離婚した岸恵子の人生を重ね合わせて見た人も当時は少なくなかったのではないだろうか。第８回ＡＴＰ賞テレビグランプリのベスト22番組に選出されている。

たくさんの結婚式に立ち会ってもはや結婚に対して客観的になり過ぎてしまっていた有子に、怜子は結婚したい人がいるが彼にほかの女性の影を感じるのだと相談し、正子は結婚式を間近にしてほかに気になる相手がいることを打ち明ける。正子役の鷲尾いさ子は八十六年に『野ゆき山ゆき海べゆき』で映画初主演し注目され、この作品では丸メガネをかけることで、深窓のご令嬢のキャラクターにひと工夫し最後まで活躍する重要人物だが、なんといっても怜子を演じる石田ゆり子（妹の石田ひかりがゲスト出演している）。平成の終わりに可愛すぎるアラフィフとしてセカンドブレイクしている石田は当時二十一歳。俳優デビューしてまだ二年で初々しい。二〇一九年、石田の〝彼女が結婚しない理由〟が余計なお世話ながら気になるとは当時まさか誰も思っていなかったのではないか清楚なお嬢様スタイルからちょっと反抗して「漫画のような格好」と父に渋い顔をされるようなホットパンツと言われるピチピチのショートパンツをはいて派手なヘアメイクをしている姿は新鮮だ。演技経験が浅く表現が未だ不器用に思える石田に固定した自転車を漕ぎながら長い詩のようなセリフを語らせる演出はさすがのアイデアと思う。

岸恵子は、フレッシュな鷲尾と石田演じる若い娘たちが決してかなわない大人の女として堂々と君臨する。二〇一九上梓したエッセイ「孤独という道づれ」で、〝孤独という道づれは馴染んでみればファンタスティック！〟と書いている岸恵子。それより二十九年前に既にその域に達しているかのようである。アイドル映画の第一人者である一方で成熟した女の俳優を愛と尊敬をこめて美しく撮ることでも知られている大林は『彼女が結婚しない理由』で岸恵子をとにかくかっこよく撮る。まず、酒の飲み方の描写。「水割りって長引くし」とストレート。それを見た元夫の友人・左羽根（草薙幸次郎）は「酒の飲み方も人生も（潔癖）」と讃える。浮気がもとで離婚した夫の友達という設定は『私の心はパパのもの』を引き継いでいるかのようで、その理由は脚本が同じ岸田理生だからか。『私の心はパパのもの』は斉木耀との共作で、『彼女が結婚しない理由』は岸田の単独脚本だ。『１９９９年の夏休み』（88年　金子修介監督）などの脚本を手がけた岸田理生が大林と組んだのはこの二作のみ。桂千穂、剣持亘、ジェームス三木……と大林作品の脚本は男性作家が書いていることが多いという点ではこの二作の岸田脚本作は貴重である。

話を戻して有子のこの潔（癖）さから冒頭の勇ましい音楽が選曲されたことに合点がいく。サムライのごとく仕事に生きる有子のひとときの止まり木のような場所・江口のバー・風は海の上に船を浮かべそのなかで営業している。波に揺られてつねにギィシギィシと音がする店内はかすかに揺れて灯りも揺れウインドチャイムも微かに鳴る。この装置はこの作品の肝であろう。男は自転車に乗り風のように走り続けたすえ止まりたいと思い、そこを終着点と考えるが、女（有子）は船上のバーのように立ちどまるのはひととき休むためでしかなく、休んだあとはまた歩きだす。

男の作家と組むことが多い大林は『ＨＯＵＳＥ』や火曜サスペンス劇場『可愛い悪魔』（82年）などで女の情念、怨念も描いているが、『彼女が結婚しない理由』では有子の「時間の波が満ちていったり引いていったりする音」を聞く〝生〟や母親になると優しくなれるという〝生〟の密やかさに向き合う。また、元夫が通う小料理屋とその女将との微妙な関係の描写などは向田邦子作品をも思わせる。エッセイ集「幻想遊戯」のなかで桜姫について書いた「自分に恋した女」で岸田は開高健の言葉を引いて、男たちにとって「不可解また不可解」である女は様々な要素を少しずつもち綯い交ぜにして「潔い」と書いている。

「潔い」といえば「わたし、わたしになります」という正子の決断。ふたりの男の間で迷ったすえ彼女がどちらも選ばない。昭和が終わって平成になったばかり、八十六年に男女雇用機会均等法が施行されたばかりの頃、女性はこれをどう受け止めただろうか。多様性を尊重する平成の終わりに改めてこの作品を見ると、折しも二〇一八年、西武・そごうで「わたしは、私。」と樹木希林が好きな服を着る広告に女性が賛同し、二〇一八年、同じく「わたしは、私。」と安藤サクラがモデルになってパイを投げられても耐える広告には賛否両論渦巻いたことと重なって興味深い。岸田理生と岸恵子による女のドラマのなかで江口が有子にインスパイアされて奏でる曲『風のバラード』を大林が作曲している。その曲のごとく監督はそっと有子の生き方に寄り添っているように思えるのだ。

『青春デンデケデケデケ』
平成の始まりと終わりの〈電気的啓示〉

岩井俊二 Iwai Shunji

『青春デンデケデケデケ』は、一九九二年の作品である。平成新時代の潮目近くに位置している。そんな作品を、奇しくも令和元年の第一日目、五月一日の深夜に観なおしている。

しかも物語は遡って一九六〇年代である。ビートルズやベンチャーズの時代である。主人公はベンチャーズのテケテケ演奏に〝電子的啓示〟を覚えたという。この世代は皆口を揃えてそういうことを言う。それがどれほどのカルチャーショックだったかを熱く語る。その時代は僕は生まれたばかりである。

そんな僕ら世代は、いや、少なくとも僕個人は、テケテケと鳴るエレキの音は生まれた時からある普通の音だったし、万博前後にグループサウンズが衰退したのもあって小学生時代にはむしろ古臭い音であった。高校時代ビートルズやボブディランに熱中する級友がまるで理解不能であった。ようやくこうした音楽が身体に馴染んだ頃が平成の初期であった。シンセやリバーブ漬けだった八十年代の音を疎み、自らシンプルなサウンドを求めた時期があった。

そんな時期に公開された本作はノスタルジックな田舎町を舞台に描かれた六十年代青春グラフィティーである。『転校生』もそうだったが、大林映画のノスタルジーは生々しくかつエロい。遠い目をして眺めることなかれと入り口に書いていそうである。そんな大林ワールドの中で林泰文は生き生きと主役を演じ、若き日の浅

野忠信の透明感には改めて感じ入るものがあった。絵に映る登場人物に対する深い愛情、それは小道具や風景にも及ぶ大林作品の神髄かもしれない。16ミリで即興的に撮るスタイルは少し前に撮られた「北京的西瓜」を思い出す。勝手気ままに挿入される数々のモンタージュはもう誰も真似できない領域である。昭和の末期に登場した映像の魔術師と呼ばれた男は、次の平成三十年間とどう向き合ったのか。元号を意識して創作する人はいないだろうが、この新元号公布のタイミングで振り返ると、この三十年、地方との関係をより深化させ、更にご自身のスタイルを極め続けた監督の姿が浮かび上がってくる。

それは時代とか流行と一定の距離を置いて世間のから騒ぎに一線を画して異なる位相を求めた三十年ではなかっただろうか。監督の語る言葉は伝道師のように心に響く。その映画哲学は決して難しいことを言わない。いつも笑顔を絶やさない。しかし映像表現となると手強い。あらゆる映像の法則を粉砕して歩く修羅のようである。『花筐』に至る近年の作品のパッションは凄まじい。そういう大林世界の中で、本作は『転校生』と並べたくなるほど可愛らしい作品であった。時代の最先端であったエレキギターに熱中する少年たちに、すべてを委ねた作品だった。すべてがスマホに収斂されてゆくこの時代から眺めると、エレキギターという音響端末に熱中する少年たちの姿はそれだけで美しい。なぜだろう。それはもう少し考えてみたいテーマかも知れない。

いずれにしても、平成の始まりから高度成長期の昭和を眺めたこの映画を、その平成の終わったその日に観るというタイミングは僕にとってささやかな〈電気的啓示〉であった。この示す先の時代に一体何があるのか、怖くもあり、楽しみでもある。

最後に、大林監督におかれては、いつまでもお達者で、修羅の道を歩んでください、と切に願う。

作品論｜24

『はるか、ノスタルジィ』切れば血の出る現在形のロマンを

樋口尚文

Higuchi Naofumi

『はるか、ノスタルジィ』の撮影は一九九一年の初夏に小樽で行われた。当時二十九歳だった私が陣中見舞いに伺ったら、それは小樽で海猫屋ともども有名な、蔵を改装したさかい屋という喫茶店でのロケの日であった。だが、笑ってしまったのでは、私が現場に入ると助監督氏が「今日のキャストは映画評論家の樋口尚文さんです」といきなり紹介されて、ただ見学に来たつもりがさかい家のカウンターに座らされて「喫茶店の客」に扮することになってしまった（阪本善尚カメラマンは私を抜けのボケにしているので全く誰だかわからないのだが、堂々クレジットされている）。

完成品を初めて観たのは翌九二年のゆうばりファンタスティック映画祭で、その夜は大林監督夫妻、勝野洋、松田洋治の各氏と雪深い景色を拝みながらカクテルを飲んだ記憶があるが、出演者も私もみんな「こんな映画になったのか」という驚きを語ったのを覚えている。実際、小樽の現場では勝野洋、石田ひかり、尾美としのりが何気なく喫茶店で語り合うシーンだったが、大林監督の進行はとてもてきぱきしていた。そうやってサクサクと撮られてゆく現場の印象とは大きく異なって、これは思いの重量が映画の耐荷重を超えそうなくらいの、濃厚な作品であった。そしてさらに一年を経た九三年二月二十日に、本作はなんともひっそりと公開された。

以下の評は、この公開にあわせて「キネマ旬報」に掲載されたものである。

「A MOVIE」の十年を通して、大林宣彦は自らの映画話法を商業作品にもぐりこませるべく七転八倒し、時には通り一遍の商業性にがまんならず悪戯めいた試みで映画をひっかきまわし顰蹙を買うこともしばしばだった。だが、この刻印のようなタイトルがはずれた後、大林は映画作家としての矜持のもと、ある種悠然とした構えでさまざまな企画を自家薬籠中のものとするようになっていった気がする。

『異人たちとの夏』や『ふたり』のような傑作をそんな思いで観ていたところに、分厚いシナリオが送られてきた。その『はるか、ノスタルジィ』というタイトルは、象徴的であった。それはもちろん、はるかという主人公の少女の名前に掛けた題名ではあるのだが、〝わがノスタルジィ、はるかになりにけり〞ということだとすれば、この作家的な季節の、この作品にはいかにも似つかわしい。

坂道と運河に彩られた小樽は、大林映画の舞台となっていた尾道のように〈いわゆるノスタルジィ〉のはびこる土地である。もっとも、ガス燈と赤レンガの小径を典型とするその種の映像のクリシェは、主に〈内地の業界〉の発想によって、観光からCMまで商売にうまく活かせるよう後からこしらえたものである。そんな〈今の小樽〉のありようは、かつての大林映画の過剰な懐かしさに〈いわゆるノスタルジィ〉を（監督の意図とはまた別の次元で）感じとって観光客が集まってしまった〈今の尾道〉に似ているかもしれない。だが、『はるか、ノスタルジィ』に登場する小樽は、とてもそんな口当たりのよい甘酸っぱさの域にはおさまっていない。

実際、大林は手始めに、ガス燈と赤レンガの光景に真夏の雪を降らせて〈いわゆるノスタルジィ〉の側ではしゃいでいるCMのロケ隊を登場させ、そこをはるか（石田ひかり）と綾瀬慎介（勝野洋）に怪訝な顔で歩かせたりする。ちょうどこのCMの作り手たちと同様に、少女小説で〈いわゆるノスタルジィ〉を商品化して人気を集めている作家・綾瀬慎介は、そのことにいささか辟易してきていた。そんな綾瀬は、はるかという攪乱者の登場によって、自分が〈いわゆるノスタルジィ〉のヴェールの向こうに葬り去った小樽の原像へ連れ戻される。まさに〈今の小樽〉そのものである綾瀬は、はるかの導きと挑発により、いつの間にか〈過去の小樽〉を悶々と生きたペンネームなしの自分＝佐藤弘（松田洋治）に改めて自分を重ね合わせてゆくことになる。綾瀬が〈今の小樽〉のクリシェを抜け出して傷ましい愛を再生させようとする物語にならって、ここでの大林は映画への甘い郷愁＝距離を執拗にはねのけつつ、生々しく現前する映画の肉体を手に入れようとしている。

ひとつ間違えば懐古趣味に流れてしまいそうな『青春デンデケデケデケ』を、音楽についての映画ではなく音楽のような映画にすることで、大林は〈いわゆるノスタルジィ〉におさまる誘惑を吹き飛ばした。『はるか、ノスタルジィ』の大林は、これとはまた別のやり方で映画を脈打たせた。すなわち、しつこく静謐に人物をとらえ続けるカメラ、ねっとりとした編集のリズム、（音楽に同調するように弾む『青春デンデケデケデケ』のナチュラルなダイアローグに対して）全篇をおおいつくした久石譲のジョルジュ・ドルリューばりの音楽の流麗さと拮抗し続けるような、あえて生硬な文語調にこだわるダイアローグ……。

これらはちょうど軽快なうえにも軽快な『青春デンデケデケデケ』と対照的なタッチであり、大林調の表裏をなしているように思われる。大林の自在な器用さが思いきり発揮された『青春デンデケデケデケ』に対して、『はるか、ノスタルジィ』の大林は、１６５分という長さが示すように、不器用なまでの想いへの執着をむき出しに、ごく緩やかに暗さの淵へと沈んでゆく。そして、そのなりふりかまわぬこだわりによって、〈いわゆるノスタルジィ〉の芽がそこかしこに偏在する本作を、特異な文体でごつごつと、息苦しく観る者にかかわってくるものにした。

その果てに大林が目指そうとしたものは、〈いわゆるノスタルジィ〉のクリシェの対極にある。切れば血の出るような現在形のロマンだ。そのロマンは、ルルーシュのように見てくれがいいこぎれいなものではなく、トリュフォーのようにせっぱつまって、どこかむごたらしいものだ。そして、ここで雪の闇夜に潜んでいる、いわゆる小樽らしさとは無縁の〈過去の小樽〉の風景は、〈内地の業界〉の旗手・綾瀬慎介が甘美な郷愁をもって封印した（そして商売に売り渡した）美しく死せる世界ではなく、名もない佐藤弘少年が愚かな痛覚に日々煩悶している、暗く醜く、しかしどうしようもなく生の衝迫が波うつような世界であった。

ところで、この残酷にすさんだ娼窟を含む〈過去の小樽〉を、おそらく大林映画で最大級の大がかりに入り組んだオープンセットをもって東宝撮影所に現出させた美術監督の薩谷和夫が急逝した。新作『水の旅人』のインを前にしての異才の死が惜しまれてならない。撮影所的な情緒のある画を狙った大林の意向にこたえ、薩谷の堂々たる意匠が実った『はるか、ノスタルジィ』は、たぎるロマンがふやけた郷愁を引き裂いた形見である。

『水の旅人』
新しい映像スタイルを追求する孤高の戦い

小中和哉 Konaka Kazuya

『水の旅人』撮影スナップ

大林監督が他の監督と全く違うのは、数本かけて独特の映画文法を確立すると、それをあっさりと捨ててまた新しいスタイルを模索していくというところだ。その結果、数本単位で次々にスタイルが変遷していき、近作に至るまで変化は止まっていない。僕を含め普通映画監督は何本か撮っていくと自分のクセや流儀が固まっていくものだと思うが、大林監督の場合、精神や哲学は不変だが、映像スタイル、語り口に関しては常に変化し続けている。

『水の旅人』（1993）を分類するなら、《スーパー16でマルチ撮影、コマ切れ編集スタイル》の時代の作品ということになる。このスタイルは、前作『青春デンデケデケデケ』（92）で初めて採用され、『水の旅人』を経て、次の『女ざかり』（94）へと続く。ちなみに大林監督のフィルモグラフィーでは『青春デンデケデケデケ』（92）、『はるかノスタルジィ』（93）という順になるが、これは公開順で、製作は『はるかノスタルジィ』、『青春デンデケデケデケ』の順となる。

僕は『デンデケ』の現場に参加してこのスタイルの誕生に立ち会うことができた。自主映画から商業映画デビューして助監督経験を持たない僕にとって、『デンデケ』の現場に参加できたことは大きな財産だ。そこで見たのは、誰にも理解されない大林監督の孤独だった。

僕の役割はセカンドユニットの監督で、オープニングのちっくん（林泰文）の夢のシーンを別班で自由に撮らせてもらっていたのだけれど、本隊の現場を覗くと、いつも重い空気に包まれていた。大林監督は「人生にリハーサルなし、NGなし」と段取りもなしにいきなり本番を始め、二台のカメラはポジションを探る暇もなく手探りで回し始め、照明もどこを当てていいか右往左往。大混乱のうちに一テイク終わり、「はいOK、もう一回」とカメラポジションを変えて何度も撮っていく。

大林監督のねらいは、「ノスタルジイでなく、元気印の青春映画」で、8ミリ映画のようなテイストを欲していた。僕が起用されたのも僕が自主映画出身だったからだろうし（当時妻が制作デスクをしていたことも大きいが）、16ミリフィルムで撮られたのも8ミリテイストを狙ってのこと。役者の芝居もなるべく自由にさせて、それを制約することなくカメラがドキュメンタリーのように追いかけることを求めていた。けれどいい画を作ろうとするスタッフにとっては、プロの仕事をさせてくれない、ストレスのたまる現場となっていた。カメラマンは百恵友和映画を撮っていた大ベテランの萩原憲治さんだから、ラッシュを見てはひどい画だと落ち込んでいた。

大林監督だけは意気軒高。しかしスタッフは監督の狙いを理解しきれずに混乱していたというのが実情だった。膨大なラッシュを監督自身が時間をかけて編集し、斬新なスタイルの映画が仕上がり、完成した作品を見てようやくスタッフも監督のやりたいことを理解できたのだ。そんな様子を横で見ながら、僕は新しいことを挑戦しようとする監督の困難さ、覚悟の在り方について勉強させてもらった。

次回作の『水の旅人』では、スーパー16で手持ち撮影というドキュメンタリースタイルを継承しつつ、ハイビジョン合成という要素が加わり、これまた独特な映像世界を作り上げている。ドキュメンタリーとSFXという正反対の要素を合体するという考え方は、改めて見返すと、スピルバーグが『宇宙戦争』（2005）で始めて現在に至るまで続いているトレンドの先取りとも言えるわけで、改めて大林監督の先見性は凄いと思う。（ちなみに現在の観客がドキュメンタリータッチのSFXでしかリアリティを感じなくなったのは、911の映像を経験してしまったからだ。）

ハイビジョンを合成ツールとして映画に応用する試みは『帝都物語』（1988）あたりから始まっていたが、35ミリフィルムの他部分との画質の落差が激しく、ビデオ合成としては画質がいいが、所詮フィルムには敵わない存在だった。しかし主人公が十七センチの小人という『水の旅人』をフィルム合成で仕上げることは、コスト的にも技術的にも考えられなかっただろう。しかしハイビジョンを導入する以上、35ミリフィルムの画質との格差は避けられない。そこで大林監督（並びに阪本善尚カメラマン）が取った手法は、ドラマ部分の画質を下げて合成部分との差をなくすという方法。ドラマ部分はスーパー16、合成カットは35ミリで下絵を撮ってブルーバックはハイビジョン撮影、という方式だった。

ドラマ部分は『デンデケ』と同じくスーパー16でシーンを通し2カメで何度もポジションを変えて撮影し、後でコマ切れ編集。手持ち撮影でドキュメンタリータッチ。合成部分はきっちり絵コンテを準備して35ミリで下絵を撮影し、それに合わせてハイビジョンで人物のブルーバック撮影をして完成度の高い合成をしていく。しかし合成が完成した後、ドラマ部分の手ブレの雰囲気に合わせるため、合成カットをトリミングして手持ちのブレを加えた。つまり合成部分はフルハイビジョンよりもトリミングした分画質が落ちた仕上がりなのだけれど、それがスーパー16の画質にマッチして一体化している。実は僕が担当した『デンデケ』冒頭の夢のシーンも撮影は16ミリだけれどビデオ（ハイビジョンでなくスタンダード）合成をしたあとフィルムに戻している。その経験も踏まえて採用された手法なのだろう。合成の画質上の弱点を逆手に取り、『デンデケ』流の8ミリルックのドラマとＳＦＸを合体させた独自の手法を生み出した大林監督の手腕は見事だ。

初見の時も「大変な合成をしてるなあ」と感心したが、改めて見返すと、下絵と人物のマッチングが実に丁寧で驚かされた。僕自身、『南くんの恋人』（15）で同じ作業をしたから実感として判るけれど、下絵に合わせてブルーバックの人物を撮る作業は実に大変だ。人形を使った撮り切りのカットを短いカッティングで入れていく編集にも舌を巻く。

小人の侍役の山崎努さんが下絵の撮影にもずっと立ち会ったという話を聞いていたので、僕も『南くんの恋人』の撮影では小人役の山本舞香に常に現場にいてもらうようにしてもらった。これは芝居を大切にしようとすれば当然のことだ。本人の代わりに助監督が読み上げる台詞で相手役が芝居をしてしまえば、ブルーバック撮影時にはその助監督の台詞の長さに合わせなくてはいけなくなる。きっかけとはいえ、現場で本人に台詞を読んでもらわないと後で芝居を制約されてしまうのだ。また後でスタジオでブルーバック撮影をする際、撮影現場で相手の芝居を直接見ている経験は、大きな力になる。僕は直接写らないのに常に現場にいてもらう必要性を山本舞香に説明するのに、『水の旅人』の山崎さんの例を出して理解してもらった。

今回見返して思ったのは、『水の旅人』は、映像の魔術師と言われた大林監督のテクニシャンとしての頂点を極めた作品だったということ。最近の大林作品が映像テクニックとは別の、さらに自由奔放な語り口の映画になっていることを踏まえると、そう感じる。大林映画は別の方向へ進化している途上だ。久々にまた参加させてもらっている新作『海辺の映画館――キネマの玉手箱――』がどんな仕上がりになるのか楽しみだ。

作品論 26

『女ざかり』
大林印のサラダボウル

榎 望
Enoki Nozomu

論説委員に抜擢されたヒロインは張り切って初のコラムを書く。慎重にテーマとことばを選んだつもりが、その記事は政権に咎められる。圧力をかけられた新聞社上層部は「女性」論説委員を左遷してことを収めようとする。それに対するヒロインの抵抗と闘いがつづられ、彼女は官房長官とのルートをたぐり折衝し、クライマックスでは総理大臣と対峙さえする。と、書くと最近の日本にも起こり得そうで予言的にもみえる。が、小説は天上のいたずら好きの何者かが読者に報告するような独特な昔話的距離感を持ち、生臭さはない。丸谷才一さんの小説『女ざかり』が出版されたのは一九九二年。金丸信副総裁の五億円闇献金受領が発覚して騒動になっていた頃だったけれども、長編小説は数年に一作ペースの丸谷さんが時局をみて題材を選択したとは考えられない。明治以来つづく相変わらずのアンシャン・レジームへの辟易は主張せず、そこにヒロインを投げ込み起こる騒動の顛末を極力政局的でない立ち位置に徹して描いた小説なのではないか。

ベストセラーとなり映像化権は争奪戦だった。松竹映画制作部門で私の兄貴分だった傑物&変人プロデューサー中川滋弘さん(現・大阪芸術大学教授)が丸谷さんの信頼を得て権利を獲得、松竹で映画化を進めることになった。さて監督をどうするか。議論百出だった。私は大林宣彦作品の多くを偏愛しているという動機だけで大林さんを推し、その数年前に撮られた『異人たちとの夏』の評価が高く松竹の先輩制作陣からも支持を得られて、大林監

『女ざかり』撮影スナップ

督に決まった。才能を限界まで集める努力を映画はするべきで、それに伴う困難を楽しむのが映画作りだという助手にはハタ迷惑な信念を持つ中川さんがプロデューサーで、私はその補佐。その信念のおかげで、映画『女ざかり』制作は難局につぐ難局で、思い出したくないことも多く丸谷さんが亡くなる二〇一二年まで見返すことはなかった。改めてみると、吉永小百合さんは溌剌として美しく、大林さんの手法・作戦も奏功し光り、オールスター文芸映画の風格も持ちつつ、松竹映画史に異彩を放つ実験が繰り広げられていて斬新でもある。そう、原作で本線のようにみえる「あらすじ」を、サブストーリーや日常的エピソードがつらなる川の底に沈めるように描かないとつまらない映画になると制作当時思っていたが、そのように撮られている。と、ひとごとのように感じ入った。

中川先輩とともに大林さんにオファーをしたとき、監督は、なぜこれを自分に依頼するのですかと反問された。それに対し中川さんは、「原作の筋立てを素直に追っていては、ヒロインが権力と闘うという凡百の映画になってしまう。作者がヒロインを可愛がり目を細めて描いているに違いないと感じるし、それがこの作品の魅力だとおもう。筋書きを超越して、俗界で奮闘する生身のもう若くはない妖精を大林さんなら描けると思う」という趣旨のことを語り、大林さんはその場でオーケーされた。

シナリオを、題材からすると意外とおもわれるかもしれない、野上龍雄さんに依頼したのは、当時、松竹映画制作トップだった櫻井洋三さんの意向からだった。櫻井さんはテレビ『必殺』シリーズをながらくプロデュースされており、同シリーズの脚本を多数執筆した野上さんへの信頼はたいそう厚かった。野上さんが書かれた脚本は精密な構成で原作を見事に圧縮したものだったけれども、ストーリーに収まらずに立ち上がってくるものをもとめていたのはプロデューサー側も監督も同様で、結果、渡辺善則さんも加わってできた稿を監督が大きく書き換えた。

吉永小百合さんの出演が正式に決まったのは、その稿ができた後だった。大林さんと最初の面談のとき、大林さんは、吉永さんのしわを撮りたい、食べる場面を多く撮りたいと伝えていた。当時、吉永さんは確か四十九歳ながら、原作の設定よりずっと若くみえるし、原作のもつ寓話的タッチは吉永さんのまとう伝説的オーラが自然と体現してくれるとおもい、「巨悪と闘うヒロインの凛々しさを撮りたい」と間違ってもいわない大林さんのプランに賛同した（映画にある入浴場面はシナリオにはなく、撮影半ばの頃、監督が突然言い出し、長い長い手紙を書いて吉永さんを口説いて実現した）。

並行して、スタッフの選定も進んでいた。カメラマンは中川さんの推薦で、坂本典隆さん（吉永さん主演・板東玉三郎監督『外科室』や森崎東監督作品を手掛け松竹出身）。撮影方法は『青春デンデケデケデケ』同様、スーパー16ミリカメラ三台を採用した。松竹本体制作で16ミリは初だったはず。三台で回しているので、棒焼をすべてみると二十時間以上になる。それを三カ月かけて大林さんが編集し、カット数二千を超える映画になった（Aカメの採用率が二十パーセントもいかなかったのではないだろうか。これは大林さんの作戦で、カメラに面と向かわない俳優を写し取ることを狙っていたのだとおもう。BCの使い所も大林さんはあらあら構想していたとおもう。狭いロケセットでスタッフが映り込んでもカットをかけることはなく）。いずれも松竹初の椿事。一般にカット数の多いアクション映画でも千カット超前後、相米監督が松竹で撮った『あ、春』は九十五カットだったか。この題材にして異例のカット数だった。

美術は監督の盟友・薩谷和夫さんがご体調すぐれず、前年の『水の旅人』のとき参加した薩谷さんの兄弟子・竹中和雄さんに引き続きお願いした（竹中さんは、中古智・河東安英・松山崇各名匠の助手を経て一本立ち、成瀬巳喜男、稲垣浩、鈴木英夫作品等々を担当された、東宝美術の粋を体現される方）。かかる三巨匠監督に加え黒澤明作品にもつらなる竹中さんが松竹大船にセットを建てるのは嬉しいやら誇らしいやらで、プロデューサー補の立場は忘れて映画ヲタクに戻りセットの隅々まで何度もみて飽くことがなかった。ステージ内セット外に置かれたガンガンのまわりに、三國連太郎さんをはじめとする論説委員を演じてくださった重鎮俳優陣が集ってらっしゃるのは壮観だった。三國さんは、吉永さんに憧れる同僚の役。「あなたとやりたい」と手紙に書くものの修正液で消して上から別のことを書く。消された不自然さにヒロインは訝り、透かしてみるとそこにその八文字が浮かぶ。というのは原作にある。それを砂浜に書くように設定したのは大林さんだった。前述したように、カット数が多いので、初号試写をごらんになった三國さんは、「ぼくの顔なんてね、サブリミナルですよ」と独特の温顔微笑で皮肉をおっしゃっていた（見返すと、画と言葉の情報が自在に混ざり、編集文法的に破格の試みが楽しく、高速で語られる編集はいまでも斬新だとおもう）。

日本映画全盛期を知る諸先輩からうかがった話だが、セットとロケーションの比率は会社ごとに特徴があった。日活、大映はロケ重視、松竹、東宝は極力セットで撮影することを好んでいた（竹中さんもそう証言しておられる。ちなみに、例外ながら、松竹でも東宝でも、セット重視の反面、清水宏や成瀬巳喜男の『簪』『旅役者』『秀子の車掌さん』ほかすくなからぬほぼオールロケの傑作群がある）。『女ざかり』はセットが少なく、ヒロインが新任する論説委員室と先述した入浴場面の風呂の二杯だけ。普通ならヒロインの家やヒロインが恋人（津川雅彦）と密会するホテルの一室はセットにするところだとおもうが、ロケ撮影した。ロケーションの方がエイジングや窓外などリアル、その場への出入りも撮れるという利点があるから、という理由ではなかった。16ミリでの撮影は監督の戦略に賛同したからだったが、セットが少ないのは制作費が安いためだった。撮影実数も四週に満たなかった。CGIも時代的にナシ。当時、CGは実験段階のようなもので、基本オプチカル合成だった。背景もホリゾントに絵を描いておもに処理していた頃。大林さん一九九二年撮影作『水の旅人』もいまならどれほど楽だったろうに、CGは使っていない。

制作指揮の櫻井さんはそれまでテレビで活躍してこられた方で、映画は『必殺』シリーズ以外はあまり作られていなかったとおもう。「二時間ドラマやと数千万でできるゆうのに、映画はなんでそんなに金がかかるねん、理解できへんわ」と譲ってもらえず、制作費二・五億で落着した。いまでこそそれくらいあればとホッとする金額ではあるが、このオールスターキャストで当時普通なら三・五億前後かけている。中川先輩が櫻井さんに「そんな殺生な」と嘆いて食い下がっていたのが懐かしい。

松竹映画の規格から外れたハイブリッドな映画でもあった。日活出身の吉永さん、脚本家は大映出身で東映作品を多く書かれてもいる、カメラマンが松竹出身、美術は東宝、出自さまざまの名優陣＝三國さん（松竹→東映）、津川さん（日活→松竹）、水の江瀧子さん（松竹歌劇団→日活）、宍戸錠さん（日活）、高島忠夫さん（新東宝→東宝）、中村玉緒さん（大映）、高松英郎さん（大映）、岸部一徳さん（ザ・タイガース）、入江若葉さん（東映）、峰岸徹さん（東宝→大映）、松坂慶子さん（大映→松竹）、風間杜夫さん（東映・つかこうへい作品）、月丘夢路さん（宝塚→日活）、山崎努さん（文学座・黒澤作品）。大林さんは広告から参入されている。

丸谷さん原作、吉永さん主演、大林さん監督ということが大きかったとおもうが、出演依頼はスケジュールさえあればほぼみなさん快諾いただいた。撮影期間が短いのもオールスター映画には奏功することも間々あり、数日の参加を撮影スケジュールに組み込むことがようようできた。

監督の号外（撮影が近づいたときに出る改稿）に三國さんが納得されず、クランクインの日、現場にいらっしゃらなかった。その日は毎日新聞社をお借りしてのロケだったが、エレベーターから吉永さんが乗降するシークエンスしか撮れなかった。すぐさま中川先輩と三國さんのご自宅に伺い、中川さんが懸命に説得する横でジッとしていた。そういうとき、酒を引っかけてその勢いをかりる性癖が中川さんにはあり、そのときは三國さん邸でもふるまっていただき、帰るときは三國さんに肩を支えられて玄関を出るありさまだった。そういうプロデューサーが近頃いなくなって寂しくもある。捨て身の説得を中川さんがしていなかったら、ほんとうに三國さんは戻っていただけなかったかもしれない。三國さんが収まっても、変更を大林さんに納得してもらうのも一仕事だった。千疋屋のメロンを監督への手土産に買いにいき、中川さんは「制作費やっすいのに高いなぁ、メロン。包装紙だけ売ってくれんもんかな」と大きな声でいう。冗談かます余裕はあるんだなと感心していたらメロンを買うのをやめ、この説得はおまえがやれと中川さんは言い出し、これくらい制作の初歩だからね――と帰っていってしまった。助手に斥候をやらせたわけだ。大概を察しておられる大林さんは電話に出ず、ご自宅のまえでジョギング帰りの監督を捕まえるという週刊誌記者のようなことをしたのもまた懐かしい。

結果、すべてだんだんに収まって映画は完成し、興行も成功といってよい結果だった。

ようやるよ、と自分で思えなければ映画として何かが足りないとはこれも松竹先輩の言だが、ようやるよという映画にはなっていると、近年改めてみておもいました。

『あした』
「さようなら」を言うために

やまだないと
Yamada Naito

中学三年生まで住んでいた「唐津」という街に今また暮らしている。

漫画家として東京で生活を始めてからは両親の元に年に何度も帰ることなく、というか、数年単位で帰らなくともお互いすっかりそれが平常になってしまって二十数年。けれど、そうもいかなくなったのが「二〇一一」年。母が脳梗塞で倒れてから。この年は多くの「古里」を離れた人たちが、家族を思った年だったんじゃないだろうか。運良く母は、多少の不自由は残ったものの日常を取り戻した。でも今思うと、ちょうどそのあたりから、私は「呼ばれていた」のだなあ「唐津」に。

樋口尚文さんと知り合ったのも、ＳＮＳで同郷だと声をかけていただいたのだが、樋口さん経由で、「唐津シネマの会」という活動をしている人たちと知り合った。

私が子供の頃、唐津には数件の映画館があって、どこも二本立てで新作がかかっていたのだけど、それが一軒も無くなって随分立つ。映画館はないけれど街に映画をと始まった「唐津シネマの会」。毎月のプログラムをみると、毎週水曜と土曜に新・旧・単館系から話題作、幅広いタイトルがかかっていて、時には離島に渡っての上映会もあるらしい。

こんなふうに消えずに残っていた「街の映画」。

唐津に『花筐／ＨＡＮＡＧＡＴＡＭＩ』の撮影隊がやってきたのは二〇一六年の夏のことだった。

あした
DVD(デラックス版)：4,700円＋税
発売元：NBCユニバーサル・エンターテイメント

前の年、シネマの会のメンバーが映画を一本肴にしてお酒を飲みながら語らう集まりに顔を出した。「大林監督がデビューの前からあたためてきた唐津を舞台にした映画が、いよいよ来年撮影される」それで今、毎週大林監督の映画を見ているのだと。その日の映画が『あした』だった。

唐津での子供時代、特別な映画ファンというわけではなかったが、映画への「憧れ」があった。それは家にあったキネマ旬報の写真や文章越しのもので、「大林宣彦」の名もそこで知り、憧れるわけだが、ただそれを語り合う同世代の友達はいなかった。やっと自分で映画館に行く行動力を持った八十年代、やがて尾道を訪れるくらいには「大林映画」(という言い方はよくないと思うけど)ファンをきどっていたのだから、唐津でその「大林映画」が撮られるなんて、なんという未来!ここにいる誰よりも、この未来と過去(半世紀近い!)が繋がって興奮しているファンはいないだろう!と、言いたかったが、実は『あした』を見るのはそこにいる人たちと同じくその時が初めてだった。

私には「大林映画」を怠けていた、空白の期間がある。九十年代に入ったところで、たぶん『青春デンデケデケデケ』以降、監督の映画からぱたり見なくなってしまったのだ。映画館はもちろん、レンタルショップに新しいタイトルを見つけても、そこに手が伸びなかった。

ようやく手に取ったのは『その日の前に』。そこから監督の近作の後追いをはじめ、映画館に戻ったのは『この空の花 長岡花火物語』だった(のだから、そもそも私がこのような場に何か書くこと自体恐縮してしまうのだけど)。

『あした』はそんな私の「大林映画」の空白ひとつだった。

——今夜十二時の約束に呼ばれ、尾道の古い架空の港「呼子浜」へ集まってくる人々。ノスタルジックな自動車で、当時最新のスクーターで、自転車で、船で。「呼子」というのは唐津にある港町の名前でもある。そこで起こるかもしれない何かに呼ばれ、集まってくる「大林映画」の常連の顔、名前の横に(新人)(オーディション)とついたみずみずしく硬い顔。『あした』の始まりは、今思えば、『花筐』の撮影が始まる唐津のようだった。そして今思えば、私はこう感じていた。

なぜ、今(あの時)、ここ(あの場所)で、これまで顔も存在も知らなかった唐津の映画ファンにまざって私は、『あした』(大林映画)を見ている(いた)のか。

今年一月に母が大腿骨を骨折してしまい、年齢や持病もあってあっという間に衰えふせってしまい、父は去年あたりからじわじわと記憶と時間をなくしていて、結局私はそこから今までずっと唐津にいる。もう半年になろうとしている。

今夜十二時、呼子浜へ。

空白のあの頃。「大林映画」の若さや美しさをノスタルジィに閉じ込めるように愛しむ語り口が窮屈に思え、遠ざかっていた。両親の元に顔を出すのがおっくうで、あらゆることの後回しになっていたように、でも、空白を埋めはじめると、その窮屈さは、何か自分の中の正しい部分に触れてくる。正しい部分がなぞられる。

ノスタルジィというのは、戻りたい場所や時間ではなく、見失っている自分自身の正しさなのだろう。それが呼び起こされる感覚なのだろう。

今夜十二時、呼子浜へ。

船とともに海に沈んだ妻と再会した夫は、今日で人生を終わらせることを決めていた。船に戻る妻と一緒に海の底へ。これから二人はずっと一緒に居られるのかと思ったが、二人が交わす言葉は「さようなら」。

「大林映画」とともに、唐津に呼ばれた。唐津へ帰ってきた。それは約束だった。ずっと昔に。私がこの街と交わした約束だった。

――ひとは約束する。出会うために、共に生きるために――

「さようなら」を言うために。

『あした』を見た後気が付いたのだが、いつの間にか唐津では毎晩七時になると海の方からボォーッ……と汽笛が聞こえる。大きな音だ。海獣の鳴き声のようにも聞こえる。船がいるわけではないのだ。でも、毎晩、まるでどこからか船が帰ってきたように、どこかへ帰っていくように、汽笛が聞こえる。

『三毛猫ホームズの推理』

大林映画の住人になりたい

佐伯日菜子
Saeki Hinako

暑い夏の午後だった。

学校から帰ってきてランドセルをおろし、そのままの勢いで冷蔵庫に向かい、素麺と麺つゆと薬味などをバタバタと取り出す。麺つゆと麦茶は同じ種類のボトルに入ってるので間違えないようにしないとな。なんて考えながらテレビをつける。

女性たちが主役の情報番組に続き、コマーシャルが流れ、映画が始まった。

互いをあだ名で呼び合う少女たちが、ひと夏を不思議なおば様のいる別荘で過ごす。

シャグシャグとスイカを食べていたかと思うとなんと種を出すかと思いきや目玉が出てきた。

挙句、少女はピアノに食べられて血まみれになる。

音楽がやけに美しい。

なんだこれ。

当時はサイケデリックなんて言葉を知らなくてこの恐怖とも笑いともつかない、子供心に「へんなえいが」は私にトラウマをしっかり植え付けた。

それが、私と大林監督の出会い『ＨＯＵＳＥ』だ。

それからまた時は経ち、毎週楽しみにしていた土曜日の夜の映画番組。日本や海外の映画を見るのがとても贅沢な時間だった。

そこで流れていたのは、仕事に忙しい男性がある日浅草で亡くなったはずの両親と出会う。すっかり子供に戻ってすき焼きを食べる。美しい女性とも出会う。だけど、どんどんやつれていく。

幸せと恐怖がどんどん日常を蝕んでいく。

プッチーニの「私のお父さん」がとても印象的な映画、『異人たちとの夏』だ。

『HOUSE』と『異人たちとの夏』が同じ監督だと知ったのはそれから少し後のことになる。

この仕事を始めて、作品だけでなく監督を意識して映画を見るようになり大林監督作品にたくさん触れる事になる。大林監督の言葉を借りれば「映画と遊ぼう」だ。

『HOUSE』『異人たちとの夏』『青春デンデケデケデケ』『あの夏の日、とんでろ じいちゃん』『水の旅人 侍KIDS』『この空の花——長岡花火物語』春はあけぼののノリで大林監督といえば「夏」というイメージだ。暑くてエネルギッシュで儚い部分もあり冒険の日々のイメージだ。


さて、今回の『三毛猫ホームズの推理』。

真っ暗闇の中、光るナイフを持つ手から始まる。

女性の美しい腹部にスパッと横一文字にナイフの走った血の跡が『HOUSE』を彷彿とさせる。

えっ怖いの？！と思いきや、のほほんとした日常が流れる。

独特の間や常に音楽の流れている感じ、緊張と緩和、正義と歪み、大林監督は一つの事件にとどまらず様々に糸の絡み合うような赤川次郎さんの原作を見事に大林監督の世界の味をしっかり出して映像化している。陣内孝則さん演じる片山刑事がプレハブの謎解きをしているシーンは、この作品の見どころの一つとも言える。

時にコミカルで時にシリアスな陣内孝則さん、秘密を抱える美しく儚い妹役の葉月里緒奈さん、溌剌とした魅力と切なさを感情豊かに表現し、キラッと輝く一等星のような山本未來さん、（どうやって演出してるんだろう？！）と思ってしまうほど表情豊かな三毛猫ホームズ役のネネをはじめとして全ての登場人物が印象的に函館の街で生きている素晴らしい作品である。

同じ三毛猫ホームズシリーズの『黄昏ホテル』も気になる。猫とピアノ、そして黄昏時。これは形を変えた『HOUSE』かもしれない！

とは流石に思わないが、間違いなく傑作の香りしかしない。


去年（2018年）、目黒シネマで大林監督が『HOUSE』のトークショーをされる事をSNSで知った。

便利な世の中だ。

何事も形から入りたい私は、ちょっと前に新宿のディスクユニオンにて購入したオレンジ色に大きな猫の顔の絵がプリントされている『HOUSE』Tシャツを着て、若干浮かれつつはりきって出かけた。

たまたま大林組の美術をされている竹内さんが声をかけてくださり、大林監督に直接ご挨拶をすることができた。

今までも映画祭やイベントでお姿を拝見することはあっても、まさかお話が出来るとは！

監督はすぐに「そのTシャツ売ってるんだね！」と驚き喜んでくださった。

それから少しお話をして、普段だったら絶対にあり得ないのだがTシャツにサインを頂き、一緒に写真もお願いしてしまった。舞い上がると人間何をするか分からない。

目黒シネマ、大林組関係者の皆さまの優しさに甘えまくった私だ。

トークショーを見ながら、優しい語り口、独特な言葉の選び方、映画に対する熱い愛情、そして何より唯一無二の作品たち。色んなことが胸を去来してちょっと泣きそうになった。

大林組の住人になりたいと大きな事は言わない・・・いや、ちょっとなりたいなって思うけど、現場の大林監督にも会いたいけど、それは私が決める事ではない。全てはタイミングとバランスとさまざまな事だ。

でもいつか映画のＤＮＡが息づく尾道には行きたい。


大林宣彦監督とは、ランドセルを背負って『ＨＯＵＳＥ』を見ていた小さな頃から、今や映画の中の人として生きるようになった私にとっての特別な監督のひとりなのである。

作品論 | 29 『SADA 戯作・阿部定の生涯』

定とわたしのミラーリング

森下くるみ Morisita Kurumi

定――さだ、サダ、SADA――はすべての女が持つ性癖のひとつである。

性癖といっても、変態だの病気だのと偏った見方をされがちないわゆる「性的嗜好」ではなく、広い意味でいえば資質、人格のことだ。つまり、わたしを含めどんな女の中にも「定」はいる。

では定とは誰か。一九三六年に東京都荒川区の待合旅館「満佐喜」にて、情交の末に殺めた愛人・石田吉蔵の陰茎と睾丸を切り取り、薄茶色の紙に包んだそれを逮捕されるまでの三日間持ち歩いていた、阿部定という女性だ。

局部の切断云々は、猟奇的かつ稀有な事件としていまの世にも広く知られ、阿部定の名はいたずらに有名である。

大抵の人はどんなに愛した人でも殺すまではしないし、仮に殺したとしても性器を切断して外に持ち出そうとは思わないだろう。だからこそ、それを行動に移した定という女に「なぜ?」という強い興味がわく。今も昔も人は理解の範疇を超えるものに敏感で、犯罪者と聞けば驚き、めいっぱい好奇の目で見る。もちろんわたしもだ。似たような事件がもしあれば、「どんな顔した女かな。美人ではないだろうな」などと胸の内で呟くと思う。

ただし人一倍の好奇心はあっても、犯した罪に人間を縛り付けたくないし、罰せよ処せよと騒ぎたくもない。むしろ犯した罪による固定概念からその人を放してあげたくなる。誰の背後にも

生れや育ちの景色があるのだと想像を巡らせたい。

『SADA 戯作・阿部定の生涯』にはそういった思いを強くさせるものがある。物語は虚実入り混じりながらも、十四歳の頃に定が大学生の男に受けたという暴力的な性行為の事実で幕を開ける。

惨めに恐ろしく描かれる血まみれの初体験は、定の細い身体を深く傷つけ、心に痛みを残すが、奇妙な恋心も生み出している。

定が恋した相手は、大学生との屈辱的な性体験の直後に現れた、ハンセン氏病を患う慶応の医学生・岡田だった。

岡田は、定の身体と精神の苦痛をぬぐってやろうとわずかな時間を共有する。

雨の中での別れ際、岡田は鞄にしまっていた医療用ナイフを定に握らせ、自分の心臓をハート型に切り取る真似をして、「ほら、これが僕の心だよ。君のものだ」と優しく差し出す。定は大事なものを受け取るようにして掌をじっと見つめる。

なんと残酷なシーンだろう。岡田とはもう二度と会えないのだ。定が手にしたのは花も実もつかない、決して育つことのない、恋という柔らかな呪いではないか。

いや育たないとは言えない。呪いのようにまとわりつく恋もいつか大きく花開き、実をつけ、幸せに包まれるときがくるのだと、定は信じていたのだろうから。

その後、定が芸者や娼婦、妾などを経て都内の料亭で女中として働き始め、店の主人・喜久本龍蔵と愛人関係となり事件に至ったのは、初めに書いたように史実としても広く知られたことだ。

この物語にはときどき活動写真のような場面展開が挟み込まれる。特に料亭の厨房での喜久本龍蔵の妻・よしと定の立ち回りがいい。妬みや憎しみ、怒り、女の胎の底に溜まったどろどろの澱が飛び散り、ばかばかしいくらい人間が生きている。「事実は虚構よりも奇妙なり」との言葉は阿部定事件にこそぴったりはまるが、「虚構は生生しい事実よりも奇妙、そして滑稽」であることを見せてくれる。

そもそも、よしという女は親分のような男っぽい態度で登場し、容姿も丸顔の定とは真逆のタイプに描かれるのだが、罵倒の文句からして二人の持つ性質は同じだ。

よしが定との殴り合いのあとに見せた恐ろし気な顔には、夫を寝取った女への憎悪が浮かび上がっている。しかし虚脱するまで男を愛しぬけば、あんな恍惚の顔になるのかもしれない。衣服を脱ぎ去り、皮まで剥いてやっと表れる女の本質だ。決して美しくはないが、潔い。

人間がいかに愚かであるか、人は日常の中で度々忘れそうになっている。そしてどれだけの愚か者でも、人を愛していいし、愛されていいということも忘れられている。

育つことのないと思われた定の恋は、岡田から渡され大事にしていた医療用ナイフで龍蔵の男性器を切り取ることで成就する。

十四歳のときの呪いはようやく解かれ、ハート形した「心」を確かな実感をもって手にし、定は自ら救われた。『SADA　戯作・阿部定の生涯』においての定は純愛とはまた違う境地にいる。

定とは何か。どんな女の中にも阿部定はいるのに、大抵の人は気づかないらしい。わたしにはああいう女ではないと言い切る自信がない。

いつかの、無防備な首筋をぼんやり眺めた夜を思い出してみた。辛うじて死なせなかったのはなぜだろう。刃物も紐も家の中のどこかにあって、死と生は細く頼りない線を一本隔てただけで、どのみち人を好きになれば狂うより他ないと半ばあきらめていたのに、わたしはあのとき定にはならなかった。

作品論 30 『風の歌が聴きたい』

電話とひとりごと

中江有里
Nakae Yuri

『ふたり』『あした』の出演を経て、実在のろう者である高島良宏・久美子夫妻の人生を映画化した『風の歌が聴きたい』に出演することになったのは二十二歳の時だった。

すでにテレビでドキュメンタリーがシリーズ制作されており、その人生は本にもまとめられている。

テレビ番組を見たが、内容はこれまでの大林映画とは一線を画している気がした。実はこの企画はプロデューサー大林恭子さんの希望だと聞いて納得した。夫婦で映画を作り続けてきた大林監督が恭子さんたっての願いを叶える――そんな稀有な機会なら何をおいても参加したい。

実際の高島夫妻は明るい人柄で、聴覚障害者に会うことに緊張していた私は拍子抜けした。久美子さんの笑顔は少しだけ我が母に似ていて、親しみと演じる自信をもらえた。

監督は撮影前に二つのことをおっしゃった。

一つ目は「久美子さんと同じスピードの手話で話す」――久美子さんの手話は早い、でも夫の良宏さんはちゃんと理解している。スピーディーかつ伝わる手話を獲得しなくてはならない。

もう一つは「僕の演出はいつもキャスティングで終わるけど、今回は演出するから」

一俳優として言うと、大林監督ほどの演出に長けた監督はいない、と思う。俳優が意図せずとも、いつのまにか監督の思い描いた表現に導かれている。その監督が今回は「演出する」と断言し

た。この言葉をどう解釈すればよいのか、と私は当惑した。

約一ヶ月半の間、ネイティブな手話とご夫婦が興じるトライアスロンの訓練に費やし、クランクインを迎えた。高島夫妻（映画では高森昌宏・奈美子夫妻）が文通を始め、やがて同棲、結婚、出産に至るまでの十三歳から三十六歳までを演じる。これだけ幅広い年代を演じるのは初めてだった。自分よりも年上の妊婦になるため、実際の久美子さんが出産前に髪を切ったのに倣って、バッサリと髪をカットした。

現場には手話指導として高島良宏さんが常にいて、夫の昌宏役の天宮良さんと私の手話を見つめている。これほど心強く手ごわい手話指導者はいない。何しろホンモノなのだから。

一方で私は監督の「演出」が気になっていた。細かな仕草や動きなど指導されることはあるけれど、果たしてこれがそうなのか……。

しかし考えてみれば演出とは演技指導に限らない。映画は隅々まで演出されている。例えばフレーム。手話は手の動きだけでなく、プラス表情で意思を表す。演者の手の動きと顔の動き、つまり上半身がカメラフレームに収まって初めてセリフは伝わる。健聴者には気付きにくいが、これはろう者のリアルにこだわった演出だ。

ところが映画にはウソもある。

就職がうまくいかない奈美子が昌宏に電話をかける場面がそれだ。最初、台本を読んだときはロマンティックな場面だと思った。しかし高島さんは「電話しても聞こえないよ」とあっさり言った。たしかにろう者同士が電話をしても息遣い一つ聞こえない。それを承知で監督はあの場面を撮ったのだ。

まだウソはある。夜間撮影に向けて準備をしていた夕方、助監督から一枚の紙を渡された。監督直筆の差し込み台本だ。見ると今日のセリフが丸々変更されている。

クランクイン前に行われた手話の練習は、台本のセリフを高島さんが手話で表すのを見て、丸覚えするというスタイルだった。短期間に手話を覚えるための苦肉の策だ。それを見た監督は「直前のセリフの変更はしない」とおっしゃっていたのだ。

動揺する私に高島さんは手話でこう言った。

「自分で考えた手話でやってみて」

これまで高島さんがすべてのセリフをひたすら見て体に叩き込んできたのに、いきなり自分で考えるなんて……と思いながらも、ともかくやるしかない。撮影も終盤に入り、日常的に手話を使っていたせいか、案外するするとセリフを手話へと置き換えられた。しかしあるセリフに手が止まった。

「ひとりごと……？」

習ったことのない（ひとりごと）を奈美子ならどう表すだろうか
……素直に表すなら、人差し指で空に（一人）と書いてそれから
……いや、それではここでいう（ひとりごと）じゃない。セリフ全体の

流れと奈美子の視点を鑑みて、思いついた手話をやってみた。

人差し指を胸元に当て、のど元にその指を滑らせ、そのまま口元から口先へ――（言葉が無意識に出てくる）という意味でこしらえた私の即興手話を、高島さんは「ＯＫ」と頷いた。

撮影終了後、高島さんに（ひとりごと）の手話はあれで良かったの？　と聞いた。

「あれもありだと思う……そもそも（ひとりごと）は言わないから」と言った。

心の中で「あっ」と声が出る。

高島さんの世界には電話もひとりごともなかった。でもこのウソは、映画ではマコトになるのだ。

映画『風の歌が聴きたい』は高島夫妻の人生を再現したのではなく、人生を謳歌する一組の夫婦を描いたもので、これは私の見方だが、大林夫妻の生き方に通ずるのだと思う。

そして監督が仕掛けたウソは演出の一部――このウソのおかげで私は奈美子として生きられた。俳優にとって演技は仕事であり、人生における経験でもある。得難い経験を下さった監督に今も感謝している。

『麗猫伝説』

映画の「魔」に誘われし麗人

三留まゆみ
Mitome Mayumi

『麗猫伝説』。なんと麗しいタイトルだろう。ビリー・ワイルダーの『悲愁（Fedora）』（78）の原作が「夢の冠（Crowned Heads）」（トマス・タイロン）という美しいタイトルだったことを思い出す。そう、これはあの麗しくもくるほしい映画にインスパイアされた物語だ（『サンセット大通り』へのオマージュという説もあるが、ワイルダー自身が自作をなぞっているのでそれは大前提である）。映画を、ワイルダーを愛する大林監督と脚本家の桂千穂さんが、あの映画に魅せられたのは間違いない。人気絶頂時に突如引退した伝説の大女優フェードラ。世間とのつながりを断ち、エーゲ海の孤島に暮らす彼女を訪ねたハリウッドの大物プロデューサーのウィリアム・ホールデンは驚く。彼女は数十年前とまったく変わらぬ美貌のままだった……。『麗猫伝説』のヒロイン、竜造寺暁子もまた瀬戸内海の孤島に暮らしていた。海を泳いでやってきたルポライターの立原（峰岸徹！）が盗み撮りしたフィルムに映っていたのは、むかしとまったく変わらぬ美貌の大スターだった。それを知った「瀬戸内キネマ」の重役たちは三十年前に未完の作品（麗しい化け猫映画）を残し、突然引退した彼女をカムバックさせようとする。『悲愁』でホールデンがそうしたように。

暁子の島から五分の距離には「瀬戸内キネマ」を擁する撮影所の島があった。その島で生まれ、その島で育ったというもうひとりのヒロイン、陽子（風吹ジュン）が恋人の良平（柄本明）にいう。「この島は映画に魂を奪われた人間ばっかり。まるでいつまでも覚めない長い夢の中にいるみたい」。彼女は撮影所のスクリプター、彼は駆け

出しの脚本家。撮影所の重役たちは彼に暁子主演の新作の脚本を依頼する。陽子はそこはかとない「不安のようなもの」を感じるが、彼の抜擢をよろこんだ。

そして、良平は島に渡り、最初は大泉滉扮する「ヒトラー」とも呼ばれた伝説の巨匠・水森健之介監督（彼もまた自作を完成させぬまま暁子と共に引退していた）に「死神！」と罵られ、追い返されるも、暁子のもとで「麗しい情熱の化け猫映画」の脚本を書きはじめる。大抜擢には裏があり、暁子のかつての相手役で恋人の譲治にそっくりな彼は、大女優をカムバックさせるための「生き餌」でもあった。『悲愁』でフェードラ（マルト・ケラー）が自ら指名した相手役のマイケル・ヨークに恋をしたように、暁子もまた良平に夢中になる。良平は美しい伝説の大女優に絡みとられて命を削りながら本を書く。なにかが狂いはじめていることに、陽子も、立原も、水森も、気づいていた。いや、水森は最初から予感していたか。

『悲愁』はミステリー仕立ての物語だったが、『麗猫伝説』はホラーである。映画という「魔」が女優を狂わせ、映画というまぼろしが死者をもよみがえらせる。どちらの作品も華やかなりし遠い時代を想い、ゆっくりと朽ちていく映画の今を憂う。ヒルデガルト・クネフ扮する「伯爵夫人」にハリウッドのことを聞かれたホールデンは「今や、あご髭の若造たちの天下です」と答え、『麗猫伝説』では「髭はやして、サングラスかけて、ズームレンズ付のキャメラを持たせりゃ、映画は撮れると思ってる！」の自虐的な台詞をベテラン監督にいわせる。けれども、映画は続く。続けなければいけない。つくりかけた映画は完成させなければいけない。暁子を愛し、崇拝し、守り、見届けた水森監督のように。

大林監督は尊敬する入江たか子をこの映画でカムバックさせた。大泉扮する水森健之介のモデルは、入江を『楊貴妃』で「化け猫女優」と侮辱した溝口健二監督で、その少々うさんくさい風体も含めて彼女への贖罪キャラでもあった。「麗猫」という美しい言葉もこの素晴らしい女優に捧げられている。入江たか子の映画は「化け猫映画」ではなく「麗猫映画」だった。彼女は「麗猫女優」だった。母の若き日を演じた入江若葉がまた麗しく、妖艶で、エンドクレジットでカメラの前で母娘で微笑むショットは奇跡のように美しく、麗しい。まるで映画の伝説そのもの。

そして、風吹ジュン。「映画のものくるほしさ」の中にいて、恋人を信じ、自分を失わなかった愛おしきヒロイン、陽子。捨てられた子猫のような顔をした、だれよりもやさしくて、かなしみを知っているヒロイン。物語の途中で彼女の亡き父が「瀬戸内キネマ」の監督だったことを私たちは知る。いつも首から下げている動かない時計は若くして亡くなった父の形見。映画の島に生まれ、映画の島に育った彼女こそは「映画の娘」だ。これは「映画の娘」たちの物語である。ラストで黒い子猫を拾った陽子が自転車を押して行くその先には「瀬戸内キネマ」の撮影所が見える。そう、そして映画はまた続くのだ。胸で揺れる父の時計はきっと動き出している。

『あの、夏の日 とんでろ じいちゃん』
映画は学校だ

勝野雅奈恵
Katsuno Kanae

私と大林映画との出逢いは、確か、私が十二歳のとき。当時、姉と二人でビデオを借りてきて観た、映画『ふたり』です。姉妹の話とは露知らず、読書感想文を書く為に、映画を観てしまえという、言わば、不純な動機での映画鑑賞。しかし、私達姉妹は、大林ワールドにぐいぐいと惹き込まれ、映画が終わる頃には、二人で抱き合って泣いていたのを、今でも鮮明に憶えています。あの時、私は、勝手に、決心をしたのでした。

「絶対に、この世界に入る！この映画の中に入る！」

当時、私達家族は静岡県、御殿場市の山の麓で田舎暮らしをしていました。人一倍、思い込みの激しい田舎少女だった私は、直ぐ様、両親に女優になります宣言。最初は渋って、首を縦に振らなかった父でしたが、その頃ちょうど、映画『はるかノスタルジィ』で、大林監督とご一緒していたタイミングも合って、監督のオフィスの住所を教えてくれました。一番良く映っていると思う自分の写真を握りしめ、東京の監督のオフィスにお邪魔しました。

「監督の作る世界に入りたいです。女優になりたいんです。」

確か、そう言ったのを記憶しています。

「ふ～ん。そう。」

終始、ニコニコして頷く監督と、恭子夫人。優しいお二人の笑顔を目の前に、美味しいお菓子をたらふく頂いて、日の高いうちに高速バスで田舎へ帰った私でしたが、まさか、それから三年後に、本当に、大林映画『あの、夏の日 とんでろ じいちゃん』の中に入れると

は、誰も思っていなかったでしょう。思い込みの激しい私を除いては・・。

大林宣彦監督率いる撮影隊、「大林組」は、家族のような温かさと、プロフェッショナルである厳しさがバランスよく融合された、偽りの許されないチームです。つまり、嘘をつく事が出来ないというか・・全てが、本気。主な若き出演者は皆、撮影隊が現場に入る時と同時に現場に入り、出番があるか否かは関係なく、撮影隊と現場へ出向き、共演者、スタッフから多くを学び、いざ、撮影が始まる以前から、本物の人間関係を築き上げていくのです。大林映画のファンタジーの中から、ドキュメンタリー映画のようなリアルを感じられるのは、きっと、そこからなのでしょう。

空飛ぶ賢司郎じいちゃんを演じられた小林桂樹さんも、早い時期から撮影現場にいらしたのを記憶しています。大スターであり、大先輩でいらっしゃる方なのに、早くから現場に入られるその姿勢から、多くを学んだのは私だけではないでしょう。始めは、威厳ある、すらっとした佇まいがなんとも優美で、少し近づきがたい印象もありました。しかし、目が合うと、とても優しく微笑んでくださる。その笑みが実に魅力的で、次第に、目が合うのを密かな楽しみにしていた程です。撮影の合間の待ち時間でも、多くを語らず、とても静かな方でしたが、一挙一動の全てが美しく、このジェントルマンが、どのようにして、呆けたおじいちゃんを演じるのだろう・・と目が離せませんでした。そして私は、小林桂樹さんが、実にコミカルで、美しいからこそ、もの悲しい賢司郎おじいちゃんを生み出す過程を目の当たりにしたのでした。孫と過ごす事によって徐々に少年に戻っていく姿はまるで、鎧を一つずつ取り外す武将のようで、爽快感すら感じました。私が小林桂樹さんとご一緒できた時間はしっかりフィルムに焼き付いています。そして、あの小林桂樹さんの微笑みも・・映画の中に、私の心の中に生きています。

「映画は学校だ」

大林監督の言葉です。恥ずかしい事に、当時、正しい箸の持ち方も知らなかった野生児のような私が、美しい箸の持ち方、言葉の使い方を学んだのは、大林映画の撮影現場という学校からでした。そこで学んだ事全てが、自然と私の一部になり、勝野雅奈恵となったのです。それ以来、私は、監督と恭子夫人を、「映画のお父さん、お母さん」とお呼びしています。きっと、大林映画に携わる誰もがお二人をそう呼びたくなるはず。本気で信じる事を教え、決して個性を否定する事無く、見守り、惜しみなく知識を分け与えてくれる。叱る時も、ほめる時も、本気・・。こうして、改めて、二十年もの歳月を越えて、『あの夏の日』の映画を観ていると、当時、確かにそこにあった、映画のお父さん、お母さんの温もりが、そのまま、この作品に映し残されているなぁ・・・って、感じずには居られません。

『あの、夏の日』、十六歳だった私も、令和という新時代を迎える少し前に、妻となり、母となりました。映画のお父さん、お母さんの娘である事には変わりませんが、尾道で形振り構わず半裸でがむしゃらに自転車を漕いでいたあの娘とは、もう違うかもしれません。私の演じたその娘のセリフでこんな言葉がありました。それは、彼女の宝物である死んだ玉虫を由太に渡す、別れのシーンでのこと。「死んじゃったの？」と聞く由太に、

「死んで、想いでになったんよ・・・」

時は過ぎ去るから、愛おしく、大切な宝物になるのですね。確かに過ぎ去った・・・でも、いつだって、『あの、夏の日』に戻れる。想いでは死にも勝る。映画『あの夏の日　とんでろ　じいちゃん』は、終焉を希望に変えてくれるような、力強いメッセージが込められているのです。

『淀川長治物語 神戸篇 サイナラ』
瞳を閉じれば亡き人もそこに

吉田伊知郎
Yoshida Ichiro

幼い頃は、〝もうすぐ明日が来る〟という母の言葉に怯えながら、それでも日曜の夜だけは明日が来る直前までテレビの前にかじりついて「日曜洋画劇場」(テレビ朝日系)を見ていた。淀川長治の〆のフレーズ「サヨナラ サヨナラ サヨナラ」を見るためである。

神戸にほど近い場所で生まれ育った筆者にとって、淀川さんは近しい存在だった。地元新聞に連載された自叙伝では、大正から昭和初期の神戸の様子が生き生きと記されていた。小学生の筆者が、その連載を切り抜いて繰り返し読んでいるのを見た伯母から渡された「淀川長治自伝」(中公文庫)には、華やかな生活と没落、テレビのにこやかな姿からは想像もできなかった淀川さんの複雑な家庭環境が、その時どきに観た映画と共に軽やかな筆致で描かれていた。これは優に映画になり得るストーリーだと思ったが、後から思えば戦前の神戸に舞台を限定するだけでも、まともに作れば『細雪』を超える大作になってしまう。それが淀川さんの没後一周忌に合わせて不意に映像化された時は驚いたが、大林宣彦監督ならそんなことも可能だろうと納得した。

というのも、本作が制作された一九九九年(劇場公開は2000年)は、大林映画の変動期に位置していた。それまで大手映画会社と組んで個人映画と商業映画の幸福な結びつきを実現させてきたが、九十年代後半になるとそうした均衡は崩れ始めた。そこでTV局と組んで、TV版を先行オンエアした後で再編集された劇場版を公開するというローバジェット映画の新たな試みに挑ん

だのが『三毛猫ホームズの推理』『マヌケ先生』などである。同時期の映画『SADA』も、昭和初期が舞台だけに普通に作れば巨額の製作費がかかるところをマットペイントによる合成を大胆に駆使し、鮮やかな映像のコラージュによって作り上げていた。『淀川長治物語』もそうした方法論を用いることで製作可能になったとおぼしい。

もっとも、大林的映像魔術が一九〇〇年代初頭の神戸の街並みこそ合成技術に頼らざるを得ないが、物語の軸となる舞台には重厚なセットが作り込まれている。『はるか、ノスタルジィ』で製作費の半分を美術費に投入することで、通常の映画作りでは考えられない巨大なセットを東宝撮影所に作り上げたように、本作でも日活撮影所に楽士席や畳敷きの二階席まで再現した往年の映画館や、中庭や二階まで緻密に作り込まれた淀川家のセットが映画に豊かな厚みを加えている。そういえば、淀川さんは大林映画のセットに敏感だった。『異人たちとの夏』に登場するすき焼き屋今半のセットや、主人公の両親のアパートが二階になっていることを褒め称えた。そんな淀川さんを主人公にした映画を撮るにあたって豪奢なセットが組まれたのは必然でもあったのだろう。

もうひとつ、淀川さんと大林監督の間には〈音楽〉を介したやり取りがあったことが思い出される。『異人たちとの夏』で、トーキー初期のミュージカル映画『リオ・リタ』の表題曲を発掘したことに驚喜した淀川さんは、大林監督に西條八十作詞の「残り花火」という歌を伝えた。葬儀の席で、「この歌、あなたの映画にそっくりよねえ。この歌が聴こえてくるような映画を作ってね」と淀川さんからの遺言を明かした大林監督は、本作で同曲を使用している。ことほどさように、二人の関係が凝縮されることで映画への純度の高い蒸留水をあふれさせた本作は、『マヌケ先生』で大林宣彦少年を演じた厚木拓郎が淀川少年を演じることで、いっそう淀川長治＝大林宣彦という奇跡的な一体化を印象づける。

ところで、これまでも多くの死者たちを描いてきた大林映画だが、本作でも淀川さんの弟の死をはじめとして、劇中には呆気なく様々な死が到来する。懇意となった神戸の映画館の宣伝部員が後に戦地で病死したことを淀川少年は素っ気なく語った後、こう付け加える。

「でも、サイナラサイナラサイナラ言うと、いつでも目の前にいてくれる。まるで活動写真みたいやな」

この台詞は、かつて淀川さんとの対談で大林監督が「映画というのは目を閉じる世界ですから、映画のなかぐらい幽霊であってもなくてもごく親しい人がそこにいるということがあってもいいんじゃないか、と思うんです」（「キネマ旬報」１９８９年11月上旬号）と語ったことに呼応したものだろうが、実際、劇中には生と死の境界を忘れそうになる瞬間がある。米騒動の余波で、淀川家が総出で近くの寺に逃げ込み、当時十四歳の宮崎あおいが演じる淀川家の長女らが夜の池に入って世間の喧騒を忘れて水浴びする。

月の光が水面を輝かせてこの世のものとも思えぬ幻想的な世界が出現し、寺の池で戯れる女たちはもはや生も死も超越しているかのようだ。

　淀川さんの生前、『日曜洋画劇場』のオープニング映像を大林監督が制作したことがある。そのメイキング（『日曜洋画劇場30周年記念　淀川長治シネマワンダーランド』）を見直してみると、淀川さんは「あと二年ぐらい、やれたらやらせてもらいたい」と語っており、その言葉どおりきっかり二年後に世を去った。しかし、本作のラストシーンで映画館の客席から、スクリーンの中へと旅立った淀川さんの姿には、サヨナラではなく映画の中で永遠に生き続けていく新たな生の始まりを予感させてくれる。

『告別』
デジタル時代の「映画」とは何か

樋口尚文
Higuchi Naofumi

『告別』は、二〇〇一年二月二十四日にBS-i（現、BS-TBS）で〈ハイブリッド・ムービー2001〉と冠したオリジナル作品群のひとつとして放映され、同年七月十四日に劇場公開された。BS-iは、他のBSデジタル局と同様に二〇〇〇年十二月一日に放映を開始したばかりで、まさにこの作品はデジタル放送で何かできるのかというプレゼンテーションであったわけだ。

あいにく本放送を見逃した私は、日本民間放送連盟賞の審査でこの作品に出会ったが、これはこういう局の、こういう制作条件だからこそ可能な小味な掌編で、大変興味深く観た。その意味で本作が作られた意義は大きいと思って問答無用で最優秀賞に推薦したが、意外や「これは映画のベテランスタッフが映画として公開することを目的に作ったものなので、通常の民放ドラマと並べて語るのはいかがなものか」という異議があって、審査員だった河瀬直美監督と私が「スタッフはどうあれ、あくまでこれはテレビドラマというサイズで作られており、デジタル放送に出来ることは何かを問うているものだ」と強く反論して受賞となった記憶がある。確かに審査会の時分には劇場公開もされていて紛らわしい印象を与えたかもしれないが、本作の劇場公開はあくまでオプショナルなものだった。

とはいえ、こうしてデジタルハイビジョンのドラマが何気なくスクリーンに越境していったというのは映画とドラマの（当時から見た）近未来を予見する出来事だった。この時点ではまだ急激なデジタル化の波で、ごく近い将来に全国のすべての映画館がフィルム上映からデジタル上映に変わってしまうことなど、ほとんどの人は真実味をもってとらえていなかったのではないか。

以下は、私が二〇〇一年の審査の直後に「キネマ旬報」に寄稿した『告別』の評である。

大林宣彦監督によるBS-i作品『告別』については、この作品が最優秀賞を獲得した日本民間放送連盟賞の審査で遅ればせながら初見した。こういう試みがBSデジタル放送のソフト制作のマイルストーンとなるのはひじょうに素晴らしいことだ。

赤川次郎の掌篇にインスパイアされて大林監督と石森史郎が脚本家したこの作品は、一見至って地味な作品である。信州は上田に住む中年サラリーマンの小坂（はまり役の峰岸徹）は、会社ではリストラの憂き目にあい、家庭でも妻（清水美砂）と冷え切った日々を送っている。そんな彼が仕事帰りに山道に迷うと、古びた公衆電話がある。そこで受話器をとった小坂には、なんと三十年前の親友の声が聞こえる。

このことをきっかけとして、小坂は三十年前の初恋相手の少女（勝野雅奈恵が好演）をめぐる傷ましい記憶が蘇る。そして、現在に失望する彼は、美しい過去の過ちを修正したいという衝動に駆られるのだが、そうなると、妻と幼さの残る愛娘に囲まれた現在は消えてしまうことになる。甘美な過去への思いと贖罪の念にとりつかれた小坂は、ある選択をする…。

展開のシチュエーションも限定されており、目がくらむような大事件も起こらない。しかし、ここには単なるリリカルなファンタジーではすまされない、ひとの残酷や悲哀への苦いまなざしも含んだ、ちょっとした大人の寓話のたたずまいがある。麗しい過去と乾いた現在との対峙というモチーフは『異人たちとの夏』や『はるか、ノスタルジィ』でも物語のコアをなしていた大林映画におなじみのものだが（『時をかける少女』もその仲間だろう）、本作ではそれがBSデジタル作品という手法のバジェットのカテゴライズにあって、より私小説的なシンプルさと渋さをもって無理なく映像化されており、こうしたメディアと予算の関数をもってしての作品づくりという観点からも、『告別』は今後のBSデジタルの担い手へのヒントを供しているだろう。

『淀川長治物語 神戸篇 サイナラ』に続く稲垣涌三のデジタル・ハイビジョンによる撮影は映画的な厚みあるルックを創ることにも成功しており、それも大林監督による細かいトーン・アンド・マナーの管理が施された結果でもあるのだろうが、デジタル・ハイビジョンでここまでアナログな情緒を出せるというのは心強いことだ。

事ほどさように『告別』という試みは、デジタルであれ何であれ、そのメディアやハードに自らの体温とこだわりを塗りこめる作家がいるか否かに作品の成否がかかっているという自明の真実を再確認させるのであった。

以上が当時の評であるが、今や映画もドラマもデジタルで制作され、くだんの異論にあったような「これは映画のスタッフが撮ったのでドラマではない」というクラシックな分類自体が成立しなくなっている。もはや劇場の大スクリーンで観るのが映画という過去の常識はあやふやになり、ｉＰｈｏｎｅで撮ったテレビ映像がさらりとスクリーンに進出できてしまう一方で、逆に大スクリーン向けに作られた映画をスマホの配信で観るのが常態の観客もいるかもしれない。これはテレビ用のドラマで、これはスクリーン用の映画という峻別がはなはだ難しくなっている。

かつてはたとえばテレビ作品はビデオで撮り、映画作品はフィルムで撮るという大まかな区別もあったが、今の作家はとにかく「デジタル作品」を作っているわけであり、それが映画なのか、ドラマなのか、はたまたＰＶなどの映像作品なのか、その領域づけはひじょうに恣意的なものである。そうなってくると、たとえばその「デジタル作品」を価値あるものにする要諦とは何かという話になるわけだが、それはくだんの評の最後の三行に尽きるのかもしれない。今よりも映画／ドラマという古式ゆかしい分類が成立していた二〇〇一年の『告別』にあっても、大林はそれがフィルムなのかデジタルなのかということには案外こだわりなく、〈私性〉を籠めることにこそ注力していたという気がする。これは大林が生涯を通して映画監督ではなく映画作家となのり続けてきたことにも関わることだが、大林にとって自分が映画をつくる道具は、８㎜であれ16㎜であれ35㎜であれビデオであれハイビジョンであれ、そこに大きなこだわりはないのではないか。なんとなく大林といえば映画黄金期に育てられたフィルム原理主義者のような先入観を抱きがちだが、それにしてはこのフィルムが駆逐されたデジタル時代の嬉々とした創作の活発化はなんだろうか。きっと大林にとって重要なのは、自分内なる掟が措定する「映画なるもの」を、存分に自由に実現させてくれる道具こそが重要なのであって、デジタルだからフィルムだからということは重要ではないのではなかろうか。そしてその精神は、誰もが一様に「デジタル作品」を作らざるを得ないこの時代にあってごくごく貴重な示唆となることだろう。

作品論｜35

『なごり雪』
悲痛なる愛の記憶の途絶

真魚八重子
Mana Yaeko

この映画は主人公の男、梶村祐作（三浦友和）が遺書をしたためている場面から始まる。とはいえ追いつめられた悲壮感に満ちているわけでもなく、特にすべきことがない物憂げな様子という印象だ。そんな曖昧な状態の中で、彼は誰に当てて遺書を書くべきかと、はたと戸惑う。妻のとし子は家を出てしまい、二人は子どもを作りもせず五十歳になってしまった。彼が遺書を残すべき相手がいない事実を前にして途方に暮れていたところ、一本の電話によって不意に大分の臼杵で過ごした青春期に引き戻される。電話は故郷の親友、水田（ベンガル）からで、彼の妻である雪子が事故に遭い意識不明の重体であると告げ、梶村は二十八年振りに故郷の臼杵に帰ることにする。その道すがら、自然と雪子たちと過ごした濃密な青春時代の出来事が記憶に蘇る。

最初は、友人に励まされながら梶村に声をかける中学生の雪子（須藤温子）。水田も交えて彼らは交流を深めていくが、雪子はその後も告白はしないものの、一途に梶村を思い続けていた。しかし梶村はその思いに気づきつつも、雪子を妹のような存在としか思えない。そして梶村は東京の大学へ進学し、次第に故郷へと帰る回数も減っていき、久々の帰郷でも大学で知り合った恋人のとし子（宝生舞）を伴っていた。そして梶村の母の死をきっかけに雪子は失恋を悟り、その後水田と結婚をした。

物語内の現在である二十八年後に再会した梶村と雪子だが、病床の雪子は頭部全体を包帯で巻かれていて意識もない状態だ。

これはちょっと異様な再会の風景である。元々大林監督はイタリアのホラー映画監督、マリオ・バーヴァから名前を取って馬場鞠男という名を使っていたほどだから、監督のホラー好きな資質が思いがけない形で表れて、叙情的な映画にこんな軋みが覗いてしまうのも意外ではないかもしれない。

十代の少女の、秘めた恋心が自然と滲む青春期の情感の豊かさに対し、事故に遭った雪子の即物的な様子は、彼女が恋を諦め大人になるために押し殺した、感情の塊の具現のようでもある。一方、梶村が緑豊かな臼杵で過ごした高校時代から、東京での暮らしの楽しさに目覚めていく青年期を映画は振り返りつつ、現在の大人になった彼はこれといってこの世に未練もない空虚さに支配されている。大人の停滞感に対し、青春時代はなんとめまぐるしい時間であることか。

臼杵で梶村、雪子、水田の三人が過ごす青春期は、大林監督の尾道を舞台にした作品とよく似た瑞々しさに溢れている。特に類似性を感じるのは『時をかける少女』だ。『なごり雪』では梶村と会わずにいた二十八年間を、雪子は子育てなどをしながら生きてきたはずだが、映画はその溝を埋めることなく空白の時間を深々と表す。まるで時間のパラドックスが存在するかのように、観客が目にするのは失恋で心を痛めていた若き雪子の姿から、一気にベッドで無機的に横たわる包帯姿の人物に飛んでしまうのだ。セリフで一生懸命生きた二十八年間を説明されても、とても想像が追い付かないほどその断絶は深い。そんな、少女だけが深い恋心によって時間の進行から取り残されてしまうのは、『時をかける少女』とつながるのではないだろうか。角川映画の名作でありつつ、少しゾッとするようなビターな後味を持つこの作品と、登場人物が青春期から一気に五十歳を迎えてしまう『なごり雪』に漂う虚しさは、同質の気配を感じる。

もうひとりの重要人物である水田も、雪子が梶村への失恋から自殺未遂騒動を起こした出来事について、事実関係を確認することもなく空白のままにしている。過去に触れるのは良くないという配慮にしても、ぽっかりと空いて停止したままのこの時間は異様だ。大人になった梶村と水田はなんとなく、その合間が目覚ましい人生ではなかった気配を察することができるとはいえ、彼らの二十八年間はあまりにぶつりと途切れていて不気味さが漂う。本作では水田と雪子が、東京へ向かう梶村を見送る場面が繰り返し登場するのだが、大分の臼杵の駅舎を出発した電車は蛇行によってその姿がすぐに途切れてしまう。車窓からの眺めや座席も、青春期と五十代になった今ですら変わらない。果たしてこの電車は本当に東京まで続いているのかと疑問に感じるほど、この映画の臼杵は青春期の思い出をとどめたまま途絶している。

東京からやってきたとし子も、異物として目立つ存在だ。雪子の名は、臼杵では珍しい雪にちなんでつけられたものである。それゆえ、彼女は雪を奇跡の兆候のような神聖なものとして捉えているが、とし子が毎年冬はスキー場で過ごすという何気ない発言は、雪子にショックを与える。雪子は人生を一変させる幻の雪を追い求めながら、途絶した臼杵から出ることはかなわないのに。雪子より大人びていて、梶村ともくだけた親密さを持つとし子の象徴として、宝生舞の唐突なヌードシーンも忘れがたい。あの言い知れぬ堂々とした乳房に、我々だけでなく雪子の息をのむ悲しみが詰まっているのだ。

作品論｜36

『理由』

論理の涯ての過剰なる歌

石飛徳樹
Ishitobi Noriki

♪殺人事件が結ぶきずな〜。

エンドタイトルに流れる主題歌は、怨嗟をまとったようなメロディーに乗って、このフレーズだけが延々と繰り返される。この歌があまりに異様で強烈なために、二時間半あまり見てきた物語がすべて吹っ飛びそうになるのだが、宮部みゆきの直木賞小説を原作とした『理由』は、大林宣彦監督のフィルモグラフィーの中でも特筆すべき、異様で強烈な傑作である。

この物語は、東京都江東区の交番に一人の少女が駆け込んでくるところから始まる。そしてこの物語は、荒川区の高層マンションの一室で四人が殺害された事件の真相を探っていくミステリーの体裁を取っている。ただし、ここで解き明かそうとする真相は、単なる犯人の名前や犯行動機にとどまらない。事件にかかわった人間全員の事情、そして事件の背景にある社会の歪みにまで迫ろうとしている。

だから、通常のミステリーの語り口とはまるで異なっている。関係者たちが事件とのかかわりを証言していくという、一種のドキュメンタリー的な手法を取っているのだが、その一人ひとりの証言が極めて微に入り細をうがっているのだ。詳しすぎるために、観客は、いま証言中の人物のことに気を奪われすぎて、真犯人捜しをしばしば忘れそうになる。

登場人物は全部で百七人に上るという。もちろん描き方に軽重があるとはいえ、この「理由」という作品に、主役は存在しない。

写真提供：WOWOW

犯人も被害者も刑事も主役ではない。いや、別の言い方をするならば、登場する全員が主役なのだ。

現実の社会には、目立つ人間もいれば、目立たない人間もいる。しかし、それは主役や脇役ではない。目立たない人間だって、視点を変えれば、りっぱな主役である。

この映画が特異なのは、視点となる人物がいないことから来ている。登場人物の多くがカメラの手前にいるテレビクルーに向かって証言するという体裁を取る。場合によってはカメラとクルーまでが映り込む。新しい人物が登場するたびに、視点がその人物に移り、彼(彼女)が主役になる。

この手法によって、事件の全体像を捉えることが可能になるし、人間が資本の奴隷と化している現代社会の全体像までもが、うっすらと見えてくる。それにしても、こんな手法で一つの物語を語るのは、とりわけエンターテインメントを語るのは、難航を極めたに相違ない。大林監督の冒険精神は年齢を重ねても一向に衰えない。それどころか年齢を重ねるにつれて冒険精神が増している。

ところで、このドキュメンタリー的な手法は、映画のオリジナルではない。原作そのままである。文字の手法を映像の手法へと移し替えたのが成果である。また、リアリズムをフィクショナルに加工して昇華させるのが大林映画の特徴だとすると、『理由』は大林監督らしからぬ異端の作品だということも可能だろう。

ただし、この映画にも大林映画の刻印が随所に見られることも確かである。

まずは、主要人物のキャスティング。これは一目瞭然だろう。百七人全員ではないけれど、大林組の俳優たちが、少ない出番ながら大挙して出演している。

『HOUSE』の南田洋子を筆頭に、デビューが『あの、夏の日とんでろ じいちゃん』だった宮崎あおい、さらには岸部一徳、入江若葉、峰岸徹といった常連たち……名前を挙げていると、紙幅を使い果たすからこの辺にしておくが、キャスティングだけを見て、監督名を答えるクイズがあれば、映画ファンなら容易に正解するはずだ。

大林映画の魅力は、舞台となる土地の空気がその源泉になっているのは論を待たない。大林映画の代名詞ともなっている尾道から、近年の長岡や唐津まで、大林映画を見ると、その場所に行ってみたくなる。『理由』もまた荒川区や江東区といった東京東部地区の空気感が、この物語を象徴的に表している。

殺人の現場となった荒川区に関しては、映画の冒頭に、土地の歴史が古代に遡って詳しく説明される。そこまで荒川の歴史を知っておく必要があるだろうか、と思えるほどにスーパーで饒舌に語られる。そしてこの饒舌さこそが大林映画を他の監督の作品と一線を画する最大の特徴であり、面白さである。

『理由』においても、映像はもちろんのこと、ナレーションやスーパーを駆使して、様々な情報が饒舌に語られる。それは時に、わびさびを是とし、以心伝心を好む日本人の美意識とは合わないこともある。しかし、大林映画の饒舌さは、そんじょそこらの生半可なものではない。彼の饒舌は、論理的な説明の範疇を超え、芸術の域に達している。

大林映画には、観客に伝えたいことが常にあふれ出している。それが究極にまで高まったのがエンディングの「殺人事件が結ぶきずな〜」という過剰な歌だったに違いない。

『転校生 さよなら あなた』
リミッター完全解除の転換点

森直人 Mori Naoto

まずは正直に告白したい。この破格のフィルムを初めて観た時、ひたすら面食らい、呆気に取られ、異形と言うしかない映画の全貌をまともに受け止めきれなかったことを。

筆者（1971年生まれ）はちょうど思春期真っ盛りで『転校生』（82）にぶち当たった世代である。今のローティーンが『君の名は。』（16／監督：新海誠）の瀧と三葉の男女入れ替わりにドキドキして身悶えするように、おれが一美で、あいつが一夫で――のドタバタ珍騒動は、自分の未分化な性的妄想に輪郭を与えてくれた特別枠のヰタ・セクスアリスだった。ジェンダーなんて難しい言葉を知らない頃、江口寿史の漫画『ストップ!!ひばりくん！』と並んで、性の概念を軽やかに拡張してくれた一本でもある。また当時はラブコメ・ブームであり、その同時代カルチャーの波の中、『転校生』の自由闊達かつ起承転結のきっちりしたウェルメイドな話法は、まだ映画を観慣れていなかった筆者にも、例えばあだち充などの少年漫画と同じ感覚でわかりやすく受容できたのだ。

ところが、である。二十五年ぶりのリメイクと銘打たれた『転校生――さよなら あなた――』には、そういった収まりの良さがない。なんせいきなりキャメラが、構図が斜めに激しく傾いている。尾道から信州へと移動する電車が、まるで誰かが車体の片っぽか線路を持ち上げているような角度で映り、乗客たちの高速のダイア

©2007「転校生」製作委員会

ローグ、饒舌な言葉の奔流と共に走る。そんなジェットコースターのごとき性急な速度感が、映画の怒濤のパワーとなってぐいぐい突き進んでいく。

ヒロイン一美役の蓮佛美沙子は撮影当時十五歳の（ほぼ）新人。一夫役の森田直幸は蓮佛と同い年ながら、『酒井家のしあわせ』（06）——大林組のスタッフ出身である呉美保監督のデビュー作だ——で堂々主演を張った子役出身の実力派。若いふたりが大冒険を繰り広げるのは、シネマの胎内に広がる混沌とした非現実の日常世界だ。古風な文学青年然とした背の高い男子中学生（厚木拓郎）から、キェルケゴールの哲学書『死に至る病』を差し出され、蕎麦屋を営む斉藤家の娘・一美の肉体になった一夫はレトロな和服姿で、携帯電話を使いEメールを打つ。縦の時間や記憶が圧縮され、リアルもファンタジーもごちゃ混ぜの、甘酸っぱい青春のエッセンスがぎゅうぎゅうの密度で詰まった迷宮のような光景。

もちろん現実のコードのみならず、作品の折り目正しさをも食い破る過剰さは、大林宣彦という作家の特質として過去作にもしばしば立ち現れてきた。例えば『はるか、ノスタルジィ』（92）のフレームから溢れ出るような抒情の凶暴性。語りの流動性で言えば『理由』（04）だって相当な怪作だ。しかし『転校生——さよならあなた——』の場合、その「過剰さ」こそが映画のメインエンジン、個人の想念を混えた生命力として前面／全面化している。筆者はその破れ目が転倒したような作品の在り方に最初戸惑ったわけだが、しかし二度、三度と観返すにつれ、固有の熱量の純度の高さ、オンリーワンの映画の快楽に深々と魅せられるようになった。

そして次作『その日のまえに』（08）以降の流れから逆算すると、これは大林宣彦フィルモグラフィーの重要な、もしかすると最後の決定的な転換点ではないかと考える。つまり表現の忖度を一切取っ払った——リミッターを完全解除した作品なのだと。

この映画の蓮佛美沙子は掛け値なしに最高だ。日本、いや世界的に頂上レベルの強豪ひしめく大林映画の歴代ヒロインの中でも、ベストに挙げる人は結構多いのではないか。

彼女が男子の魂を得るのは、オリジナルの神社の階段落ちではなく、より神話的装置な水の中。しばらく柄杓を肩に抱え、純白の下着に男子物（一夫用）のパーカーとキャップを着用しただけの生脚丸出しの姿で自転車に乗る。あっけらかんと健康的ながら、見ちゃいけないヤバさや危うさも確実に含むエロス。もはや「青春の化身」と言っていいかもしれない。

前半は元気いっぱい。劇中の台詞を借りると「桃色遊戯」のスラップスティック的なエネルギーに圧倒されるように、周りの大人たち——古手川祐子や石田ひかりや犬塚弘が失神する。だが生理を経て、『さよならの歌』——シンガーソングライターの寺尾紗穂による書き下ろしの名曲が美麗に挿入されると、トーンチェンジが起こる。一美の肉体は「死に至る病」に侵されて入院。やがて一夫といっしょに車椅子で外に出るが、気の滅入る陰鬱さは皆無。むしろ新しい世界を旅するためのギアを入れたように、エモーションは無限大に向けて膨れ上がっていく。

性別だけでなく、生と死とすらも！　おれがあいつで、あいつがおれで——このふたりでひとりの物語は、あらゆる境界、区別を超えていく。ちなみに一美と一夫が入れ替わった肉体の状態で初めてのセックスに及ぼうとするが、思い止まるシーンがある。唯一「超えない」ことを意識した瞬間。しかし性と性、自分と他者が混じり合うことの根源にタッチしているこの映画自体が、セックスと同質の感覚で充満しているように思う。

これだけぶっ飛んだ達成だから、当然、既成の映画のカテゴリーをも超えている。商業映画かつ自主映画。みんなの映画であり、どこまでも個人的な私の映画。〝ＡＭＯＶＩＥ〟の作り手である当時六十九歳のこの監督は、いよいよ映画の怪物になった。本当に凄い大林宣彦の始まりだ。

『22才の別れ Lycoris 葉見ず花見ず物語』

大林流変愛歌謡映画の総決算

高鳥 都
Takatori Miyako

奇妙なタイトルだ。伊勢正三の曲をモチーフにした大分ロケ映画の第二弾、「22才の別れ」だけでなく「Lycoris 葉見ず花見ず物語」がついてくる。『なごり雪』（02年）の臼杵に加えて隣の津久見、そして福岡と二つの土地を舞台にしているが前作と製作母体は異なる。ダイアックスを立ち上げて芸能界に進出した事業家・鈴木政徳が鈴木聖奈に中村美玲というふたりの新人女優を売り出すため大林宣彦に映画企画を相談、葉見ず花見ず＝彼岸花をめぐるラブストーリーに伊勢正三＋大分ふたたび――ふたつの企画をドッキングして生み出された。この強引さもまた大林ムービー、出だしから奇天烈きわまりない。

怪奇映画じみた病院で無精子症と診断された商社マン・川野（筧利夫）は、異様に薄暗いコンビニのレジで「22才の別れ」を口ずさむ花鈴（鈴木聖奈）と出会う。花鈴は誕生日（であり母の命日）にマンション前の広場でローソクを立て川野を待ち伏せ、援助交際を持ちかける。ところが、花鈴はかつての川野の恋人――知らないところに嫁いでいった葉子（中村美玲）の娘であった。さらには、ただいま川野と交際中の有美（清水美砂）がふたりを目撃し……。

「なんだかヤバい思うてさ」。焼鳥屋のおやじ・長門裕之のセリフが象徴するように、やさしさゆえのヤバさ抱えた男女ばかり。過去と現在を行き来し、「22才の別れ」が流れまくるなか母娘二代にわたる〝セックスのない同棲〟の病みから闇にセンチメントがあふれ、ほぼ全編ゆるやかに傾いだ構図と滑るようなカメラワークは津久見にいたるや山肌や工場と一緒に心地よい広がりを見せつける。ひとつ描写をすっとばして進むテンポには、『なごり雪』のごときミステリが忍びこむ。彼岸花の咲きほこるデートスポットは大林流世代論めいた会話とともに折々不穏であり、カネに詰まってエンコー持ちかけるわりに〝性〟を封じたようなヒロイン（ダボパンにニットのメガネっ子）は、同時期の著書『なぜ若者は老人に席を譲らなくなったのか』と併せたい。変愛歌謡映画としての総決算――あざやかな不意打ちも抜群の効果をあげている。二十一世紀の大林ムービーとしては、いささか影が薄いが、静かな狂気に満ちた一本である。

大林宣彦と一緒に脚本を手がけたのは監督補佐の南柱根。現場を切り盛りしながら『三毛猫ホームズの黄昏ホテル』（98年）や『なごり雪』を共作してきた大林組のキーマンであり、本作の主人公と同じく当時四十四歳――みずからの世代を大林にぶつけた。二〇一四年に宮崎ロケの『空と海のあいだ』で監督デビュー、介護福祉専門学校の青春を瑞々しく描いている。

助監督経験なしで劇映画に進出した先駆者たる大林宣彦だが、自作においては助監督をシナリオに起用する伝統があった。まず『ＨＯＵＳＥ　ハウス』（77年）のセカンドをきっかけに大林組の要となった小倉洋二。東京映画出身、すでに勝プロの時代劇や刑事ドラマで脚本の実積があった小倉は『天国にいちばん近い島』（84年）の潤色からホン作りに携わり、『野ゆき山ゆき海べゆき』（86年）では協力監督を任される。一九八八年、黒沢ひろみ主演のエロティックＳＦコメディ『ＬＥＭＩ　レミ』で監督デビュー。限りなく本名に近い〝小倉洋〟をクレジットに使用し、濡れ場を増やした成人版『魔性の堕天使レミ』も公開されるというあやしげなアイドル映画であった。その後も『あした』（94年）などで監督補を務めた小倉は二〇一三年に死去。享年七十一。

尾道三部作をはじめ八十年代の大林組を支えた内藤忠司は、持ち前のコメディセンスで『四月の魚』（86年）や『さびしんぼう』（85年）などの共同脚本を担当し、ピンク映画『悶絶‼処女の泉』（88年）で一本立ち。九十年代にはビデオシネマを撮る一方、大林宣彦の青春時代を描いたドラマ『マヌケ先生』（98年）を演出、のちに劇場公開された。ピンク映画の脚本家・俳優としても活動しており、『転校生　さよならあなた』（07年）で大林組のシナリオに復帰した。また、大林も内藤作品にいくつか登場。『金なら返せん！』（94年）では大森嘉之の父親役として怪演を見せている。

助監督見習いからスクリプターとなった呉美保は自作シナリオをもとに故郷の三重で『酒井家のしあわせ』（06年）を撮り、映画監督の道を歩みはじまる。『この空の花　長岡花火物語』（12年）の監督補佐として大林組に戻ってきた竹下昌男は、同作のロケ地・新潟で監督第二作『ミッドナイト・バス』（17年）を送り出し、『花筐／ＨＡＮＡＧＡＴＡＭＩ』（17年）の監督補佐・松本動はドキュメンタリードラマを撮りながらコンスタントに自主映画を発表している。自主映画出身者に目を向けると、公私ともに少女への愛着を見せた今関あきよしは大林宣彦総指揮による『アイコ十六歳』（83年）で劇場デビューし、大林組においてはB班撮影やメイキングほか多彩なポジションで参加。小中和哉は『青春デンデケデケデケ』（92年）のセカンドユニット監督を務めている。

場があれば、人は育つ。花は咲く。全国各地で映画を撮りつづける大林宣彦は、奇しくも〝撮影所システム崩壊後の撮影所〟として機能したかのようだ。いっぽう『22才の別れ』を製作したダイアックスは文化事業から撤退——。尾道に続いて期待が寄せられた「大分三部作」の完結編は、まだ存在しない。

作品論｜39

『その日のまえに』

過激なる円熟へ

森 直人　Mori Naoto

まさかの脱皮。『HOUSE ハウス』(77)から数えてもキャリア三十年、『EMOTION 伝説の午後 いつか見たドラキュラ』(67)からなら四十年。これは最終進化形か、それとも剥き出しの全貌か——。ともあれ映画の怪物が本格的に解き放たれた。

前作『転校生 さよなら あなた』(07)でべりべりと殻をやぶり、姿を現した「ハードコア大林宣彦」が、自らの内に蠢く特濃の映画作家の業を従えてやってくる。少々大胆な言い方をすれば、何度目かの習作の匂いを漂わせる瑞々しい前作に対し、今回は新しいハンドルの使いこなし方を心得たセカンドアルバム。筆者的には大林フィルモグラフィー全作の中でも格別の棚に置きたい何本かの一本である。

冒頭シーンは静謐だ。マンションの一室の窓から見た、空高くのびていくひこうき雲のショットが映し出される。

だがまもなく、あまりにも唐突に、台風で荒れ狂う夜の海辺へと場面が移行。「かもめハウス」との看板がある小屋に設置されたスピーカーから、ピンクレディーの「UFO」がけたたましく鳴る。一九七七年末にリリースされた大ヒット曲だから回想シーンのようだが、ここに登場する少年たちやオババがいったい誰なのかもまだわからない。

続いて現在にワープ。主人公である四十代夫婦、健大(南原清隆)、とし子(永作博美)の商店街デートが始まる。ここはふたりが新婚の頃に二年間だけ過ごした懐かしい町だ。実はとし子は余

©2008「その日のまえに」製作委員会

命わずかと宣告された身。彼女は同じく死期が近い者としてセンサーが反応したのか、電車の中で向かい側の席に座っていた男（筧利夫）の存在が気になる。

想い出の中の情景を辿る旅。若々しく明るいカップルの健大＆とし子は終始しゃべりっぱなしで、音楽的な会話と足取りはまるでミュージカルのよう。その散歩の過程で様々な人たちに出遭う。電車の中で見かけた男にも「かもめハウス」にいた少年にも、喫茶店「朝日のあたる家」ではかつての自分たちのような夢追い途中の恋人たちにも、そして十八年前のふたり自身にも……。

重松清の原作小説を読んでから映画を観た人は、めくるめく圧巻の展開に驚かずにはいられないだろう。とはいえ内容のベースは同じである。とし子の死（＝その日）に向き合う夫の物語をメインプロットに、計七編の短編連作である原作を鮮やかに長編へと再構成している。脚本は市川森一。

だが語りがまったくオリジナルなのだ。巨大に純粋培養された固有のイマジネーションが原作小説をシネマの魂で乗っ取り、時に狂騒的に、あるいはシンフォニックに、生と死の祝祭を全力で奏でていく。むろん独自のパーツも加えられる。憂いを帯びたセロ弾きのゴーシュならぬ「くらむぼん」（原田夏希）が遊歩道で歌う、宮澤賢治、の詩にメロディーをつけた「永訣の朝　抄」。この楽曲を人気バンドのクラムボンが手掛けている。前作『転校生――さよなら　あなた――』の寺尾紗穂といい、優れた音楽を映画の肉体に溶け込ませる鋭敏なセンスもまた素晴らしい。

永遠に向けてポッポーポッポーと蒸気を吐き出して進むような大林宣彦の運転は、現実と幻想、現在と過去ばかりか、生と死の境界まで超えていく。『転校生　さよならあなた』がジェットコースターだとすると、『その日のまえに』は銀河鉄道を走っていく列車のスケール感。もしくは走馬灯のテーマパークといった趣もある世界の中で、死の観念を背負って彷徨う永作博美は、『時をかける少女』（83）の原田知世や『はるか、ノスタルジィ』（92）の石田ひかりと同じく、時空間を自在に旅するヒロインとして息づく。育ち盛りの息子を育てる二児の母という設定で、これほどの可憐さは映画史上でも稀だろう。夫の頬にキスマークをつける永作博美の笑顔に参らない者なんているのだろうか？

市川森一の脚本という点から考えると、生と死を超えるモチーフなど『異人たちとの夏』（88）に近いお話とも言えるが、あの大人っぽいウェルメイドな仕上がりと比較した時、『その日のまえに』がどれだけイノセンスのきらめきと初期衝動の爆発に忠実か、よくわかると思う。

ちなみに筆者が本作の公開当時、似ているな、と感じていたのは『千と千尋の神隠し』（01）や『崖の上のポニョ』（08）の宮崎駿だ。起承転結は解体され、洪水のように映画が流動化。それでも決してエモーションの強度はゆるまない。この過激な円熟の正体は何かと言うと、百戦錬磨のテクニックを身につけたまま、ピュアな映画小僧のスタートラインに戻ったということではないか。

言わば再デビューの『転校生 さよなら あなた』から、「過剰さ」が一気にこなれてきた『その日のまえに』へ。本作の生者が死者たちを迎えるクライマックスの花火は、東日本大震災の直後に発表された巨編『この空の花 長岡花火物語』(12)へとつながり、アヴァンギャルドの大気圏の向こう側のような、超広域の空間に包まれる前人未到の高度へと突き抜ける。

この三作で確認できるのは、巨匠と呼ばれるベテランの驚異的なホップ、ステップ、ジャンプ。しかし神々しい高みに達した大林宣彦は遠い目で見上げるばかりで、筆者のような凡人には手強すぎるとの思いもある。『その日のまえに』はもっと身近な、近所で奇跡が起きているような気にさせる。神的な領域に突入するまえの傑作であり、こよなく愛さずにはいられない。

作品論 40

『この空の花 長岡花火物語』
花火と映画は暗闇で物語る

髙橋栄樹 Takahashi Eiki

かつて全国の映画少年少女たちを8㎜フィルムの自主映画制作へと誘った、自身も8㎜・16㎜のインディペンデント作家であった大林宣彦監督の、初のデジタル撮影・仕上げ作品『この空の花 長岡花火物語』を、私は些か一般的ではない環境で初めて観ることとなった。映画作品を評する場で個人体験談から始まってしまう不躾をどうかお許しいただきたい。映画とは観客個人の心情が暗闇に映し出される映像装置である、という監督の映画論（後述する）に大いに依拠させていただき、先に進みたいと思う。

二〇一二年初夏、デビューしたてのアイドル「乃木坂46」のメンバー生田絵梨花さんと共に、大林宣彦監督の生まれ育った尾道を訪れる機会をいただいた。これからのアイドルを紹介するショート・ムービー制作のテーマとして「旅」が選ばれ、「生田さんと何処に行きたいですか?」とプロデューサーに問われ、ささやかながら映像ディレクターを自称する私は、正直そのときは漠然とだが「尾道」を選んだ。アイドルと尾道、といえば自ずと、ある一人の崇高な映画監督の名前が脳裏に浮かぶのだが、あえてそれは意識に昇らせず撮影当日の尾道の様子を調べていたところ、その町にたったひとつある映画館「シネマ尾道」で、大林監督の新作『この空の花 長岡花火物語』が、尾道で初公開であることを知ってしまった。早速、プロデューサーを介して大林監督の事務所とシネマ尾道にご連絡させていただき、乃木坂の生田さんが同映画館で、大林監督の新作を観ることと、その様子をご来館いただいた他の

お客様のお邪魔にならない範囲で、撮影する許可をいただくことに成功した。

その時の私の目論見はこうだ。かつて多くの女優やアイドルが駆け巡った尾道の町を、今また新たなアイドルが訪れる。この町の映画の伝統を知った生田絵梨花は、その起源となるアイドル映画の祖師・大林宣彦監督の最新作を彼の生まれ故郷で観る僥倖に恵まれながら、尾道と映画の印象をインタビューで答える。…今から思えばなんと凡庸な私の目論見であっただろう。尾道をめぐる生田さんの旅の撮影自体は、本当にうまくいった。数々の大林映画の名所を初めて探索するアイドルの姿は美しい。途中雨に降られながらも、それすらも撮影中の恩寵として受け止め首尾よくロケは終了する。残すは大林監督の新作映画の鑑賞となった。ここまでくるともはや仕事の大半は終わったようなもので楽勝である。私たちは、カメラを生田さんに向けながら、心地よく尾道の映画館の座席に身を沈め『この空の花』を鑑賞し始めた。

…すでにこの映画をご覧になった方には、もはや説明の向きもいらないだろう。未見の方でもこの本を手に取るような映画愛好家の方であれば、『この空の花』がどういう映画かはもうお分りかと思う。上映時間二時間四十分。新潟県長岡市を舞台にした所謂「ご当地映画」はその範疇を超え、いやその範疇を過剰なまでに忠実なまでに守りながら、戊辰戦争から第二次大戦、原爆と花火、生者と死者などのあわいを饒舌に描いていく。おそらくこの映画を初めてみた観客の大勢と同じように、私たちもその過剰を鑑賞後に整理しきれず、ある種の眩暈とともに劇場を後にするしかなかった。その足で尾道の映画記念館へ赴き、生田さんにインタビューを行ったが、何しろ『この空の花』鑑賞直後である。今観た映画の感想を述べることもお互いできず、しばしの沈黙の後、私の「あの、戦争ってどう思いますか？」という愚直な質問に、背筋を伸ばした生田さんの「率直に申し上げて、今、なんと答えていいか判らないです」と、素直に答えられた姿が凜々しかった。結局、ショートムービーではそのインタビューは使うことができず（質問者がうろたえているから当然だ）、映画を観る生田さんの表情によってショートムービーは〆られることとなった。しかし大林監督と同様、折り目正しくかつ叙情性に溢れたピアニストとしての才能を持つ彼女の表情は、凡庸なインタビューよりもはるかに饒舌に大林映画について、すでに語っていたのである。

映画館の闇の中で、スクリーンの中の花火の明滅に合わせて浮かび上がり、花火の色彩が淡く映し出される生田さんの『この空の花』を見つめる顔。その顔を撮影しながら、私の脳裏には大林監督のある言葉の一節が思い浮かばれた。

「——ご存知でしょうか？　映画の投影装置は一秒間に24コマの映像を素早く次々と切り替えてスクリーンに映し出すために、フィルムと映写レンズの間にシャッターというものがあって、一秒間に24回、スクリーンを闇にしているのです。つまり映画は「行間」のある映像装置。私たち映画人は、その暗闇にこそ自らの想いを映し出したい、と切に願っているのです。……」(『4／9秒の言葉　4／9秒の暗闇＋5／9秒の映像―映画　大林宣彦』創拓社刊)

あまたある大林監督自身の映画に対する語りの中でも、ひときわ有名なこの映画に対する言説は、最も大林映画の本質をあらわした言葉と言えるだろう。映像論を語る際にあえて、映写されたその映像ではなく、その映像を構成するフィルムの一コマが送り出されたあとの残像を映し出すスクリーンの「闇」に着目し、この闇にこそ、鑑賞者の心像が映し出されているという、従来の映像論からすればコペルニクス的転回とも言える映像論はしかし、大林監督自身のロマン主義的心情を明確に表しているともいえる。

監督は、この「暗闇の論理」＝映画の原理を、長岡の花火にも見い出したのだと思う。「この花火こそ、私の考える映画がそのものだ」と思えた瞬間に、映画『この空の花　長岡花火物語』は生まれ、そして監督の頭の中ではほぼ完成していたのではないだろうか。

すなわち花火において夜空に打ち上げられ炸裂する瞬間は、まさに映像が映写機から投射されスクリーンに拡張され映し出される瞬間であり、その花火が(本作に登場する花火師が何度も語る「ゆっくり、しんなり」の時間の中で)夜空に消えていく様は、投射された一コマが次に繰り出される映写機の闇の中に、観客の残像となって消えていく様に等しく、映画の物理的起源であるフィルムの表面(エマルジョン)に対応する花火のそれは、本作の中で断面図として描かれる花火の火薬の仕込みに他ならない。それは原子爆弾の内部構造とも対比され、我々が夢見る花火も映画も、遣い方を間違えれば容易に危険な産物(想像力を破壊する何か)に変貌することを警告している。

そして、フィルムのエマルジョン上に結ばれる映画の一コマに対応する花火のそれとは、花火師たちによって花火玉の球体の表面に貼り付けてられている新聞紙の記事と写真が相当するのだろう。この新聞紙に巻かれた(この映画の主人公の職業が新聞記者だる由来もここからきている)長岡の想いが打ち上げられ、長岡の夜空に「花」として散った時に、長岡の歴史と想いが交錯して、あたかも映画のように闇の中に浮かび上がる。『この空の花』はその交錯そのものを描いた映画なのだ。もし大林監督が投射された映像を説話的に端的に語る(つなぐ)、グリフィス型モンタージュの映画作家であったなら(もちろん『転校生』をはじめ、優れた説話映画も大林映画として存在する)、『この空の花』は、ここまで乱調の美を極めた傑作(つまり真の傑作)となることはなかったかもしれない。しかし大林監督は、時間と時代を説話的に語ることを避け(というか放棄し)、監督自身の意識の流れに沿って長岡の土地と歴史を縦横無尽に横断し、語りつくしていく。長岡の花火を見ながら、監督の瞼の裏の闇の空間には、次々と繰り出される花火の残像が幾重にも重なり、同時に長岡の歴史も残像に残像を重ねながら脳裏を巡っていったのかもしれない。

この語りは後に、監督自身によって「シネマ・ゲルニカ」と呼称されるようになるのだが、一九三七年スペインの同市を襲った無差別爆撃を乱調の美で描いた絵画「ゲルニカ」は、その後、アラン・レネの短編映画のモチーフとして使用されることとなる。作者ピカソの絵画だけを断片的に撮影してゲルニカの爆撃を再構成したその映画から出発したレネは、次に『夜と霧』でアウシュビッツをテーマとし、初の長編作品『二十四時間の情事』では、ヒロシマの原爆を描くに至る。「君はヒロシマで何も見なかった」「私はすべてを見た。すべてを」と反復されつつ意識の流れのように綴られていくレネの映画の語りと絵画、戦争との関係は、『この空の花』語りにかなり近しく私には感じられた。

もっともそのような考えに至ったのは、あの尾道での初見で呆然自失となってから何度も本作を観てから(その中毒性には目を見張るものがある)ようやくのことである。その間にアイドル生田絵梨花は『レ・ミゼラブル』をはじめとした数々のミュージカルの舞台に出演し、帝国劇場の若きスターとなった。時折思う。帝劇の舞台に立つ彼女が浴びる照明の眩しさや観客席の暗闇の中に、彼女自身の心像は見えているのだろうか。あの時訪れた尾道の景色や映画館の闇を間団なく明滅させた花火の記憶が、巡ることはあるのだろうか。私はといえば、尾道の撮影から一年後『この空の花～』の続編的ニュアンスを持つ、AKB48のニューシングル『So long!』のミュージックビデオの撮影のため、多数あるキャメラマンの一人として長岡を訪れていた。監督はいうまでもなく大林宣彦氏その人である。映画にも出てくる、水道塔カフェの近くの河原で撮影中、休憩時間に河原を歩く私を怒鳴りつける声が聞こえた。振り返ると大林監督が何やら撮影中のキャメラの横で、こちらを見て私を怒鳴りつけている。距離にして二百メートルはあるだろうか。その姿は『この空の花～』の花火師・柄本明氏扮する野瀬清治郎が、シベリア抑留で亡くなった戦友とともに、長岡花火を打ち上げんと号令を轟かせる姿に驚くほど似ていた。礼節を尊ぶ大林組の現場において、キャメラのレンズ前を「失礼します」の挨拶なしに通過することは許されない不遜な行為なのである。私は大林監督に叱られたのだった。そうは言ってもキャメラは遠く離れて上を向いているじゃないか、と苦笑いしながら、些か上空、大林監督が見上げるキャメラのレンズの先を振り返ると、そこには通過する一筋の飛行機雲が映し出されていた。一文字の白い軌跡を描きながら少しずつ消えていく聖なる飛行機雲は、同じ長岡の夜空に打ち上がった花火の軌跡をポジとするならば、あたかもネガのように反転し白く光って、ゆっくりとしんなりと青空に溶けていく。私は不用意にも、その軌跡とキャメラの前に立ち入ってしまったのだった。猛省しかない。その軌跡が『So long!』の中で決定的な瞬間を彩っていたのは、もはや言うまでもないだろう。

作品論 ― 41

『野のななのか』
古里映画を旅する

今関あきよし
Imazeki Akiyoshi

「野のななのか」。二〇一四年の三月二日、ゆうばり国際ファンタスティック映画祭で初めて観た。

僕は特別な想いで泣いた。『転校生』の初号を東洋現像所の試写室で初めて見た時以来の涙だった。試写室を出る時に涙しながら小走りで出て行ったことを思い出す。『ＨＯＵＳＥ』からのやんちゃな大林映画時代が終わってしまうのではないか、大林ファンがこの映画を機にどっと増える予感。それが嫌だった。本当は『転校生』みたいな映画を作れることはファンなら知っていた。だからやんちゃな大林映画を安心して楽しめた。自分だけの大林映画は「みんなの」大林映画になる悲しさだった。

芦別で有名なあの「どりこの饅頭」を食べながら今この文章を書いている。先日まで北海道の芦別に行っていた。『野のななのか』のことを書くにしても、大先輩の映画の評論なんて書けやしないので、芦別ロケ地巡りしながらこの映画への想いを綴ってみようと考えた。「どりこの饅頭」はひよ子饅頭のような味だけど、もう少ししっとりもっちりしたお味。

カメラマンによって大林映画は映画の空気感が大きく変化する。この『野のななのか』は個人映画時代の長野重一さん、劇場映画デビュー作からの阪本善尚さん、さらに『金田一耕助の冒険』での木村大作さんなど、ベテランだったり長く組んできたカメラマ

©2014 芦別映画製作委員会／PSC

ンではなく、若手のカメラマン三本木久城が撮影から照明、さらに編集、合成まで行っている。前作の『この空の花 長岡花火物語』は、加藤雄大さんがメインで、三本木はサブの位置で映画に貢献しつつ、仕上げの編集合成は直に監督と長い時間編集室にこもりデジタル大林映画のスタートに関わっている。

カメラマン三本木とは大林映画で組む遥か前からの友人であり、僕の映画やTVの撮影担当も数多くやってくれてるので、芦別に行く前に軽く電話で話した。ロケ地って残ってるの?もう六年前か撮影。てか、三本木は実景撮りでその一年前から何度も行ったり来たりしてたよな、などと話しつつ、どうやって東京から行くのがいいか検索。LCC便で片道七千円、宿は撮影当時にスタッフが寝泊まりしてた芦別駅近くのビジネスホテル「栗林」は閉館してしまってたので、街から少し離れた温泉宿にしたら偶然大林監督らの泊まってた芦別温泉スターライトホテルだった。千歳空港からより旭川からの方が近いけど安い航空券無いので千歳。レンタカーは《復興割》なる、大地震災害の後の復興支援対策で激安で借りれ、三日間で五千円以下だ。着いた日は四月なのに夏のような暑さだった。千歳から二時間ちょいで芦別に着く。予想では長距離で疲れるかと思いきや、高速も空いてるし、景色も綺麗なので楽チンだった。車種はヴィッツ。エンジン音がガサツで嫌いだった。

現地の情報を知りたくて、芦別の道の駅の隣の「星の降る里百年記念館」に入ってみた。「大林映画のロケ地巡りで来ましたー!」と敢えて大きな声で受付で話したら、つかつかと一人の男性が近づいて来た。ん?誰だ?さあ、こちらへどうぞと、館内を案内し始めて、『野のなななのか』で使用された駅の看板やあの元病院「星降る文化堂」の中の骨董品の数々を見せてくれたりした。さらに普通は入れない倉庫にまで入れてくれて、「星降る文化堂」の入り口のネームプレートや撮影終了時のキャストやスタッフの大きな寄せ書きのボードやシャツも出して来てくれたりもした。三本木のことをサンちゃんと呼んでたりもして、映画で協力してくれていた長谷山さんというここの館長だった。苦労話も楽しげに話す表情は映画の魔力がまだ解けていないようだった。芦別の駅に行くと、「どりこの饅頭」を思い出す、根岸さんが売り子してたアレだ。まあ実際には駅で駅弁売りのようには売ってはいない。そこでその饅頭屋の店舗「みなみさわ菓子舗」に足を運ぶと、店内には大林監督らのサインや写真が沢山張り巡らされていた。店主・南澤常雄さんの奥様としばし話した。「どりこ」の、饅頭でなくて、「どりこの」饅頭と知る。発売当初は滋養に良いとされる清涼飲料水「どりこの」が入った饅頭だっとか。ここは和菓子店だけどパンも美味。手づくりのメロンパンや羊羹パン(北海道ではポピュラー)が最高に美味い!

レンタカーで色々ロケ地を巡った。映画の中でおにぎりを頬張りながら見下ろしていた可愛らしいテーマパーク「カナディアンワールド公園」。テーマパークは寂れて、公園として使われていたのだけど、今年中に公園そのものが閉園すると聞いた。地元B級グルメ「ガタタン」は「新・宝来軒」で食べた。とろみが強く量も多くて腹が破裂しそうなほどだった。味は中華丼具のとろみに似ている。「新」とあるのは最近新しい店主に代わったからだ。映画では「鈴木病院」＝「星降る文化堂」（元々は「小野寺医院」）は取り壊され、その跡地に立ったが、その土地の区画の形で建っていた時の様子が想像できた。やっと探し当てた「旧明治鉱業」跡地は、火消しのバケツリレーや出兵で町の人が日の丸の旗を振っていた場所だ。いい感じの寂れ具合が映画に似合っていた。そして映画の長いお葬式シーンを撮影したのが「永昌寺」。ここの住職さんとはこの日の夜に芦別駅近くの居酒屋「いさ美」で遭遇する。

僕が芦別にいることをFacebookで知ってた芦別の栗田茂男さんという方から連絡が来て私の宿まで迎えに来ていただき、『野のなななのか』を全面的にお手伝いしてくださった芦別の方々と共に宴を設けていただいた。その中に永昌寺の住職もいらっしゃったのだ。その宴では撮影当時の苦労楽しみなどに花が咲いた。

映画が実際にクランクインするまでの長い年月が芦別の方々と大林組の信頼関係を厚くして来たことを強く思い知る。大林監督の語る「古里映画」の本質を感じる。その土地も大切だが、人と人の繋がりから生み出されていく映画作りという行為。そんなことを美味しいアスパラガスのソテーを頬張りながら思った。

僕が『野のなななのか』に涙した訳は大林映画新時代がカメラマンの三本木によってスタートした時代と感じたからだ。それは一見デジタル機器を屈指した大林映画なのだけれど、僕にはそう感じない。濃厚で画も音も情報量も多くて、カオスに見えて、実は細い絹糸一本だけで縫われた繊細な着物のように感じている。惑わされちゃいけない。言葉も画も惑わしの仕掛けだらけのデジタル大林映画。本当はシンプルなんだ。大林監督のサングラス。そのサングラスの奥にある瞳は泥遊びをして夢中になっている時の男の子そのもの。昔、一緒にペレストロイカ直後のロシアをドキュメンタリー撮影で長い間共に旅していたことがある。ある日、監督の姿がないので探し回っていると、持参していた8ミリフィルムカメラ片手に小さな砂場にあった車や重機のおもちゃを一コマ撮りしていた。カシャカシャカシャと静かにロシアの田舎の家の庭で8ミリカメラの音が響いていた。声を掛けたけど夢中になっていて気づいてくれなかった。多分、今も同じ。病のことなんかより、目の前の映画作りに夢中なんだ。もちろん反戦も原発問題も真剣に向き合っていることは知っている。大林映画の面白さは、大切なことも、鼻毛も、ささいな饅頭一つのことも映画の中で掻き回して同じように並列に見せていくというところ。それを最新作も含めて、僕の旧知の仲である三本木が撮影し、編集や合成をサポートしているという現実に僕は非常に感動する。そして涙する。

『花筐』
吸血鬼だらけのフェイクと風狂の詩

樋口尚文
Higuchi Naofumi

『花筐』は早々に0号試写を見せていただいたが、それは映倫審査も兼ねた、本当にまだスタッフ、キャストを中心とするお身内だけの最初の上映であった。公開もその半年以上先というので、ほうぼうに感想を記すことは慎むべきであったが、それでもなお私は下記のような感想をすぐに遍く配信した。それは当時七十九歳の大林監督が（ご本人が公言しておられたので記したが）癌と闘病しながらの創作を果たされていたからだ。

二〇一六年八月下旬の佐賀県唐津市での『花筐』のクランクイン三日前に、大林宣彦監督は「肺癌で余命三か月」と宣告された。ところが、たまたま処方された新薬が奇跡的な効果をもたらし、無事にハードな撮影・編集を乗り切って『花筐』は出来上がった。

そんな『花筐』は、とてつもない映画である。未見の方にはあまり細かな内容を知らずに観てほしいので、本稿ではまだ大枠の感想に留めておくが、とにかくこれはけたはずれの異様な熱気を帯びた比類なきアンダーグラウンド映画である。以前「『花筐』は大林映画の系譜でいえばどの作品に似ていますか」と監督に尋ねた際に「『ＨＯＵＳＥ』ですかね」と言われてこれはとんでもない事になりそうだと期待を膨らませたのだが、なるほど劇場用映画の第一作『ＨＯＵＳＥ』の根底にあった（商業性の陰に隠れていた）映

© 唐津映画製作委員会／PSC 2017

画的な思想や生理といったものがここでは存分にもろ出しになっている。

そういえば門脇麦が山崎紘菜とどういうなりゆきか抱擁接吻し、「眠りたい・・」と囁くくだりは、『HOUSE』の池上季実子と大場久美子と全く同じであったので驚いたが、しかしこの思想や生理は『HOUSE』さえ通過してその発祥地である『EMOTION＝伝説の午後＝いつか見たドラキュラ』にも遡行してゆくのだった。だから、ずっと着物姿だった常盤貴子（鬼気迫る美しさ……）が白いワンピースで矢作穂香とお揃いになる時、この二人は『いつか見たドラキュラ』のエミとサリに見えて来る・・・とすると、これは吸血鬼映画なのか。いや待てよ、これは壇一雄原作『花筐』であって、昭和十二年、本作中でもふれられる山中貞雄同様に応召して大陸に渡る前の壇が著した出世作である。松林のなかの学校で繰り広げられる男子たち、彼らを囲む女性たちの錯綜した思いが織りなす「愛の平行四辺形」的な耽美の物語。映画『花筐』も、奇異なる速度と調子でもって、その原作の大筋はなぞられている気もする。しかし同時に、冒頭で激しく喀血した矢作穂香の血を常盤貴子が吸い尽くす・・・にとどまらず、全篇これ吸血の儀式、血の契りのオンパレードでもあるのだ。このキテレツさが、妙にまた蠱惑的だったりする。

この感覚はいったい何だろうか。そう言えば『いつか見たドラキュラ』でもジュール・ラフォルグの耽美の詩と吸血の儀が歌われたそばから、三味線をかついだ和風のガンマンがさすらっていた。あの大林キッチュとしか言えない奇妙な同居が、ここではしたたかに異様さと迫力を増して再演される。ゆくりなくもこの映画で引用される中原中也は、ジュール・ラフォルグを畏怖していたらしいが、それもラフォルグの美しさとあまりの訳わからなさゆえのことらしい。とすると、映画『花筐』はそれに通ずるものがあったと言えるだろう。かくして私は、壇一雄原作の文芸映画とは縁もゆかりもない、バンカラと『血とバラ』と『オルフェ』の記憶が混然とした大林流『オンリー・ラヴァーズ・レフト・アライヴ』を目撃することとなったのだった。

そんな次第で、これは唐津の「古里映画」というかたちを成立上の名目としているが、舞台が長岡の時も、芦別の時もそうであったように、まるでここに唐津的なる匂いが無いところがあっぱれだった。小学校時代まで唐津で生まれ育った私が言うのだから間違いない（ちなみに、癌が発覚した大林監督に奇跡の新薬をもたらしたのは、私が生まれた病院なのである！）。何もきかずに観ていたら、到底これが唐津を舞台にしているとは気づかないだろう。確かに松原は出てくるし、曳山も出てくるし、あの唐津市民にはなじみ深い浜からのぞむ島の画も（実際の地理関係を無視してまでも）頻出する。けれども、ここに出てくるのはどこでもないどこか、いつでもないいつかの吸血鬼たちが棲む「唐津の・ような街」であって、大林宣彦は「古里映画」は撮るよとは言いつつも、「ご当地映画」を撮るとはひとことも言っていないわけである。

ちょうど今回の0号試写に山田洋次監督も見えていたので思い出したが、山田監督も「唐津映画」を撮っている。私が唐津から東京へ出る小学生最後の年に、その『男はつらいよ 寅次郎子守唄』のロケ隊が唐津に来て曳山を撮っていたのを見た記憶があるが、普通はそういうのどかな「ご当地映画」がみんな好きなはずなのである。しかし、大林流「古里映画」はそんなふうに観客を甘やかしてはくれない。そもそも壇一雄自身も、この原作の舞台は空想上の唐津であると言っていたようだが、しかし壇にしてもよもやこんな「唐津の・ような街」を想像していたとは到底思えない。このように大林監督は、地方拠点の映画を作りつつも、それは観光誘致的な「ご当地映画」とは真逆の、美しくも不穏な「古里映画」…ずばり言えば「大林映画」を生み出すことに渾身で注力する。それでもって大林監督が「唐津映画」ならぬ「吸血鬼映画」(!)を作り上げたことに、唐津市民は決して不服を言ってはいけない。ここにはいわゆる唐津の片鱗もないが、大林監督が唐津を口実にここまで奇異な情熱に満ちたアートフィルムを拵えることに「共犯」できたことを誇りにすべきである。

しかし今や唐津は映画館が一軒もない街になって久しい(目下、なんと『花筐』にインスパイアされた、唐津くんちにゆかり深き館名の映画館が市民の手で再興されつつあるという嬉しい報せも耳にしたが)。今から四十年前の夏、私は東京銀座の試写室で『HOUSE』を観て、心底大林監督の作風に魅入られて、その後里帰りした折に唐津東宝大劇(東宝映画『社長えんま帖』も また唐津の「ご当地映画」の典型だが、曳山や松原とともにこの失われし劇場が映っている)という映画館でもう一度『HOUSE』を再見、微熱を抱えて東京に戻り大林監督に会いに行った。その時、実は劇場用映画の第一作として唐津を舞台に『花筐』を撮ろうとしていたんですと大林監督から聞かされて、本当に驚いた。あの『HOUSE』に始まる壮大な映画的円環がこうして幻の処女作に回帰した、というのはすでに映画のような話であるが、あれから四十年を経た大林監督がからだは癌に侵されつつも、精神は格段に無政府状態とフェイクと風狂の度を増しているところが何より嬉しく、刺激的であった。

最新作『海辺の映画館―キネマの玉手箱―』世界最速レビュー

戦争を呪い映画を寿ぐ奇想の大河

樋口尚文
Higuchi Naofumi

お断りしておくが、ここでふれる大林宣彦監督の最新作『海辺の映画館―キネマの玉手箱―』はまだ合成やアフレコなどの仕上げが進行中で、それどころか一部追加撮影が(!)行われ増殖中であるという。そもそも初号試写の予定が本書の刊行日近くまで延び、全作品のガイダンスにこの渾身の最新作をとりあげられず画竜点睛を欠くところであったが、大林監督が私との長きご縁に免じて門外不出の仕上げ途中のバージョンを見せてくださった。ただし仕上げ途中と言っても、編集としてはトップクレジットからエンドクレジットまでしっかり細かいところまで編集は終えられており(もっとも大林監督の基準からするとまだまだ細部が詰まっていないのかもしれないが)、この段階でもじゅうぶんに大林監督が作品に籠めた思いや狙いの数々は理解できたので、完成前ながらここに評を書かせていただくこととする。

『海辺の映画館―キネマの玉手箱―』の巻頭には、かつておなじみの「A MOVIE」の集大成のごとき「A MOVIE ARABESQUE」というタイトルが冠されている。全篇を観た後に、まさにこれはそうだなと納得感ありだった。本作は劇中の「映画は最高のタイムマシン」という言葉どおり、映画館のスクリーンのなかで「戦争を知らない子どもたち」が幕末から太平洋戦争に至るまでの数々の「戦争(映画)」をくぐり抜けてゆく自在な冒険譚であり、当然大林はそこに悲痛な反戦のメッセージを籠め続けるのだが、映画の表現自体は文字通り玉手箱のようにびっくり尽

しのアイディア満載で、私の観た二時間四十分を超す長尺もあれよあれよと終わってしまう（続いて私は合成作業が未完の0号試写を観たが、これはさらに二時間五九分にまで増殖し、インターミッションまで設けられていたが、本稿に大きな影響はないと思う）。

宇宙ロケットのなかで暮らすファンタ爺（高橋幸弘）は、人間の歴史が繰り返してきた過ちについて思索している。これはSFっぽい導入部ではあれど、『2001年宇宙の旅』の胎児ふうの裸像やショパンの「別れの曲」を鳴らすピアノが窓外の宇宙を乱舞していて、SFというよりはまさにファンタジーの世界で、そんなファンタ爺が、ある日故郷の尾道に帰還し、「瀬戸内キネマ」という海辺の映画館で映写技師をするキネマ爺（小林稔侍）と再会するところからこの映画は始まる。

未来に生きるファンタ爺とノスタルジーに生きるキネマ爺の仲よしコンビは、本作の語り部、狂言回し的な位置にあって、閉館する「瀬戸内キネマ」の最後を飾る番組「戦争映画特集」に立ち合うことになる。以後は閉館興行の観客である三羽烏の男子が映画の世界に飛び込んでいった顛末が本作の大部分をなす。三羽烏とは、素朴な好青年の馬場鞠男（厚木拓郎）、映画マニアの鳥鳳介（細山田隆人）、寺の息子なのにいきがってチンピラをやっている団茂（細田善彦）で、こういう男子グループは『COFESSION＝遥かなるあこがれギロチン恋の旅』から『さびしんぼう』『おかしなふたり』と大林映画にはおなじみだが、この役名には思わず笑ってしまう。馬場鞠男＝マリオ・バーヴァ、鳥鳳介＝フランソワ・トリュフォー、団茂＝ドン・シーゲルというわけである。

このとぼけた命名にはけっこう歴史があって、かつて大林は『HOUSE』を撮る時には本名ではなく、好きだったイタリアの怪奇映画の手練れマリオ・バーヴァにあやかって馬場鞠男名義で監督しようとしていた。それは戯作者的なニュアンスというよりも、個人映画色に偏らないように商業的なジャンル映画ではちゃんとその領分にのめって撮ろうというけじめの意味があったらしい。だから、文芸映画を撮るなら鳥鳳介、アクション映画を撮るなら団茂を名乗りたかったようなのだが、いかんせん『HOUSE』の実現を画策するうちにさまざまなメディアで「大林宣彦」の名が知れ渡ってしまったのでこれは諦めた、という経緯がったのだが、よもやここで復活するとは思わなかった。

三羽烏に加えて、『さびしんぼう』のヒロインのように島から渡し船に乗って自転車でやってくる十三歳のセーラー服のヒロイン羽原希子（吉田玲）がいて、このメンバーがスクリーンの中に迷い込む（スクリーン前のオケピでは大林映画のサウドトラックで知られる山下康介がタクトを振る）。スクリーンのなかでは、常盤貴子、成海璃子、山崎紘菜の美女トリオが華やかに「ウソから出たマコト」ソングを口ずさみながらハリウッド式タップを踏むかと思いきや、いつの間にかこの美女トリオは『鴛鴦歌合戦』か『あんみつ姫』かという感じの時代劇オペレッタの世界にあって徳川泰平の世を映し、そこへ三羽烏もサムライ装束でなだれこむ。ところがこののんきなオペレッタをかき消すように、戦前の国民精神総動員に寄与した「愛国行進曲」の朗々と、かつ憂鬱な歌声が乱入してきて、一気に大林流カオスが現出する。ちなみに、この美女トリオの役名は常盤貴子が『さびしんぼう』の富田靖子と同じ橘百合子、成海璃子が『転校生』の小林聡美と同じ斎藤一美。山崎紘菜が『時をかける少女』の原田知世と同じ芳山和子なのだが、特にそれらの役を引きずっているというわけではなく、終盤の常盤は明らかに『HOUSE』で車に乗ってくる鰐淵晴子ふうであったりもする。

じわじわとではなく、この序盤から突沸的に〈大林調〉のアナーキーさは全開で、のどけき江戸幕府が転覆する幕末の乱世に場面は転じ、モノクロサイレントで近江屋の坂本龍馬（武田鉄矢！）と中岡慎太郎（柄本時生）の暗殺、鳥羽伏見の戦いで敗走した近藤勇（尾美としのり）の死、維新後の大久保利通（稲垣吾郎）の暗殺……とめまぐるしく流血の歴史が語られたかと思いきや、中原中也の反戦詩がうたわれ、この世の諸行無常を大林ごのみの怪奇映画タッチでざしきわらしが哀しく見届けている。

こんな時空を超えた傍観者としては、これもかなり怪奇風味漂うのだが、後ろ姿の大林自身が扮する謎のピアノ弾きの老人もざしきわらしとともに時おり登場する。この人物はいったい何なのかと思いきや、一九三七年のフランク・キャプラ監督『失われた地平線』の、チベットのシャングリラに住む二百歳を超える高僧、大ラマへのオマージュらしい！こうして大林キッチュ美学が満開だが、さらに言えばくだんの近江屋ではやはり時の権力にもの申して腹を切らされた（と言われる）千利休（片岡鶴太郎）が茶を点てているのであった……。

自由すぎる大林話法に翻弄されながら、ふと気づけば舞台は敗戦目前の満州で、タイムスリップした三羽烏は間諜と間違われて軍に拘束され、そこでこの世界では日本軍に復讐を誓う中国の少女になっている希子と出会う。鞠男はターザンの雄叫びをもって彼女を助けようとするが、ここでターザンで話が脱線するのがまた饒舌な大林話法のならいで、忽然と話は大林が手回しのフィルム映写機で自家製アニメを作ってしまった逸話、さらに当時の尾道のタンク岩でターザンのまねをしていたらジョン・フォードらしき人物（これも大林が演ずる）に遭遇した……のかどうかはて、という自伝的挿話に脱線する。

この愉しき迂回を経て、さて物語はなんだったけと思ったそばから、大陸で逃亡する三羽烏一行のもとに登場するはワイルドなナイスガイ、陸軍特殊工作員・酒匂允少尉（浅野忠信）……サコウマコト……何か聞き覚えがある名前……サトウマコト、佐藤允・……え、今度は『独立愚連隊』なのか!?と思いきや、華麗なガンプレイで彼を救うのが「東洋のマタ・ハリ」こと川島芳子（伊藤歩）で、人気絶頂の男装の麗人に撃たれて軍人たちは「好きです、芳子さん」と言いながらうっとり絶命する。そこでまた生き延びて「李香蘭と一緒に会おう」と約束した佐藤允もとい酒匂允少尉だが、あえなく射殺されてしまう。そのなきがらを見下ろして、こんなもののふと生きているうちに相まみえたかったと嘆息するのが、今度は剣豪・宮本武蔵（品川徹）・・・・。

いつの間にか『宮本武蔵』の世界に跳んだ一行だが、団茂は武蔵とせっかくならばひと太刀交えんと対峙するも、満州の陸軍で流行っていた斬首を武蔵でやってしまって焦る。というのも、彼が使っていたのは満州から持ってきてしまった長い軍刀であった。武蔵と小次郎の様式美のチャンバラをだいなしにした軍刀を、団茂は「これは人殺しの武器じゃねえか」と投げ捨てる。顛末を見守っていたお通（内田吐夢監督『宮本武蔵』で同役に扮した入江若葉）と希子扮するもうひとりの娘・お通も、そんな血腥い武器がなくなる時代が来ることを祈念する。

太平洋戦争の戦火やまぬなか、小津安二郎（手塚眞）とやがて戦病死する山中貞雄（犬童一心）が世を憂えるが、武蔵との果し合いが終わった三羽烏は、その戦時中の日本に舞い戻る。そこでは軍隊と同じ非道な仕打ちで虐げられている娼窟の娘（成海璃子）がいて、また侠気に駆られた団茂は彼女を救おうとして束の間の恋に燃えるが、娘は毒々しい女将（根岸季江）の束縛を逃れられず、痛恨の極である。

こうして幅広い「戦争映画特集」たけなわの「瀬戸内キネマ」に来て、居眠りしてしまったキネマ爺にかわって活弁を買って出るのが、山陽日日新聞の映画記者・奈美子（中江有里）で、スクリーンでは戊辰戦争の際に白虎隊ならぬ娘子隊として新政府軍と戦ったヒロインたちの映画が絶賛上映中である。例のダンサーの美女トリオ（常盤貴子、成海璃子、山崎紘菜）と希子が、勇壮に薙刀をふるって男たちと戦っている。この女子や子どもまでが戦争に動員される悲惨を、観客モードに戻った三羽烏が痛ましく眺めているが、安閑としていられる由もなく、再びスクリーンの中の人となって子どものような白虎隊の若者に戦争に行くのを思いとどまるよう説得する。だが、熱くなっている若者は官軍に一矢報いて会津魂を見せてやりたいと言い張り、命を無駄にする。

ここでいきなり舞台は戦前ののどかな琉球に飛び、地元の恋人どうし（山崎紘菜、細山田隆人）が結ばれるも赤紙で召集され、敗戦間近になると軍人たちに彼女たちが暴行され殺される悲劇が描かれるが、それは悪夢のように通過して、いつしか三羽烏は昭和二十年八月あたまの列車にあって、たまたま乗り合わせた移動演劇隊・桜隊（これも美女トリオ）と隊長の俳優・丸山定夫（窪塚俊介）に出会うことになる。

丸山が客演して大好評だった「富島松五郎伝」は『無法松の一生』として映画化されたが（このあまりにも有名な傑作は、戦時中には日本軍の、戦後にはＧＨＱの指導によりかなりの箇所がカットされた数奇な作品である）、丸山がこの作品を上演しようと試みたところ、軍人が押しかけてきて許可を白紙にする。しからばと、三羽烏は思いきって桜隊の面々に広島を離れましょう強く提案する。彼らは八月六日の広島原爆投下を知っているからだ。だが、事情を知る由もない女子たちの反応は薄い。なぜなら体が弱っている丸山に移動する余力が残っていないからだ。

こうしてさまざまな映画のなかの悲惨で不条理な「戦争」に巻き込まれながら、三羽烏はひどい仕打ちをこうむってきた数々の女性たち（希子や美女トリオが扮する）を救おうとしたが、なかなかそうカッコよくはいかなかった。おまけに桜隊を説得できずに、自分たちもまた原爆の危険にさらされていた……観客は映画の登場人物のように死んだりするのだろうか……。

「お太鼓叩いて笛吹いて　あどけない子が日曜日　畳の上で遊びます」という『いつか見たドラキュラ』の小休止パートでも引用された大林お気に入りの中原中也の詩とともに描かれる静かな日常に黒い雨が降り、それがあがると広島の物産陳列館は「原爆ドーム」に様変わりしている。こうして戊辰戦争から原爆投下までの戦争の歴史をスクリーンのなかでくぐりぬけてきた三羽烏は、幸いにしてふつうの観客として「瀬戸内キネマ」の客席に帰還しており、ともに悲劇の当事者、目撃者となってきた希子も、いつも通りに溌剌として鞠男への愛を表明しつつ島へ戻ってゆく。

……かに見えたが、ここでずっと雨ふりの一夜に「瀬戸内キネマ」のラストショーのテケツをやっていた老女（白石加代子）が、自らは「ピカドン」の生き残りである（原爆の被害者たちは「ピカ」で一瞬にして葬られ、「ドン」の音を聞いた者は距離をおいたところにいるので辛くも助かった、という）ことを告白しつつ、ここまで全篇をかけめぐってきた希子という少女の正体を語る。それはさすがに観てのお楽しみとしたいけれども、希子の何たるかを知れば、彼女は大林映画ならではの主題を背負ったキャラクターであったということがわかるだろう。

こうして「瀬戸内キネマ」の閉館記念オールナイトは鎮魂と祈りをもってみごとに終わり、キネマ爺は使命を果たした安堵感とともに客席を閉じるが、ファンタ爺はまたロケットに乗って娘（中江有里）とともに宇宙に飛び出す。そこでなんと物語が、3・11の震災にまでつながっていったところで大団円となる。大林監督扮する二百余歳のピアノ師が永遠の記憶に生きる希子への思いを語って、アイリスアウト……そこへエンディング・テーマとして流れるナンバーがふるっていて、戦後まもない一九五〇年の戦争諷刺ミュージカル「無茶坊弁慶」で榎本健一が披露した痛快なる反戦ソング「武器ウギ」なのだった（このたびはなんと武田鉄矢バージョン）。

――こうして『海辺の映画館』の全貌を文字でたどり直してみると、「そんな映画が本当に存在、成立するものだろうか」と思う向きもあるのではないか。この三時間にも及ぶ途方もない熱量の、奇想に満ちた大林監督の語りは、まるで他に類をみないもので、観終えるまでには不老不死のドラキュラのごとき大林監督に、観客のほうが生気を吸い取られるような重量感である。それは愁いに満ちた厳粛な鎮魂でありつつ、異様な熱気が横溢する祝祭でもあるのだった。しかも時代がいよいよきな臭くなってきた今、大林の反戦意識、危機意識はいよいよ亢進し、それがこのとてつもない奇篇に切実さを与え得ている。

そして、フィルムもデジタルも、個人映画もテレビコマーシャルも関係なく、あらゆる「規格」と「場」を超越して極私的なプライベート・ムービーを撮り続けてきた大林宣彦は、まさにあの二百余歳の大ラマのように、奇異なるピアノの調べでわれわれを幻惑し続ける。

Filmmakers 20 Nobuhiko Obayashi

第4章 Part4 大林チルドレンが語る「大林宣彦とは何だったのか」

〈大林チルドレン〉監督対談

座談会

大林宣彦はいつもぼくらのヌーヴェル・ヴァーグだった

犬童一心×手塚 眞×岩井俊二×樋口尚文×大林千茱萸

Inudo Isshin　Tezuka Makoto　Iwai Shunji　Higuchi Naofumi　Obayashi Chigumi

D i s c u s s i o n ; O n t h e N o b u h i k o O h b a y a s h i ' s F i l m

樋口｜今日は大林さんの初期の劇場用映画にリアルタイムに出会って、それに影響を受けつつ自分も監督になった、いわゆる〈大林チルドレン〉で大林作品を語ってみたいと思います。いっそ大林さんとチルドレン監督の対話みたいにしようかとも思ったのですが、日本映画の監督のなかでここまでエネルギッシュに自己言及、自己注釈を厭わない監督も唯一無二であり、その種の記事や番組はあまた存在するので、逆にここは独自性を出すためにチルドレン監督だけが（大林）千茱萸さんのお宅に集まって大林さんを語り尽す、ということにしました。

手塚｜確かにこの間も三時間くらいのロングインタビューを見たけれど、大林さんの話が尽きることなくてまるで足りない感じだった。

大林｜本人も話しながら思い出すことが多いみたい。普段は記憶の中にあるものが、聞かれることであふれ出してくる。

樋口｜岩井さんがホストのＮＨＫの番組（『岩井俊二のＭＯＶＩＥラボ』）があって、僕も出演したりブレーンやったりしていたんですが、そこに大林さんをゲストでお招きした。これは四十五分番組なのですが、収録が始まるとなんと大林さんはぶっ続けで五時間話されて。自分からはやめられない方だから、事前にＡＤさんにいいタイミングで切ってくださいとお願いしていたのですが、もうＡＤさんも圧倒されて休憩入れられなかった（笑）。

岩井｜ほとんどただ聞いてるしかなかったですね（笑）。それは実は二本録りの一本めだったのですが、さすがにまた五時間というわけには行かないから、二本めのテーマでの収録はなくなっちゃった（笑）。結局、一本めを分割して二本にしたのかな。

犬童｜懇意にしている目黒シネマという映画館で特集とトークをやったんですが、前の特集の時には大林さんは終電が終わっても喋ってた（笑）。なので今回は、劇場の支配人さんが「終電までに終わらせないといけない」ってすごく気にしてて（笑）。

樋口｜そんな大林さんの饒舌伝説を再確認したところで、本題に移りましょう。〈大林チルドレン〉のわれわれが、どんなふうに大林作品に出会って影響を受けたのかを、まずお話ししたいです。

手塚眞作品初出演は本番十秒

手塚｜七七年の『ＨＯＵＳＥ』は劇場で観ているけれど、その時はお会いしていなくて、七九年のぴあフィルムフェスティバルでごあいさつした。その時に大林さんプロデュースという形で、「逆回転映画館」というオールナイト企画があって、参加したんです。

樋口｜それは大林さんからお誘いいただいて、僕も参加しました。当時の文芸地下でさまざまな自主映画のアンソロジーが流れた。

手塚｜そうそう、あの時に樋口さんの作品もかかってますよね。

樋口｜ということは七九年末ですね。その年の五月に、やはりぴあ主催のぴあシネマブティック（ＰＣＢ）という上映会シリーズで〈高校生監督特集　来るべき時代のフィルムメーカーたち〉というのを科学技術館サイエンスホールでやった。そこで手塚さんと僕の8ミリ作品を上映してトークをやったんですが、僕は七七年の『HOUSE』直後に大林さんにお会いしていたので、手塚さんはとっくにお知り合いだと思っていました。

手塚―その後は、『MOMENT』という8㎜を作るときに、「一カットだけ出て下さい」と無理を言って、来ていただいた。あれは撮影が八十年ですね。

樋口―そのとき、ご本人とはいろいろお話ししたんですか。

手塚―恐縮してたので、実はあんまり話してないんです。こっちは高校生ですからね。それに、あまりにも撮影するモノが多くて、バタバタしていて。せっかく監督に来ていただいたのに、あまりお話しもできず、しかもかなり長くお待たせしてしまい…三時間くらいかな。

大林―あ、私もソコにいました！　早めに現場に行って、少し年上のお兄さんやお姉さんが楽しそうにしているのを眺めながら遊んでいました。

手塚―長いことお待たせして、こちらも焦っているので早くお帰ししなきゃという気持ちになっちゃって。せっかく大林監督が面白い演技をやろうといろいろ考えて下さっているうちに、カメラ回しちゃって（笑）。僕も焦っているから、もうたちまち「カット、OK！ありがとうございました！」（笑）。三時間くらいお待たせして、本番十秒くらいだった。

大林―まさにそのくらいの体感でした（笑）。

手塚―きっとムッとしてお帰りになったのかな（笑）。

大林―ムッとはしてないけど、もっといろいろ遊ばせてくれるのかと思ったら、あまりにはやくシューティングが終わってしまって残念がってた感じ。不完全燃焼的な（笑）。

脳内編集しながら撮影

樋口―その後が、逆に大林監督の方から手塚さんに出演依頼が来た八一年の『ねらわれた学園』になるわけですか。

手塚―そうです。あれは、知人が推薦したんですね。あの時、主役の一般公募で高柳良一さんが選ばれた。後から聞いたんですが、大林さんが「さすがに手塚君じゃあ」って（笑）。

樋口―なんと一般公募に応募されていたんですね（笑）！めちゃくちゃ面白い話ですが。

手塚―主役はないですよね（笑）。「手塚君は脇役だったらいいんじゃないの」という話になったらしく、それでお話が来たんです。

樋口―あのガリ勉の有川くんの怪演は、まわりを喰いまくってましたけどね（笑）

手塚―さすがに僕も出るべきかどうかわからなくて、みんなに聞いたんですよ。犬童くんにも聞いたような気がする。みんなは「それ、出た方がいいよ」って。

犬童―「絶対に出たほうがいい」って言いましたよ。8㎜に出ているのを見ていたから。

樋口―あの突飛な演技って、手塚さんオリジナルなんですか？

手塚―勝手にやったんです。ホンの読み合わせの時に、大林さんから「もう好き勝手にやっていい」「シーンごとに違う演技でも構わない」「めちゃくちゃになったほうがいいんだ」って言われたんですよ（笑）。それでああいう演技をしたら、すごく喜んでくれて。「ああもうこれでいいや」って（笑）。深くは考えてなかったですよ。

樋口―撮影はスムーズに行ったんですか？

手塚―まあ、いつもの大林組ですよ。徹夜徹夜で、最初っからものすごいボリュームを撮ってました。みんなスタッフが「寝忘れた学園」っていってましたね（笑）。

大林―正直あれでもけっこう寝られた方かと（笑）。

岩井―大林さんは現場で寝ないって噂はよく聞きますもんね。ほんとなの？

犬童―一週間寝ないって話も聞きますよね。スタッフも寝られないよね。

大林―みんな撮影しながら隙間で上手に寝るんです。『廃市』の峰岸徹さんは心中死体の場面なのに、いびきかきはじめちゃって（笑）。

手塚―いや、監督、タフですよね。最初に見たプロの現場がそれだから、「監督ってこれくらいタフじゃないと務まらないんだ」と思って「凄いなあ」と思った。印象的だったのが、撮影半ばで、監督がみんなが見ているところで背中にお灸をしていたの。撮影の合間にそれを見て、「あ。いちおう疲れるんだ！」って。

一同―笑

大林―一応、疲れはするんですが、二分ほど座るだけで「あぁ、くつろいだ！」と（笑）。

犬童―大林さんが現場で寝られないって言うのは、カットが多いからなんですかね。

大林―特殊な撮影以外は、コマーシャル時代ほどカット割を最初から整えてはいないです。ただ傍にいるとわかるんですが、脳内編集しながら撮影するので、思いつくとどんどん足されてゆく。スタッフもキャストも「こんな場面台本にあった？」とキョトンとしながらも場を拵える。だから完成した映画を観て「あ、こーゆーことだったのか！」と、いちばん驚くのはスタッフだったり（笑）。

犬童―そうやって増えていくんだ……。

手塚―段取りも自分で考えますよね。あのシーンは先に回そうとか、その場でぱっぱっと考えて。監督の中の段取りがあったんだと思いますよ。

大林―段取りという意味では現場に入ると大工の棟梁みたいですよね。家を建てるにはまず足場を組むことから考える。そこに時間をかけることを惜しまない人。あと薬師丸ひろ子ちゃんの春休みのうちに撮らなくちゃいけなかったのもありますね。

樋口―犬童さんが最初に大林作品に出会われたのは？

犬童―『いつか見たドラキュラ』とか『はるかなるギロチン恋の旅』とか、あのへんの自主

大林千茱萸

映画は見てたんですよ。実験映画とかアバンギャルドの過去の名作として。そのあとに『ＨＯＵＳＥ』。

樋口―ではちゃんとフィルモグラフィを順番にたどっている感じですね。

犬童―それで本人に会ったのは手塚さんと同じタイミングなんですよ。８ミリでぴあフィルムフェスティバルに入選して、審査員が大林さんだった。その後、二十歳を過ぎた頃、16ミリの『赤すいか黄すいか』を作った時に、それを監督に観てもらって感想を聴くという機会があって事務所に行ったんです。その時がちゃんと会った最初かな。すると監督はスタインベックで編集している最中だった。この前行ったらファイナルカットだったけど。

大林―スタインベックを使っていたのは『この空の花』の前までですね。

犬童―大林さんは全部自分で編集するじゃないですか。やっぱりその編集している姿を見たのが、すごく印象的だった。八三年くらいのことかな。実験映画、個人映画はともかく劇場用映画を撮り始めてからの大林さんが一人で編集している、しかも自分の事務所で編集しているっていうイメージは全くなかったので新鮮だった。話した思い出よりも、編集している様子をよく覚えている。映画のことは、褒めてくれたけど、一緒に持って行った今関（あきよし）さんの作品の方が気に入っているなというのがよくわかりました。

一同―（爆笑）

樋口―しかしその編集を自分でやっている、というところに作家性の秘密を見たわけですね。

犬童―そうそう。それはすごく思ったんです。ああそうか、という感じ。ある意味、「ずっと好き勝手やってるんだな（笑）」という、『ＨＯＵＳＥ』撮ってからも、変わらず自分スタイルでずっとやってるんだなって。まあ、映画観てればわかるんですけどね。

大林―自らが編集を施してこそ成立する「大林映画」。大林映画の肝はまさに「編集」です。

樋口―その後、犬童さんはＣＭの制作会社に入るわけですが、ＴＶＣＭの先駆的ディレクターとしての大林さんの記憶はあるんですか。

犬童―自分はそもそも広告をやることに興味がなかったので、大林さんがかつてＣＭのパイオニアだった人だとは知っているけど、実験映画を撮っていて、劇映画を撮り始めた人というほうへの関心しかなかったですね。逆にＣＭ界の巨匠としては見過ごしてしまっていたので、後になって「あれ撮っていたんだ」って驚きましたけど。当時は、誰がＣＭ撮っているかなんて気にもしなかったですからね。

樋口―調べようもなかったですしね。僕も

小中和哉監督、今関あきよし監督も大林チルドレン。右から今関、小中、犬童一心、大林宣彦、手塚眞（写真提供：今関あきよし）

後になって幼い頃に見ていて妙に記憶に残っているＣＭの数々が大林作品だったと知って驚愕しました。ではその後はあまり接点はなかったんですね。

犬童｜その後すごく会うようになったのは、大林さんが芸術選奨の審査員として僕の作品をすごく推してくれたのがきっかけでしたね。授賞式で再会して、家も近所なので成城での喫茶店なんかで会う。山田洋次監督も近所なので、時々お二人に呼び出されたりするようになった。

表現の手作り感、初々しさとおもしろさ

樋口｜岩井さんの大林さん歴というのはどうなんでしょう。

岩井｜ご本人にお会いしたのは、僕は最近で。初めて見たのは『ねらわれた学園』だったと思います。あれはとにかく手塚さんのインパクトがありすぎて（笑）。『ＨＯＵＳＥ』は予告篇を中学時代に観て「これはなんだろう」って思ったのを覚えているんですが、ちゃんと見たのは、大学に入って文芸座かどこかで。自分もちょうど8ミリフィルムとかいじり始めた頃なんですが、それまでの日本の映画って、きっちりとした商品ばかりで、それを誰がどう撮ってるのか、という作り手のイメージが全く想像できなかった。でもたとえばＡＴＧの『keiko』なんかを観ると、「あ、人が作ってるんだ」という実感が初めて湧いて。それと同じ意味で、大林映画を観ていると手作りでこねくり回して作っているのがわかってきたので、そこに萌えましたね。「これ、マネしてみたいな」という気持ちにも駆られて。そういう作り手としてとっかかりのある作品が、若い頃には大切だなと思うんです。アニメもそうですが、「何十億円の大作」って言われても、若い子たちからしてみたら他人事で、まして自分がそういうものをやる気が起こらない。「人がヒトコマずつ描くからアニメになるんですよ」と言われると、「あ、そうなんだ」ってそそるものがある。そういった表現の手作り感、その初々しさとおもしろさを、大林作品に感じてたと思いますね。そんな意味では『転校生』は予想外に安定してたので「あ、しっかりしちゃったなあ」って複雑な思いになったり。

一同｜（笑）

岩井｜でもその後に観た『時をかける少女』は大林さんらしさ炸裂だったので「来たーっ！」という印象がありましたね。なんとかマネしたくて、自分も8㎜フィルムで撮ったヤツを、フィルム自体を漂白剤につけてみたり（笑）、いろんなことをした覚えがあります。半分溶かして。画が半分なくなってるみたいなのを作っては「なんか大林さんらしいぞ」って（笑）遊んでました

犬童一心

ね。

大林―監督は現場にいると次々と新しい試みや技術が脳内から湧き出しちゃう。でも誰も見たことのない荒技なのでラボで技師さんに説明する「名称」がない。そこでイマジカ内では「大林ボケ」と呼ばれはじめ、よりによって「ボケ」はないだろうと我が家では爆笑でした（笑）。

樋口―今までの常識にない独自のやり方で効果を探るから「大林ボケ」と呼ぶほかはないということですね。そう言えば、僕が八九年に黒澤明監督の『夢』の未映像化コンテをアニメ化するＣＭを企画して大林さんに演出をお願いした時、打ち合わせで「樋口っちゃんさ、たとえばアニメの原画をスタジオの端に置いて望遠レンズでコマ撮りするのはどうかな」とおっしゃる。もちろん黒澤映画イコール望遠レンズではあるけれど、それはさすがにギャグかと思って監督の顔を見たらあながちそうでもない感じだったので「それってどういう狙いなんですか」と聞いたら「うーん、何かわからない途中の空気が映るかも」と（笑）。その瞬間に、この人は既成の技術自体を無邪気な子どもみたいに自由自在にひっくり返したいんだなと驚いて、本当に大林さんは映画監督ではなく映画作家なんだなと思いましたね。

岩井―そうそう。そういうハンドメイドの遊びっぷりが、あの時期の若い子たちにすごい影響を与えたんじゃないですか。

犬童―数日前にも、山田洋次さんと大林さんと一緒に居たんですが、まさにその時にそういう話題になったんですよ。僕ははっきり「山田さんの映画を観ても、映画を撮れる気にはなれなかったけど、大林さんの映画を観て映画を撮る気になったんですよ」って本人を目の前にして言ったんです。

樋口―面白い！それは今、岩井さんもおっしゃっていた〈大林チルドレン〉に共通する感覚ですよね。

犬童―そしたら山田さんが「そうか…」って。

一同―（爆笑）

犬童―たとえば山田洋次さんの映画を観ると「この脚本書けるか」を問われる感じがある。でも『ＨＯＵＳＥ』観てそういう発想には行かないですよね。極論すると、脚本がなくても映画は撮り始められる、みたいな感覚。

観客に先行して逃げ切って行く

手塚―今日ここにいる監督はみんな撮影所育ちではないじゃないですか。テレビや広告の世界に行った人もいるし、僕もいろんなメディアをやったりしているし、そういう映画好きで映画を撮りたいんだけど、いきなり企業としての映画界に入らなかった人間にとって、大林さんは勇気を与えてくれた感じがするんですよ。もうその存在感だけで「大林さんがいるから、僕らだいじょうぶだ」みたいな。

一同―（笑）

手塚―もちろん劇場用映画以前の個人映画でもすごいキャリアなんですが、それで商業映画の監督もやってしまうって言うことですね。8ミリや16ミリをせっせとこしらえていた作家が、プロの映画監督としてデビューして、それでずっと自分の表現で好きなことをしているっていうあり方が、僕らに大きな勇気を与えてくれたって気がしますね。

樋口―大いに同感ですね。ところで、犬童さんや僕もそうですが『いつか見たドラキュラ』などのアンダーグラウンド映画から観ている人はむしろ先行世代で、僕らの世代では『HOUSE』からという人が圧倒的に多い気がします。自分は実は大林さんのCMもたくさん見ていたんだけど、CMは詠み人知らずなのでそこがわからなくて、『HOUSE』を試写で観た時に「あれ？何か自分がふれてきた好きなCMのトーンに似ている」と感じたんです。それで、直後に大林さんにお会いした時に「大林調はCM的だと言われますが」みたいなことをお尋ねしたら、さらっと「うーん、それはCMが大林調ってことかもしれないね」とおっしゃる。そこでちょっと私の脳内でコペルニクス的転回みたいなことが起こって（笑）「あの、わが国の高度成長期のひと味違う独特なCMの世界を創りあげたのが大林さんなのであって、それが『HOUSE』にまで一貫しているということなのか！」と気づかされるわけです。ここは、実は「大林映画はCM的」と悪い意味で表現する評論家が根本的にわかっていないところで、要は大林さんは日本のCM表現の始祖であって、大林さんはCMでも映画でもずっと自分の詩をうたってきた、ということなんですね。つまり、個人映画でもTVCMでも一貫して歌ってきた自分の詩を、東宝のクレジットがついている劇場用映画でもやっちゃうぞという姿勢。思い返すと、『HOUSE』のショックはそこにあったんですね。

犬童―僕も『HOUSE』は観る前からすごく期待していました。当時、日本映画で観る前から期待しているなんてことはなかなかないですからね。それで観てみたら、これはすごい映画だし、他の人には絶対作れないと素直に感動しました。今樋口さんからお話があったように、大林さんが個人映画の頃からやっていることそのまままで、劇映画を作ってる感じがして驚いた。だから逆に『転校生』を観たときに、「大林さん、なんでこういうふうに撮るのかな」って違和感を覚えたというのはありますね。「あれ？大林さん、こんなに客と歩調あわせていいんですか？」って。

一同―（笑）

樋口―それは当時、全く同じことを感じましたね。こういういつになく直球でオーソドックスなものを撮られると、ちょっと不安になる（笑）。

犬童―『いつか見たドラキュラ』はもちろん『HOUSE』でも『瞳の中の訪問者』でも、客と歩調に合うのを拒む感じがあった。『転校生』も観なおせば、当然いい映画だというのはわかると思うんですよ。でも、大林さんがそれまでやってきたことを方向転換したなという感じがすごく強かった。だから、最近の『花筐』を観て、僕は「元に戻ったな」と感じますね。歩調を絶対合わせない。観客に先行して逃げきっていくタッチですね。それをもう、あえてわざとやってるとしか思えない。

一同　（爆笑）

犬童　でもお客さんを無視しているわけじゃなくて、結論ないまま先に言っちゃうことで驚かせ、考えさせるんですね。そこに音楽に近いようなグルーヴ感が生まれる。若い時に僕は暴力映画を偏愛していて、深作欣二やサム・ペキンパーに、映画的なグルーヴ感を求めていた。大林さんの場合、全然違う情緒の中でそういうグルーヴを作っている感覚がある。最近は八十歳前後でそこに立ち戻っているのもびっくりなんですけど、かつては九十分くらいの尺でそれをやっていたのが、最近三時間近い作品ばかり。これはいったいどういう体力だ、と思います（笑）。

宍戸錠がブラック・ジャックはないだろう

樋口　犬童さんの『ＨＯＵＳＥ』体験とそれ以後の作風の変遷についての感想は、ほとんど僕自身のそれと重なるのですが、手塚さんにとっての『ＨＯＵＳＥ』との出会いはどうだったのでしょう。

手塚　僕はホラー映画が好きだから、ちょっと勘違いして『ＨＯＵＳＥ』は久しぶりに日本で作られたホラー映画だと思ったんです。いよいよ「来たか」って感じで、テレビの予告編を8ミリで撮影したくらい。それで観てみたらホラーとも言えなくもないけど、なんか自分の想いがひっくり返された気分がしたの。だって自分はクリストファー・リーが大好きで、そういう系譜にあるドラキュラ映画を創りたいと思ってたので、観た後の混乱が落ち着くまでに結構時間がかかったんですよ。その後に父（手塚治虫）から「あの監督がブラック・ジャックをやるんだ」って話を聞いて、しかも主演は宍戸錠だと。「えー。なんかまたひっくり返されるのか」って。

一同　（爆笑）

手塚　正直なところ、あの頃の大林さんの映画には、なんだかそういう神経を逆なでされるところがあって。父も「宍戸錠がブラック・ジャックはないだろう」みたいなことは一応言っていたみたいなんです。それで僕がやっと、大林映画に納得できたのが『金田一耕助の冒険』なんですよ。

樋口　ええー！　そうなんですか（笑）。

手塚　大林さんも、あれを褒めたの僕だけだって言ってた。だから実は、『ＨＯＵＳＥ』より『金田一耕助の冒険』の方が、僕にとってはプライオリティが高いんですよ。こんなに映画らしくない映画なのに、でもすごく何かが映画らしいという、その逆説の中に大林さんらしさがあるなと。

岩井　ボクも金田一物が好きだったので。これは異色で好きでしたね。

樋口　異色というか（笑）

手塚　神経、逆なでされませんでしたか？（笑）

岩井　わりとすっと観ちゃった感じですね。やりたい放題やってるなって。はちゃめちゃなんですけど。

樋口　はちゃめちゃなんですけど、独特なリリシズムがあるんですよね。

一同　（同意）

手塚　それもなんだか和風の抒情を感じたんですよね。『ＨＯＵＳＥ』はバタ臭かったけど、意外に『金田一耕助の冒険』って

「和」の感覚がすごくあって。
犬童―古谷一行の金田一耕助からして日本固有の犯罪美学を訴えてますからね。
手塚―それで最後に吉田日出子さんの台詞で「おもしろきこともなき世をおもしろく」って高杉晋作をやる。ああいうところがグッと来て「この監督好きだ」って思った。その後が『ねらわれた学園』で…

映画と手塚漫画への偏愛

樋口―急に思い出したんですが、とにかく大林さんならではの映像の詩というか、映像表現の語彙は凄まじいのに、『瞳の中の訪問者』や『ふりむけば愛』ではとにかく手塚さんがおっしゃるような悪ふざけで神経を逆なでする傾向が（笑）強烈だったので、『金田一耕助の冒険』のダビングをやっているアバコスタジオにインタビューに行った時に、「あれほど凄い映像表現を、悪ふざけしないでうるさい観客や評論家をギャフンと言わせるオトナなかたちで駆使されたほうがいいのでは」（爆笑）と真っ向から尋ねたんです。まだ自分は高校生だったからそんなこと平気で聞けたんでしょうが、要は今のままだと無用の誤解が多いから『時をかける少女』や『異人たちとの夏』みたいな映画を創ってほしいと思ったんでしょうね。
犬童―それで大林さんはどう答えたんですか。
樋口―当時の大林さんはまだ四十歳を少し越えたばかりぐらいなので、とても不機嫌になられて「そういうのは、大林じゃない誰かに任せればいいんです」（笑）って仰られたのをよく覚えています。でも自分は、そんなことを提案しながらも、僕は大林さんの照れ隠しなのか悪ふざけなのか、あのヘンテコな韜晦みたいな表現を子どもながらに全許容していたので、批評家がコテンパンだった『瞳の中の訪問者』も好きだったんです。そういう貴重な応援団としての真摯な提案だったんですが、子どもに言われたくはないですよね（爆笑）。
手塚―確かに『瞳の中の訪問者』を最近見観なおしてみたら、大林さん独特のクセが満載じゃないですか。突然弾けたり、はちゃめちゃになったり。まじめに撮ってたのに急に変なカット割りになったり。跳んだりはねたりするじゃないですか。あれはなんだろうって、ずっとしっくり来なかったんですけど、やっとわかったんですよ。あれは手塚マンガなんですよ。そう思って観ると、ホントに初期の頃の手塚漫画、大林さんが読者として読まれていた頃の、手塚マンガの中に出て来るギャグのタッチなんですよ。あれはマンガのカット割りだなと思う。
樋口―この前、『瞳の中の訪問者』を犬童さんとスクリーンで観なおしたら、恐ろしいまでに映画で手塚マンガそのものをやって

手塚 眞

ましたよね。

犬童─手塚マンガってコマが破れてヒョータンツギが出たりするけど、大林さんはああいうことをまんま映画でやるよね、そういうフレームが破れるような感覚…でもまたすぐ普通に戻っていたり。普通の劇映画ではそういう逸脱ってやりませんからね。元アニメーターだった市川崑もたまにそういうディテールがあるけど、大林さんの場合、逸脱のレベルが違いますからね（笑）。

手塚─そういう茶化しがまじめな話に入ってくる感覚。それが手塚マンガ。『ブラック・ジャック』でも急にふざけるじゃないですか。ああ大林映画はそれなんだ、と思ったら、やっと腑に落ちたんです。最近『SADA』を観なおしたら、阿部定を描く内容なのにタッチがまるで手塚マンガでした。

犬童─確かに後の『さびしんぼう』でも先生たちのキャラクターは普通じゃないし、ギャグの表現や人の動きなども手塚マンガっぽかったですね。やたらバック転する男の子がいたり。

樋口─『瞳の中の訪問者』などはもうあり得ないタイミングで本当にヒョウタンツギが出てきますからね（笑）。あれで良識ある批評家たちはモーレツに怒ったんですよね（笑）。ついに「月刊シナリオ」誌上で、めちゃくちゃにこきおろした山根貞男さん、それに猛反論する大林さん、さらに巻き込まれた山田宏一さんが『三大怪獣　地球最大の決戦』みたいな論戦をえんえんと号をまたいで展開することになった。

犬童─そこに樋口さんも参戦しちゃったんですね。

樋口─そうなんです、モスラの幼虫的に（笑）。遡って中学三年生だった僕が、その皆が怒り狂っているヒョウタンツギの場面にとまどいつつ、でもあれは映画と手塚マンガへの偏愛の照れ隠しじゃないですか、という感想のお手紙を大林さんに送っていた。大林さんは山根さんへの反論の一節に、その手紙を長く引用したんですね。自分の映画評論が初めて活字になったのがなんとそれなんですが（爆笑）、後に映画評論家として山根貞男さんとお仕事をご一緒するようになった時にそれを告白したら「えーっ、そうなの」って笑っておいででした。まあとにかくそんなふうに、当時は映画評論家の間でも大林映画に激しくアレルギーを示す向きは少なくなかった。犬童さんが仰るように、大林調がマイルドになった『転校生』に始まる尾道三部作あたりでようやく多くの評者から理解を示してもらえるようになったわけですね。

手塚─そういう意味では、『瞳の中の訪問者』で観客の気持ちを逆なでしたヒョータンツギみたいなことが『HOUSE』ですでに起こってましたね。お屋敷でホラーな状況に陥って困ってる大場久美子の顔の真横に、意味不明なラーメン喰ってるオヤジがいきなりフレームインするじゃない。あれは驚いたなあ。あんなの世界じゅうのどんな映画でも見たことないですよ。オヤジがバーン！と入って来て、次が尾崎紀世彦の先生がラーメン食べてる屋台で、なぜかそこには熊の店員がいるんですよ。全然わけわからない（笑）。

犬童─わけわからないと言えば、『HOUSE』で鰐淵晴子のお母さんが車でやって来るラストシーンのやたら長いハイスピードのカット。つい見惚れちゃうんだけど、あれは何だろうか。

樋口―鰐淵晴子がお屋敷に到着した朝、着物姿の池上季実子がまるでランウェイを歩くようにしゃなりしゃなりと縁側の雨戸を開けてゆく。あのシーンの時間感覚はとても好きなんですが、なんだかわけわからない。

犬童―あれは本当にどこから生まれてるんですかね。雨戸をハイスピードでゆっくり開けていくという発想は、まったく意味がわからないですよ。しかも、あれだけ時間かけて撮っているというのはいったい…。映画って、スタッフに説明して撮らないとダメじゃないですか。あれはいったいどう説明するんですか。

一同―（爆笑）

犬童―助監督にも撮影部にも照明部にも「ここでゆっくり開けていくから、コマ数こうしてくれ」って言うわけじゃないですか。普通なら「え？　なんでこんなに時間かけて雨戸開けるんですか？」ってなりますよね。もうどこかで全員が自分の常識を忘れて立ち会わないと無理じゃないですか。

樋口―先ほどのラーメンのオヤジがダーン！というのも、いったいどう指示するのか。

岩井―現場のコンセンサスを得て作るのが無理なものが多いですよね。みんながわかった状態で撮っているとは、とうてい思えない。

現代美術の作家性

樋口―そこでまた思い出したんですが、かつて木村大作さんに『金田一耕助の冒険』は大林さんと木村さんという到底相性がいいとは主張の強いコンビで（笑）作られたわけですが、現場でもめなかったんですかと尋ねたんです。するともめるも何もあまりにも大林さんのアイディアがわけがわからないので、もう半ば呆れて指示通りにやるよというスタンスだったらしい。ただ、その数々のアイディアの中に当時撮影中だった『影武者』のパロディで『ハゲ武者』というのがあって、「さすがにそれだけは出来ない！」と黒澤組出身の木村さんが固く拒否したとか。

一同―（爆笑）

犬童―しかしそういうわけがわからない、という意味で大林映画について行けるかどうかの踏み絵みたいなシーンはいろいろあるわけですが、代表格はさっきの『瞳の中の訪問者』のヒョータンツギの場面と、それから『ねらわれた学園』の峰岸徹さんの宇宙人の「私は宇宙だ！」ですかね（笑）。あの瞬間を許容できるかどうかで、大林映画の評価が真っ二つに分かれますよね。僕は非常に感動したんですが。

手塚―あれはどうしてあんな描写になったのかな。別の事をしようとして出来なくなったからアレになったのかな。ちょっと記憶が・・・・

大林―確信犯だった記憶も……（笑）。

樋口―いずれにせよあそこは踏み絵ですね。僕は初日に超満員のなかで観て、「わあ、来た来た～」と（笑）。薬師丸ひろ子ファンのよい子の観客たちは茫然としてましたが。

岩井―僕も大喜びした派でしたね。マネしたいぐらい。

犬童―まあ大林映画ファンとしては「ヨシ！」みたいな。

一同―ヨシ！（爆笑）

樋口―そう言えば、主役だった高柳良一さんに「現場って大変だったんですか？」って聞いたら、「いや、僕がというよりも、長時間にわたってお腹に目玉の絵を描かれていた峰岸徹さんが大変だったかも」（笑）ですって。

犬童―そんなふうにスタッフもわけわからないまま付き合っていたかもしれないけれど、大林さんは観客ですらわからせないといけない、とは全く思ってないですよ。

樋口―しかし、大林さんのこういう狂ったように映画が好きで好きでならない感情と、それを照れながら無残にもぶっ壊すみたいな衝動のアンビバレンツな同居というのは、いったい何なんでしょうね。

手塚―よくわからないんですが、明らかに大林さんの中で、自分の作品をすごく映画に、それもクラシックな映画にしようとしているところと、そういうおさまりを壊そうとしているところが、ぶつかってるじゃないですか。僕だって撮りながら、ふと気づくと「映画らしくしよう」と志す自分と、それを引き止めようとする自分がいる。モダンにするのか、クラシックにするのか、というところでの葛藤は、ある種、永遠の課題かも知れないですね。

犬童―大林さんの場合、それはモダンと言うよりも、ほとんどアバンギャルドなんじゃないですかね。そしていっそ「それがなかったら」と思うことさえありますね。素直に、純粋に単純に物語を語るだけの方にだけ、脳天気にいってしまえばいいのに。

樋口―それなら、いかばかりか楽であろうに（笑）。

犬童―それなのに、どうしてもそちら側にいってしまう。そっちの面白さを残したくなる。

樋口―商業的なストーリーテリングよりも、それを逸脱する遊戯によってフィルムというものを意識させてしまう。あるいはフィルムをマテリアルのように加工し倒すことに熱中してしまう。それは映画というより現代美術の作家性に近いかもしれないですね。

岩井俊二

犬童―大林さんの原点って、最初はそちら側にありますからね。そもそも実験映画というものが、映画より現代美術の文脈で語られるものでしたから。

樋口―大林さんの青春時代は、実験映画を発表する場が画廊であったりします。

手塚―そういう意味では、たとえばアンディ・ウォーホルが、いわゆるハリウッドの映画をすごく好きで、そのくせ撮ってた映画は思いきりアートで全然ハリウッド的ではない。そういうあり方に近いのかな。

樋口｜本質的にはとても近いんじゃないですかね。

手塚｜だから必ず最初に「A MOVIE」って出てくるくせに、すごく映画らしくなかったりすることもある。映画に対する憧れと表現のギャップが、そこにありますね。

エンタテインメントという軸は外さない

犬童｜大林映画では、時々フィルムそのものとか、スターそのものみたいなものを意識させられます。スターをファインアートにするようなところがありますよね。普通の映画では絶対そんなことはしないんだけど、大林映画ではスターそのものの輝きや質感を、アートとして見せることで愛を語っている時があります。

手塚｜それで本当にアートに徹するとゴダールみたいになっちゃうんだけど、そっちにはいかない。大林さんは、ちゃんと商業主義と言うか、エンタテインメントという軸は外さない。そこがゴダールと違いますね。

岩井｜寺山修司とも絵面が似ていることが時折ありますけど、決定的に違いますよね。寺山修司の方が理解しやすい。寺山の不思議な映像は、観客をはぐらかすことはなくてまっすぐに情緒的ですから。

樋口｜そこは興味深いところなんですが、大林映画におけるリリシズムというのは、いわゆるそういったわかりやすい情緒とか郷愁とは違うんですね。具体的な物語が呼び寄せる抒情ではなくて、フィルムの生理が生む抒情と言うのかな。だから、たとえば『花筐』は古里映画です、というふれこみからすると、素朴な郷愁が充満した映画だと勘違いするんだけど、あの唐津を舞台にした映画を観た時に、一か所も生々しい唐津は現れない。あそこは僕の出生地だから断言できるのですが、片鱗もふつうの唐津像はない。いったいどこなのかわからない町がフィルムの回るなかに創りあげられていて、そのフィルムの生理が独特な情感を発するんですね。

犬童｜ない町を創り上げる。大林映画の尾道だって、あれは実在するようでいて、ない町を創りあげているんですよね。『廃市』の柳川にしても。

樋口｜だいたいご当地映画に求められるのは、観光誘致的なきれいなノスタルジーの風景。ところが大林映画は、こきたない謎の小径やなんでもない階段のショットを積み重ねて、異世界、つまりフィルムの世界を招き寄せるためのモチーフにしていた。大林映画は古里映画をうたいつつ、実は異世界映画なので、たとえば『時をかける少女』でも尾道のロープウエイ下の艮神社の風景にノスタルジーを感じてグッと来るのではなく、艮(うしとら)神社をコマ撮りで撮影して描いた異世界、そのフィルムの生理に惹きつけられるんです。僕はそのコマ撮りのなかで、一瞬光を背負った神社の石のお獅子が映るところがなぜかいつも涙腺に来るのですが(笑)それは決してわかりやすい郷愁なんかじゃなくて、動くフィルムが醸す抒情にわけもわからず泣かされているわけです。

犬童｜大林さんの本質みたいなものはそういう次元にあって、大林さんはそういうところで勝負してるんだということが、『花筐』ではむき出しになっている気がする。

樋口｜そうなんです。甘美なノスタルジーなんかを期待して、大林映画につきあっていると、どえらい目に遭うぞと。古里のひなびたと風光に浸りたいと思って観に来ても、差し出されるのは試練に近いアヴァンギャルドで、観客を甘やかさない。それは実は個人映画から商業映画をまたいで脈々と続いていたわけですが、『花筐』に至るといくらかの糖衣も脱ぎ捨てて、原液で来る感じ。ストレート・ノーチェイサーと言うか。

脳の解析が追いつかない花火

手塚｜こんなことを言うと失礼だけど、「『ＨＯＵＳＥ』でデビューした人が、ここまで来たんだ」という感慨があった。それも普通に言うところの成熟ではなくて、ここまで好きなことづくしにさせてもらいますよという成熟。直前の『この空の花』や『野のなななのか』でもたくさん好きなことをやっていたけれど、『花筐』はぶっちぎってやり放題の感があった。

犬童｜そうそう。ぶっちぎってる感じがある。意外と男の子たちの若い時代の話というのが、すごく大林さんを刺激したんじゃないかしら。もちろん女の子もでてくるけど、主軸は男の子の話ですよね。全然似ていないけど、『さびしんぼう』の前半も男子三人組がものすごく過剰じゃないですか。ちょっとおかしいんじゃないかってくらい。ふとあれを思い出しましたね。

岩井｜それにしてもディテールを埋め尽くしている画面のトーンや編集、映像と音のずらし方などはまねしようがない独特なものですよね。

手塚｜僕は自分が撮り始めた頃に、「大林さんの影響」をよく指摘されたんですよ。でも実際は作品から影響を受けようにも、あれは無理です。たとえば僕は洋画派だったからブライアン・デ・パルマの影響は強かったんですが、デ・パルマは長いスローモーションを使う場合でも、その基礎というか本歌にヒッチコックがあったりするじゃないですか。でも大林さんはものすごく映画をたくさん観て育った人だけど、作品づくりの上ではそういうヒストリーは関係ない気がする。あの演出も編集も、全く突発的で理由も背景もないから、みんなとまどうんですよ。それが大林さんならではの強烈な味わいなんですけど、これは影響受けようがないものだなと思う。あまりに独自すぎて、自分の中に組み込みにくいものだなって。

樋口｜そうなんです。みんなが思っているよりも、ずっとずっと個人的なパルスで作っているという気がします。だから、やっぱりご自分で標榜されているように映画監督にあらず、映画作家であり、いっそ映画詩人であると。

犬童｜大林さんはマスメディアでの発言者としてはとても明快で筋の通ったことをいつもおっしゃるじゃないですか。そういう場合と映画の表現との間にすごいギャップがありますよね。たとえば『花筐』でも不思議なタイミングで不思議な音が入ったりするわけですが、普通のドラマを創る上ではそこにそんな音は別に要らないんですよ。でも大林さんの中には「そこ」に「こんな」音が入るべきだというルールがあって、確かにそうしないと大林さんの映画にはならない。でもそのルールというのは、ごく個人的なもので大林さんにしかわからない。

岩井―『花筐』でやってるミラーリングも、いったい何なのでしょうね。あれは『ＨＯＵＳＥ』や『ＳＡＤＡ』でもやってたそうですが、脳を刺激されちゃう感じですね。どこか無防備な脳をツンツンとやられているような感覚……。普通に撮ればいい風景を合成しているというのもとことん奇妙ですね。

樋口―わざわざロケ隊組んで唐津に行って、現地で撮った実景を、現地に組んだ室内セットにグリーンバックを張って後で合成する…という発想は前代未聞ですよね。でも明らかにそうすることによって、映画ならではの異世界が具現化される。そしてこういう大林さん独自の技巧やたくらみが、われわれ観客を「え？なぜ？」ととまどわせながら、どんどんせっかちに繰り出されてゆく。そのわけのわからないところに大林映画ならではの抒情、リリシズムが降ってくるんですね。

犬童―逃げきるってことですね。結局最初のキーワードに戻ってきましたが、『ＨＯＵＳＥ』から『花筐』に至るまで、とにかく逃げきるんですね。

樋口―その「逃げきる」がなぜ不思議な情感を呼ぶんだろうと思っていたんですが、大林さんのご招待で長岡花火を一緒に観ていたときがあって、その時に「人はなぜ花火に感動するか知ってる？」とおっしゃるので首をかしげたら、「脳の解析が追いつかないからだよ」と。それは茂木健一郎さんの説らしいのですが、大林映画もそれに近いのかもしれませんね。

岩井―そのいつも「逃げきる」ことを、大林さんは意識されてるんですかね。

樋口―意識とか戦術ではなくて、もはや体質なんでしょうね。とにかくそうせざるを得ないと言う…そんな根深いところでの大林さんは個人映画から商業映画までしぶとく変わっていないと思うのですが、逆にずっとお近くで監督を見つめてきた千茱萸さんからすると、監督の変節というのは何かあったんでしょうか。

生き物みたいに化けてゆく現場

大林―「逃げ切る」というのを受けて言えば、それは本人が「同じ事は二度やらない」と自らに課していることが意識として大きいと思います。作家は基本孤独でさびしんぼう（笑）だから作品を褒められれ

樋口尚文

ば単純にうれしい。それでつい褒められたことをまた繰り返したくなる。もしくは好きな作家の好きな部分を真似したくなる。でも大林宣彦という作家はソコをいちばん避けて作品を作ってきた人。それはコマーシャル時代から一貫していると思います。常に誰もたどり着いていないところを探ってる。大林映画はどれを観ても確実に「大林節」が炸裂しているけれども決して「同じ事をやっている」からではなくて。それは例えば作品によっては「コレは心の一本だけどアレは許せない！」と、熱狂的なファンでも好みの振り幅が大きいことの本質の部分で。その「安定した不安定さ」的な部分が休みなく次の作品を撮り続けるというモチベーションになってる。たしかに節目は折々にあったと思います。８㎜や16㎜の実験映画（アンデパンダン）からのプロの作家としてのコマーシャル時代。そして商業映画デビュー作『ＨＯＵＳＥ』。『ＨＯＵＳＥ』は当時の映画業界からすれば異世界から突然変異的に現れた作家による〝事件〟だった。そのあとは比較的順風満帆に作品を撮り重ね、次の転機は『転校生』。クランクインの二日前にスポンサーが下りてしまった。もちろんそこで映画を中止する選択もあった。けれど「映画をやめることは関わる人たちの人生が変わることもである」と続行を決めた。ここで（大林）恭子さんが主に大林宣彦の映画制作をするためにＰＳＣを設立。公的に恭子プロデューサー誕生。それ以前から共に映画を拵えてきたので自然な流れではあったんですが。

樋口——映画監督ではなく映画作家としてのあり方を貫くために、ある意味ご一家で腹をくくったというわけですね。そうやって独特なカラーの商業映画をたくさん製作されて、ゼロ年代に地方を拠点にしたインディーズ映画に活動の場を広げて行かれますが、その前後にも心境の変化はあったんでしょうか。

大林——ここ数十年、私は各作品でメイキングの撮影をしているんですが、それは誰よりも監督の動きを見詰め続ける作業なんです。大林映画は現場で変わることが多く、クランクインからアップまで生き物みたいに現場でも化けてゆくので、私は要所要所で「どういう映画になるかねぇ？」と監督にインタビューしてます。それで思い返すと『理由』あたりかな。『理由』くらいから本人が「わからない」って言い始めた。それまではけっこう「こういうイメージで、こういうのを作りたい」と細かく話してくれていたのが、「この作品はどうなるかわからない」と言うようになった。そしてそれは『この空の花』『野のなななのか』でより顕著になってゆく。

樋口——それが『花筐』に繋がってゆく。

大林——ですね。『花筐』のクランクイン二日前に監督の肺がんが見つかり、余命三ヶ月との診断。三ヶ月あれば撮影は終わるけど、大林映画の肝は編集、ポストプロダクション。家族会議では映画に関わっている皆さん、映画を待ってくれている皆さん、そして監督自身のためにも「映画を完成させよう」と意見はまとまったものの完成にこぎ着けるためには一体どの道を選ぶのがベストなのかを日々選択しながらの現場でした。印象的だったのは現場で天気待ちをしていたときのこと。ビデオカメラで遠くからズームで監督の表情を覗いていたんですが、見たことのない顔をしていた。それで近寄って聞いてみると「空から降りてくるのを待ってる」、「わからないけど、面白くなるねぇ」と。それを聞いた瞬間「あ、大丈夫。映画は完成する」と私は直感したんですが、結果、関わって下さる皆さんの結束力や凄まじいパワーが、監督の作家としての諦めない心とエネルギーに連なり増幅され、魑魅魍魎のパズルのようであった映像のかけらたちがカタルシスを伴って『花筐』に結実したのかなと。凄まじい境地に行ったもんだと。でもですね、実はいま最新作の『海辺の映画館――キネマの玉手箱――』のポスプロ真っ最中なわけですが、またもやさらなる境地にたどり着こうとしているんですよね。祖父（監督の父）の座右の銘が「永遠の未完成、これ完成なり」なんですが、監督は作家としてまさにそこを原理として生きているような人ですね。

樋口―なるほど。まさにその最後の言葉が象徴的ですが、よわいを重ねてなお、病んでなお、大林さんは過去のフィルモグラフィを再演するのではなく、未知なる作風を開拓しようとしているところが凄い。それはあたかも、四十余年前、『花筐』ではなく『ＨＯＵＳＥ』から始めたことによって華々しく築かれた映画人生を、今度は『花筐』からやり直そうとするかに見えます。また、大林監督ご本人にも申しましたが、なんたることかデジタルの時代に入ってからは、作品を重ねるごとに若々しさと熱気を更新されているとしか思えない。新作『海辺の映画館』もまたしたたかにエネルギッシュな、破格の作品です。われわれチルドレン監督にとしては、大林さんにまたしても逃げきられてしまった（笑）という悔しさと憧れをこめて、この対談を終わりたいと思います。ありがとうございました。

※本稿は、『花筐』劇場用パンフレットに一部採録された対談を、ＰＳＣ（大林宣彦事務所）のご厚意によりフルバージョンで掲載したものです。

ロシアン・ララバイ
1993年　ビデオ　カラー　60分

日曜洋画劇場（オープニングタイトル）
1996年　ビデオ　カラー

タイム・リープ
今関あきよし監督
監修
1997年

マヌケ先生
監督：内藤忠司
脚本：製作総指揮　大林宣彦
1998年1月24日TV 放映（2001年2月17日劇場公開）
35mm　カラー　89分
制作：中国放送　バンダイビジュアル
PSC
劇場配給：PSC

第51回全国植樹祭
イベント総合演出
2000年

自由にならないもの プーチとわたし物語
2000年　35mm　カラー　47分

まほろば〈土恋いのうた〉主題より
監督・脚本・語り・ピアノ演奏

サンセット大通り／予告編
2003年　VTR WOWWOW

カリーナの林檎 〜チェルノブイリの森〜
今関あきよし監督
ナレーション
2011年　109分

思い出は映画とともに
脚本・監督・出演・音楽
2014年　DVD

如水館中学校・高等学校校歌
作詞

ミュージックビデオ

THE GOOD BAD GIRL
奥慶一の PV
1981年　ビデオ　カラー

A FRAGMENT
高橋幸宏の PV
1984年　ビデオ　カラー　44分

BRACKET
KAN の PV
1988年　ビデオ　カラー　3分

レースのカーディガン
坂上香織の PV
1988年　ビデオ　カラー　20分

嘘つき
CANCION の PV
2006年　ビデオ　カラー　14分

愛と湧の歌の旅
松原愛・聖川湧の PV
2011年　ビデオ　カラー　9分

So long!
AKB48 の PV
2013年　ビデオ　カラー　64分

出演

愛の嵐の中で
小谷承靖監督
1978年　東宝

ホワイト・ラブ
小谷承靖監督
1978年　東宝

MOMENT
手塚眞監督
1981年

蔵の中
高林陽一監督
1981年　角川映画

ダイヤモンドは傷つかない
藤田敏八監督
1982年　東映

俗物図鑑
内藤誠監督
1982年

乙女物語 お嬢様危機イッパツ！
内藤忠司監督
1990年　バンダイ

あの日に帰りたい
1993年　フジテレビ

金なら返せん！
1994年

OYAKO Present to the Future
イノマタトシ監督
2014年

亜人
本広克行監督
2017年　東宝

エキストロ
村橋直樹監督
2019年

舞台演出

グリース
1988年

スライス・オブ・ザ・サタデーナイト
1991年

茶家〜cha・ya〜
2009年　幌張馬車 公演

監督補佐・撮影台本協力：桑原昌英
撮影監督：三本木久城
美術監督：竹内公一
映画音楽：山下康介
製作：「海辺の映画館—キネマの玉手箱」製作委員会
製作協力：PSC
配給：アスミック・エース

TVドラマ

新・木枯らし紋次郎（オープニングタイトル）

［キャスト］
中村敦夫
［スタッフ］
プロデューサー：宮本進　西岡善信　近藤伯雄
脚本：大林宣彦
1977年10月5日～1978年3月29日放映
16mm　カラー
制作：C.A.L　映像京都　東京12チャンネル

人はそれをスキャンダルという（第12話までのオープニングタイトルおよび第1話）

［キャスト］
山口百恵　永島敏行　篠田三郎　夏夕介
亜湖　船越英二　加藤治子　三國連太郎
［スタッフ］
プロデューサー：春日千春　野添和子　川口武夫　山本典助
脚本：泊里仁美　佐々木守
音楽：ミッキー吉野
1978年11月21日～1979年2月6日放映
16mm　カラー
制作：大映テレビ　TBS

可愛い悪魔

［キャスト］
秋吉久美子　渡辺裕之　ティナ・ジャクソン
赤座美代子　佐藤允　岸田森
みなみらんぼう
［スタッフ］
プロデューサー：山口剛　宍倉徳子
脚本：那須真知子
音楽：木森敏之
1982年8月10日放映
16mm　カラー　93分
制作：日本テレビ　円谷プロダクション

恋人よ われに帰れ LOVER COMEBACK TO ME

［キャスト］
沢田研二　大竹しのぶ　泉谷しげる
風吹ジュン　財津一郎　小川真由美
トロイ・ドナヒュー
［スタッフ］
製作：重村一
脚本：早坂暁
音楽：前田憲男
1983年9月23日放映
ビデオ　カラー　120分
制作：テレパック　フジテレビ

マドンナは春風にのって

［キャスト］
三田佳子　津川雅彦　汀夏子
金田龍之介　宮城千賀子　室井滋
鷲尾真知子
［スタッフ］
脚本：ジェームス三木
音楽：井上尭之
1990年1月3日放映(NHK)
制作：NHK

三毛猫ホームズの黄昏ホテル

［キャスト］
陣内孝則　宮沢りえ　竹内力　石橋蓮司
南野陽子　宝田明　津島恵子　天本英世
［スタッフ］
プロデューサー：五十嵐文郎　高橋浩太郎　高橋勝　大林恭子
脚本：内藤忠司　南柱根　大林宣彦
音楽：學草太郎　山下康介
1998年2月21日放映
35mm　カラー　127分
制作：テレビ朝日　CUC　PSC

にっぽんの名作・朗読紀行「忍ぶ川」

［キャスト］
三浦友和　高橋かおり
［スタッフ］
プロデューサー：大林恭子　川村尚敬
脚本：大林宣彦
音楽：學草太郎　山下康介
2000年3月8日放映（2000年9月30日劇場公開）
ビデオ　カラー　50分
制作：NHK

その他

ピンクレディー ジャンピング サマーカーニバル

1978年　35mm　カラー

さよならロッキーの仲間たち

1980年　35mm　カラー　70分

いい旅チャレンジ20,000km（全3回）

1980年　16mm　カラー　各回30分

多様な国土

「科学万博つくば '85」にて上映
1985年　70mm　カラー　15分

アイコ十六歳

今関あきよし監督
製作総指揮
1983年　日本ヘラルド

裸足のシンデレラ 沢口靖子ドキュメント

1986年　ビデオ　16mm　カラー

夢の花・大連幻視行

「大連・尾道友好博覧会」にて上映
1987年　ビデオ　カラー　30分

モモとタローのかくれんぼ

「瀬戸大橋博 '88」にて上映
1988年　ビデオ　カラー

NEIMAN'S WORLD JAPAN '88

リロイ・ニーマンのPV
1989年　ビデオ　カラー　8分

映画の肖像 メイキング・オブ・『夢』

黒澤明・大林宣彦映画的対談
1990年　ビデオ　カラー　150分

花地球夢旅行183日

「国際花と緑の博覧会」にて上映
1990年　ビデオ　カラー

照明：西表灯光
美術：竹内公一
編集：大林宣彦
録音：内田誠
音楽：山下康介　學草太郎
2008年11月1日公開
35mm カラー　139分
制作：WOWOW　ＰＳＣ　角川映画
配給：角川映画
第21回東京国際映画祭特別招待作品

この空の花　長岡花火物語

ブルーレイ・DVD 発売中
この空の花ー長岡花火物語
©「長岡映画」製作委員会　ＰＳＣ 2011

［物語］
新潟県長岡市で毎年8月に開催される花火大会をモチーフに、2004年の中越地震、2011年の東日本大震災への追悼の思いも込めた作品。天草の地方紙記者、遠藤玲子が取材のために長岡市にやってくる。玲子がここに来た理由はもう一つあった。かつての恋人、片山健一から届いた手紙に、自分が教師を勤める高校の生徒が書いた「まだ戦争には間に合う」という舞台と、長岡の花火を見てほしい、とあったのだ。長岡で取材に取り組むうちに、玲子は訪ねた先で出会った人々と、数々の不思議な出来事を体験する。

［キャスト］
松雪泰子　高嶋政宏　原田夏希
猪股南　筧利夫　笹野高史　草刈正雄
犬塚弘　片岡鶴太郎　柄本明　根岸季衣
星野知子　ベンガル　勝野雅奈恵
森田直幸　池内万作　富司純子
並樹史朗　高橋長英　品川徹　村田雄浩
尾美としのり　藤村志保

［スタッフ］
製作：大林恭子　渡辺千雅
プロデューサー：山崎輝道
脚本：大林宣彦　長谷川孝治
撮影：加藤雄大　三本木久城　星貴
照明：山川英明
美術：竹内公一
編集：大林宣彦　三本木久城
録音：内田誠
音楽：久石譲
2012年4月7日公開
DCP カラー　160分
製作：「長岡映画」製作委員会
配給：ＰＳＣ　ＴＭ エンタテインメント

野のなななのか

ブルーレイ・DVD 発売中
野のなななのか
© 2014 芦別映画製作委員会／ＰＳＣ

［物語］
終戦にまつわる秘話をモチーフに、北海道芦別市を舞台に描く。風変わりな古物商“星降る文化堂”の主人、鈴木光男が92歳で他界した。離ればなれに暮らしていた鈴木家の人々が葬儀のために集合する。そこに現われた謎の女性、清水信子。一家は彼女の存在を通して、終戦の日とされる1945年8月15日以降も戦争が続いていた樺太で、旧ソ連軍の侵攻を体験した光男の過去を知る。

［キャスト］
品川徹　常盤貴子　村田雄浩　松重豊
柴山智加　山崎紘菜　窪塚俊介　寺島咲
安達祐実　斉藤とも子　根岸季衣
左時枝　伊藤孝雄

［スタッフ］
製作：大林恭子　宗方裕之
エグゼクティブプロデューサー：大林恭子
プロデューサー：山崎輝道
脚本：大林宣彦
原作：長谷川孝治
脚色：内藤忠司　大林宣彦
撮影：三本木久城
照明：山川英明
美術：竹内公一
編集：大林宣彦　三本木久城
録音：内田誠
音楽：山下康介
2014年5月17日公開
ＤＣＰ カラー　171分
製作：芦別映画製作委員会
配給：ＰＳＣ　ＴＭ エンタテインメント

花筐 HANAGATAMI

花筐／HANAGATAMI
Blu-ray 6,264円（税込）
DVD　5,076円（税込）
発売元：カルチュア・パブリッシャーズ
販売元：TC エンタテインメント

［物語］
原作は檀一雄による同名短編小説。佐賀県唐津市を舞台に、戦渦に生きる若者たちの青春群像劇を圧倒的な映像美で綴る。1941年、春。17歳の榊山俊彦は、両親が住むアムステルダムから、佐賀県唐津の叔母の元へと身を寄せる。学校では、美少年の鵜飼、虚無僧のような吉良、お調子者の阿蘇と交友を深め、肺病の従妹、美那を想いながら、女友達のあきねや千歳とも青春を謳歌する日々。そんな日常を、いつしか戦争が飲み込んでいく。

［キャスト］
窪塚俊介　満島真之介　長塚圭史
柄本時生　矢作穂香　山崎紘菜　門脇麦
常盤貴子

［スタッフ］
製作：辻幸徳（唐津映画製作推進委員会）、
　　　甲斐田晴子（唐津映画製作員会）、
　　　大林恭子（PSC）
協力：檀太郎
原作：檀一雄「花筐」（講談社・文芸文庫）
脚本：大林宣彦、桂千穂
音楽：山下康介
撮影監督：三本木久城
美術監督：竹内公一
照明：西表燈光
録音：内田誠
編集：大林宣彦、三本木久城
整音：山本逸美
監督補佐：松本動
エグゼクティブプロデューサー：大林恭子
プロデューサー：山崎輝道
©唐津映画製作委員会／PSC 2017

〈最新作〉
海辺の映画館—キネマの玉手箱—

［キャスト］
厚木拓郎　細山田隆人　細田善彦
吉田玲　成海璃子　山崎紘菜
常盤貴子

［スタッフ］
製作指揮：奥山和由
エグゼクティブ・プロデューサー
　　　：大林恭子
プロデューサー：中村直史
　　　　　　　小笠原宏之
　　　　　　　門田大地
企画協力：鍋島寿夫
脚本・撮影台本：大林宣彦
脚本：内藤忠司　小中和哉
脚本協力：渡辺謙作　小林竜雄

は関係ない人物であることが判明する。多数の人たちの証言を通して、不可解な謎が解き明かされていく。

［キャスト］
岸部一徳　村田雄浩　寺島咲　勝野洋
伊藤歩　加瀬亮　古手川祐子
風吹ジュン　柄本明　大和田伸也
久本雅美　赤座美代子　小林かおり
松田洋治　宝生舞　松田美由紀
河原さぶ　山田辰夫　大前均　渡辺裕之
渡辺えり　菅井きん　石上三登志
小林聡美　風見章子　綾田俊樹
多部未華子　利根はる恵　左時枝
ベンガル　立川談志　南田洋子
柳下毅一郎　石橋蓮司　麿赤兒
東郷晴子　柳沢慎吾　島崎和歌子
小林稔侍　髙橋かおり　宮崎あおい
永六輔　片岡鶴太郎　並樹史朗
横山あきお　根岸季衣　山本晋也
入江若葉　嶋田久作　峰岸徹　吉行由実
裕木奈江　大山のぶ代　木野花
田根楽子　中江有里

［スタッフ］
製作：金子康雄　大林恭子
プロデューサー：大林恭子　戸田幸宏
　　　　　　　　山崎輝道
原作：宮部みゆき
脚本：大林宣彦　石森史郎
撮影：加藤雄大
照明：佐野武治
美術：竹内公一
編集：大林宣彦
録音：井家眞紀夫
音楽：山下康介　學草太郎
2004年12月18日公開（2004年4月29日TV放映。2005年11月8日日本テレビにて放映）
35mm カラー　160分
制作：WOWWOW　ＰＳＣ
配給：アスミック・エース

転校生～さよなら あなた～

『転校生 さよなら あなた 特別版』
価格：DVD ￥4,700（税抜）
発売元・販売元：株式会社 KADOKAWA

［物語］
青春映画の名作「転校生」を、舞台を信州に移して監督自らリメイク。両親の離婚を機に、尾道から幼少期を過ごした信州に引っ越して来た斉藤一夫は、転校した中学校で、幼なじみの一美と再会する。幼い日の結婚の約束を口にして、一夫を戸惑わせる一美。二人は思い出の場所、“さびしらの水場”に行くが、柄杓で水をすくおうとした瞬間に、誤って一緒に水の中に落ちてしまう。這い上がったとき、二人の心と体は入れ替わっていた。

［キャスト］
蓮佛美沙子　森田直幸　清水美砂
厚木拓郎　寺島咲　石田ひかり
古手川祐子　長門裕之　田口トモロヲ
窪塚俊介

［スタッフ］
製作：黒井和男
プロデューサー：鍋島壽夫　大林恭子
原作：山中恒
脚本：剣持亘　内藤忠司　石森史郎
　　　南柱根　大林宣彦
撮影：加藤雄大
照明：西表灯光
美術：竹内公一
編集：大林宣彦
録音：内田誠
音楽：山下康介　學草太郎
2007年6月23日公開
35mm カラー　120分
制作：角川映画　日本映画ファンド
配給：角川映画

22才の別れ
Lycoris 葉見ず花見ず物語

［物語］
伊勢正三の曲「22才の別れ」がモチーフ。『なごり雪』に続き、大分を舞台に描く。福岡市の商社に勤める川野俊郎は44歳の独身男。37歳の同僚、有美のことが気になっていたが、関係は煮え切らない。ある日、俊郎は、コンビニのレジで「22才の別れ」を口ずさんでいた少女、花鈴と知り合い、親しくなる。彼女から身の上話を聞いた俊郎は、22才の誕生日に別れた恋人、葉子に関する信じがたい事実を知るのだった。

［キャスト］
筧利夫　清水美砂　鈴木聖奈　窪塚俊介
寺尾由布樹　細山田隆人　岸部一徳
山田辰夫　立川志らく　蛭子能収
左時枝　根岸季衣　三浦友和　南田洋子
長門裕之　峰岸徹　村田雄浩

［スタッフ］
製作：鈴木政徳
エグゼクティブプロデューサー：大林恭子
　　　　　　　　　　　　　　　頼住宏
脚本：南柱根　大林宣彦
撮影：加藤雄大
照明：西表灯光
美術：竹内公一
編集：大林宣彦
録音：内田誠
音楽：山下康介　學草太郎　伊勢正三
2007年8月18日公開
35mm カラー　119分
制作：タイアックス　配給：角川映画

その日のまえに

その日のまえに
『その日のまえに ＜通常版＞』
© 2008「その日のまえに」製作委員会

［物語］
原作は重松清の同名小説。健大はデザイン事務所を経営する売れっ子イラストレーター。そんな彼を売れない時代から支えてきた妻、とし子は、育ち盛りの息子２人の子育てに奮闘している。実はとし子は医師から余命宣告されていて、生きられるのはあとわずかだった。妻が“その日”を迎えるまで、戸惑いながらも懸命に生きていく家族の姿を描く。

［キャスト］
南原清隆　永作博美　筧利夫　今井雅之
勝野雅奈恵　原田夏希　柴田理恵
風間杜夫　宝生舞　寺島咲　窪塚俊介
髙橋かおり　並樹史朗　油井昌由樹
小林かおり　吉行由実　柴山智加
村田雄浩　左時枝　小日向文世
根岸季衣　入江若葉　峰岸徹

［スタッフ］
製作：和崎信哉　大林恭子　井上泰一
プロデューサー：大林恭子　中村理一郎
　　　　　　　　君塚章子
原作：重松清
脚本：市川森一
撮影：谷川創平

あの、夏の日
～とんでろ じいちゃん～

DVD(デラックス版)：4,700円
発売元：NBCユニバーサル・エンターテイメント
※ 2019年6月の情報です。

［物語］
小学5年生の由太は、夏休みの間、両親や姉の代わりに、ボケ気味のおじいちゃんに会いに尾道へやってくる。おじいちゃんと過ごす毎日は、不思議な出来事の連続だった。『ふたり』『あした』に続く"新・尾道３部作"の完結編。

［キャスト］
小林桂樹　厚木拓郎　菅井きん
宮崎あおい　勝野雅奈恵　嶋田久作
松田美由紀　石田ひかり　入江若葉
上田耕一　ミッキー・カーチス　林泰文
山本晋也　天宮良　大和田伸也
根岸季衣

［スタッフ］
製作：芥川保志　大林恭子
プロデューサー：大林恭子　芥川保志
原作：山中恒
脚本：石森史郎　大林宣彦
撮影：坂本典隆
照明：西表灯光
美術：竹内公一
編集：大林宣彦
録音：内田誠
音楽：學草太郎　山下康介
1999年7月3日公開
35mm カラー　123分
制作：プライド・ワン　ＰＳＣ　配給：東映

淀川長治物語・神戸篇 サイナラ

［物語］
1909年、淀川長治は、神戸の芸者置屋「淀川屋」の跡取りとして生まれた。4歳の時に観た「クレティネッティの借金返済法」がきっかけで活動写真に夢中になっていく。だが、米騒動や関東大震災など、次々と災難に見舞われ、豊かであった淀川家は破産してしまう。二人の姉は家出し、弟が自殺して長治は次々と不幸にも襲われる。だが、映画の素晴らしさを人々に伝える仕事に就きたいと思うようになり、家族を神戸に残して汽車に乗り、東京へと向かった。

［キャスト］
厚木拓郎　勝野洋輔　秋吉久美子
高橋かおり　柄本明　白石加代子
ミッキー・カーチス

［スタッフ］
製作・プロデューサー：武市憲二
　　　　　　　　　　　大林恭子
脚本：市川森一　大林宣彦
音楽：學草太郎　山下康介
1999年11月7日TV 放映(2000年9月30日劇場公開)
35mm　カラー　106分
制作：武市プロダクション　PSC　劇場配給：PSC

告別

［物語］
長野県上田市に住むサラリーマンの勇一にとっては、何もかもがうまく行っていない毎日だった。ある日、故郷の村へ営業に出かけ、古びた電話ボックスを発見する。中にあった古い電話帳に高校時代の親友、太の番号を見つけ、思わずダイヤルを回してしまうが、電話口に出たのは30年前の声の太だった。翌日、もう一度太の家に電話をすると、太の母親から彼が5年前に亡くなっていたことを聞かされる。勇一はあの電話ボックスが30年前に繋がっていることに気づくと、忘れかけていた出来事が蘇る。想い出に浸っている勇一にリストラが宣告される。勇一は再び山の電話ボックスへと出かけ、すでに亡くなっている当時の恋人、幸とのデートをキャンセルする。しかし勇一は、思い直して再び幸に電話し、もう一度デートの約束をする。

［キャスト］
峰岸徹　勝野雅奈恵　宮崎将　清水美砂
裕木奈江　津島恵子　高橋かおり
小林桂樹

［スタッフ］
製作：鈴木孝之　古屋克征
脚本：大林宣彦　石森史郎
音楽：學草太郎　山下康介
2001年2月24日TV 放映(2001年7月14日劇場公開)
デジタルハイビジョン　カラー　120分
制作：BS-i　国際放映　劇場配給：BS-i
オフィス・シロウズ

なごり雪

［物語］
妻のとし子に逃げられた梶村祐作は、かつての親友・水田の妻・雪子が意識不明の重体であることを聞き、故郷の大分県臼杵へ帰る。雪子の姿を目にした祐作の脳裏には、28年前の青春の記憶が蘇る。その頃、雪子は祐作に恋していたが、その気持ちを知りながら応えられなかった祐作。雪子を愛し、結婚したのは水田だった。伊勢正三の曲「なごり雪」がモチーフ。

［キャスト］
三浦友和　須藤温子　ベンガル
細山田隆人　反田孝幸　宝生舞
長澤まさみ　津島恵子　左時枝

［スタッフ］
製作：大林恭子　工藤秀明　山本洋
プロデューサー：大林恭子　山崎輝道
　　　　　　　　福田勝
脚本：南柱根　大林宣彦
撮影：加藤雄大
照明：西表灯光
美術：竹内公一
編集：大林宣彦
録音：内田誠
音楽：學草太郎
主題歌「なごり雪」伊勢正三
2002年9月28日公開
35mm カラー　111分
制作：ＰＳＣ　TOS エンタープライズ
配給：大映

理由

理由 特別版
価格：DVD ¥4,700(税抜)
発売元：アスミック
販売元：株式会社 KADOKAWA

［物語］
原作は、宮部みゆきの直木賞受賞作。1996年6月5日、深夜未明に、荒川区の超高層マンションで一家4人が殺害される事件が起こる。住民台帳によれば、この部屋には小糸一家が住んでいたはずだったが、調査が進むうち、殺された4人は小糸家と

三毛猫ホームズの推理

三毛猫ホームズの推理　ディレクターズ・カット
監督：大林宣彦
DVD 発売中
発売・販売元：バンダイナムコアーツ

［物語］
猫を主人公にした『三毛猫ホームズシリーズ』第1作。女子大生が殺害される事件が発生、気弱な刑事、片山義太郎が捜査を担当する。被害者に売春疑惑が出たため、片山は、文学部部長の森崎から話を聞き、羽衣女子大学に潜入して情報を探る。森崎の飼い猫ホームズと、学生の吉塚雪子も協力するが、森崎が殺害されてしまう。

［キャスト］
陣内孝則　葉月里緒菜　山本未來
堀広道　大和田伸也　前田武彦
平幹二朗　井川比佐志

［スタッフ］
プロデューサー：五十嵐文郎　高橋勝
　　　　　　　　大林恭子
脚本：中岡京平
音楽：學草太郎
1996年9月26日 TV放映（1998年2月14日にディレクターズ・カット版劇場公開）
35mm　カラー　127分
制作：テレビ朝日　CUC.　PSC
劇場配給：PSC　ザナドゥー

SADA

SADA 戯作・阿部定の生涯
DVD：2,800円（税別）
発売元・販売元：松竹株式会社

［物語］
昭和11年、女性が愛人の男性の性器を切断して殺害した“阿部定事件”を元に描いた。神田の畳屋の娘・定は、14歳のとき、慶大生の斎藤に旅館に連れ込まれ、無理やり処女を奪われる。介抱してくれた医学生の岡田に、定は恋をするが、ハンセン病にかかっていた岡田は、定に医療用ナイフを残して姿を消してしまう。その後、定は芸者から売春婦となって転々とし、やがて愛人となった議員の立花に勧められ、料亭で働き始める。ところが定は、店の主人の龍蔵と離れられない仲になる。

［キャスト］
黒木瞳　片岡鶴太郎　石橋蓮司
嶋田久作　椎名桔平　赤座美代子
三木のり平　根岸季衣　ベンガル
小林桂樹　池内万作　坂上二郎
入江若葉　田口トモロヲ　奥村公延
林泰文　天宮良　左時枝　宝生舞
山本未來　小林かおり　藤谷美紀
石上三登志（語り）

［スタッフ］
製作：鍋島壽夫
プロデューサー：大林恭子
原作・脚色：西澤裕子
撮影：坂本典隆
照明：西表灯光
美術：竹内公一
編集：大林宣彦
録音：北村峰晴
音楽：學草太郎
1998年4月11日公開
35mm カラー　132分
制作・配給：松竹
第48回ベルリン国際映画祭国際批評家連盟賞

風の歌が聴きたい

風の歌が聴きたい
DVD（デラックス版）：4,700円
発売元：NBCユニバーサル・エンターテイメント
※ 2019年6月の情報です。

［物語］
幼い頃にかかった病気が原因で耳が不自由になった昌宏は、文通を通じて同じ障害を持つ奈美子と出会い、交際、同棲を経て結婚する。そして、ともに過酷な競技であるトライアスロンへの挑戦を始める。そんな中で奈美子は妊娠する。

［キャスト］
天宮良　中江有里　勝野洋　入江若葉
乃森玲子　石橋蓮司　左時枝　河原さぶ

［スタッフ］
製作：大林恭子　根田哲雄　芥川保志
プロデューサー：大林恭子　芥川保志
原案：高島良宏　小田大河
脚本：中岡京平　内藤忠司　大林宣彦
撮影：坂本典隆
照明：西表灯光
美術：竹内公一
編集：大林宣彦
録音：中村裕司
音楽：學草太郎
1998年7月17日公開
35mm カラー　161分
制作：ＰＳＣ　トーシン・エンタープライズ
プライド・ワン　配給：ザナドゥー
文部省選定　厚生省推薦　中央児童福祉審議会特別推薦　第10回東京国際映画祭特別招待作品

麗猫伝説

入江たか子とその娘入江若葉を迎えて尾道で撮った、化け猫映画へのオマージュ作品。

［キャスト］
入江たか子　入江若葉　柄本明
風吹ジュン　大泉滉　峰岸徹　平田昭彦
坊屋三郎

［スタッフ］
プロデューサー：山口剛　宍倉徳子
脚本：桂千穂
音楽：三枝成彰
1983年8月30日TV 放映（1998年8月16日劇場公開）
16mm　カラー　93分
制作：日本テレビ　円谷プロダクション
劇場配給：PSC

樽を巡り始めるが、二人の前には、綾瀬の本名を名乗る謎めいた少年が現れる。少年に導かれて、綾瀬は青春時代の暗い記憶を蘇らせていく。
[キャスト]
勝野洋　石田ひかり　石田ゆり子
松田洋治　尾美としのり　ベンガル
根岸季衣　増田恵子　川谷拓三
多岐川裕美　安田伸　岩松了　樋口尚文
[スタッフ]
製作：川島國良　大林恭子
プロデューサー：大林恭子　小出賀津美
原作：山中恒
脚本・編集：大林宣彦
撮影：阪本善尚
照明：高野和男　中村裕樹
美術：薩谷和夫
録音：安藤徳哉
音楽：久石譲
1993年2月20日公開（1992年10月25日WOWWOWにて放映）
35mm カラー　165分
制作：ギャラックプレミアム　ＰＳＣ
配給：東映
第17回日本アカデミー賞優秀編集賞

水の旅人 侍KIDS

[物語]
小学生の悟はある日、「墨江少名彦」と名乗る身長17cmの小さな侍と出会う。少名彦は悟に勇気や自然の大切さなど、さまざまなことを教えてくれるが、清麗な水から離れたせいで、その体は日増しに弱っていく。そんな少名彦を助けようと、悟はきれいな水を探して山奥に入り、遭難してしまう。洞窟の水源で蘇った少名彦は、海へと向かう。
[キャスト]
山崎努 吉田亮　伊藤歩　原田知世
風吹ジュン　岸部一徳　尾上丑之助
伊藤智乃　由利徹
[スタッフ]
製作：村上光一　海老名俊則　堀内實三
プロデューサー：河井真也　豊田俊穂
　　島谷能成　茂庭喜徳
原作・脚本：末谷真澄
撮影：阪本善尚
照明：高野和男
美術：竹中和雄
編集：大林宣彦
録音：安藤徳哉
音楽：久石譲
1993年7月17日公開
35mm カラー　106分
制作：フジテレビジョン　オフィス・トゥー・ワン　東宝　配給：東宝
第17回日本アカデミー賞話題賞

女ざかり

女ざかり
DVD：2,800円（税別）
発売元・販売元：松竹株式会社
© 1994 松竹／テレビ東京／アミューズ／日本出版販売

[物語]
新聞記者の南弓子は、念願の論説委員になり、初めての社説を書く。しかし、その社説が原因で、政府与党から圧力をかけられることに。弓子本人はもちろん、愛人で大学教授の豊崎や、彼女に想いを寄せる同僚の浦野など、周囲の人々も彼女を守ろうと奔走する。原作は、丸谷才一の同名ベストセラー小説。
[キャスト]
吉永小百合　津川雅彦　風間杜夫
藤谷美紀　月丘夢路　松坂慶子　山崎努
三國連太郎
[スタッフ]
製作：大谷信義
プロデューサー：中川滋弘
原作：丸谷才一
脚本：野上龍雄　渡辺善則　大林宣彦
撮影：坂本典隆
照明：秋田富士夫
美術：竹中和雄
編集：大林宣彦
録音：今井康雄
音楽：久石譲
1994年6月18日公開
35mm カラー　118分
制作：松竹　テレビ東京　アミューズ　日本出版販売　配給：松竹

あした

あした
DVD（デラックス版）：4,700円+税
発売元：NBC ユニバーサル・エンターテイメント

[物語]
尾道沖で、小型客船「呼子丸」が嵐に遭って遭難。乗っていた9人全員が消息を絶っていた。それから3カ月後、残された恋人や家族のもとに「今夜午前０時、呼子浜で待っている」というメッセージが届く。それを信じた彼らは、続々と呼子浜に集まってくる。いよいよ約束の午前0時、暗い海の中から呼子丸が姿を現す。原作は赤川次郎の『午前0時の忘れもの』で、“新・尾道3部作” 2作目。
[キャスト]
髙橋かおり　林泰文　朱門みず穂
宝生舞　柏原収史　原田知世
風吹ジュン　植木等　津島恵子
ベンガル　小倉久寛　岸部一徳
田口トモロヲ　峰岸徹　多岐川裕美
根岸季衣　入江若葉　増田惠子
坊屋三郎　赤座美代子　尾美としのり
中江有里　藤谷美紀
[スタッフ]
製作：出口孝臣　大林恭子　宮下昌幸
　　芥川保志
プロデューサー：大林恭子　高桑晶子
原作：赤川次郎
脚本：桂千穂
撮影：坂本典隆
照明：秋田富士夫
美術：竹中和雄
編集：大林宣彦
録音：安藤徳哉
音楽：學草太郎　岩代太郎
主題歌：「あした」原田知世
1995年9月23日公開
35mm カラー　141分
制作：アミューズ　ＰＳＣ　イマジカ　プライド・ワン　配給：東宝
第8回日刊スポーツ映画大賞助演男優賞（植木等）

録音：横溝正俊
音楽：根田哲雄
1989年11月18日公開
35mm カラー　135分
制作：マックスダイ　ＰＳＣ　配給：松竹

ふたり

ふたり
DVD(デラックス版)：4,700円
発売元：NBCユニバーサル・エンターテイメント
※ 2019年6月の情報です。

［物語］
ドジでとろい妹、実加と、しっかり者の姉、千津子。ある日、千津子は交通事故で命を落とすが、ピンチに陥った実加を助けるため、幽霊になって現れる。実加は姉に見守られながら、家庭の問題や恋愛といった人生の荒波を乗り越えていく。赤川次郎の同名小説を原作に、再び尾道を舞台に描かれた“新・尾道3部作”1作目。

［キャスト］
石田ひかり　中嶋朋子　富司純子
岸部一徳　尾美としのり　増田恵子
柴山智加　中江有里

［スタッフ］
製作：川島国良　大林恭子　田沼修二
プロデューサー：大林恭子　太田智朗
　　　　　　　　小出賀津美
原作：赤川次郎
脚本：桂千穂
撮影：長野重一
照明：島田忠昭
美術：薩谷和夫
編集：大林宣彦
録音：林昌平　横溝正俊
音楽：久石譲
1991年5月11日公開(1990年11月9日・16日にNHKにて放映)
35mm カラー　150分
制作：ギャラック　ＰＳＣ　ＮＨＫエンタープライズ　配給：松竹

私の心はパパのもの

［物語］
交通事故で母を亡くした美々子は、別れていた父・陽平と15年ぶりに暮らすことになるが、浮気が原因で母と離婚した父をどうしても好きになれない。15年ぶりに娘ができた陽平は、菜々子とは違って嬉しくてたまらなかった。美々子には雄樹という恋人がいたが、金持ち自慢で派手な振る舞いをする雄樹を、陽平は好きになれなかった。美々子は父との生活が辛くなって行く。

［キャスト］
斉藤由貴　愛川欽也　尾美としのり
根岸季衣　峰岸徹　正力愛子　入江若葉
奈美悦子

［スタッフ］
プロデューサー：山口剛　田辺隆史
脚本：岸田理生　斉木燿
音楽：設楽幸嗣
1988年11月30日 TV放映(1992年6月13日劇場公開)
16mm　カラー　95分
制作：東北新社
劇場配給：東北新社　ギャラクシーワン

彼女が結婚しない理由

［物語］
ブライダル・コーディネーターの有子は、離婚して娘の怜子と暮らしている。彼女の楽しみは、バー「風」で疲れを癒すことで、マスターの江口と親しくなって行った。ある日、有子は、怜子から恋の悩みを打ち明けられる。結婚したい人がいるが、彼の気持ちがよくわからないという。結婚式をコーディネートしている有子にとって、結婚とはビジネスに過ぎなかったのだが、江口から意外な告白をされて悩む。

［キャスト］
岸恵子　石田ゆり子　永島敏行
鷲尾いさ子　藤田敏八　草薙幸二郎
入江若葉　伊豆肇

［スタッフ］
プロデューサー：山口剛　田辺隆史
脚本：岸田理生
音楽：設楽幸嗣
1990年12月26日 TV放映(1992年6月13日劇場公開)
16mm　カラー　100分
制作：東北新社
劇場配給：東北新社　ギャラクシーワン

青春デンデケデケデケ

青春デンデケデケデケ
DVD(デラックス版)：4,700円
発売元：NBCユニバーサル・エンターテイメント
※ 2019年6月の情報です。

［物語］
1960年代の四国の田舎町を舞台に、ロックに熱中する高校生たちを描く青春ドラマ。原作は芦原すなおの同名小説。高校入学を目前に控えた藤原竹良は、ラジオから流れてきたベンチャーズの曲「パイプライン」の“デンデケデケデケ”という音に衝撃を受ける。高校に入った竹良は、仲間を集めてバンドを結成。メンバーらは苦労して楽器を手に入れ、音楽活動に明け暮れる。

［キャスト］
林泰文　大森嘉文　浅野忠信　永堀剛敏
佐藤真一郎　柴山智加　ベンガル
根岸季衣

［スタッフ］
製作：川島國良　大林恭子　笹井英男
プロデューサー：大林恭子　小出賀津美
　　　　　　　　福田慶治
原作：芦原すなお
脚本：石森史郎
撮影：萩原憲治　岩松茂
照明：小熊良洋　秋田富士夫
美術：薩谷和夫
編集：大林宣彦
録音：横溝正俊
音楽：久石譲
1992年10月31日公開
35mm カラー　135分
制作：ギャラックプレミアム　ＰＳＣ　リバティフォックス　配給：東映
第16回日本アカデミー賞優秀音楽賞(久石譲)

はるか、ノスタルジィ

［物語］
少女小説の人気作家、綾瀬は、友人の挿絵画家、紀宮の急死をきっかけに、少年時代を過ごした小樽を10数年ぶりに訪れた。そこで彼は、自分のファンだという少女、はるかと出会い、彼女の案内で現在の小

配給：日本アート・シアター・ギルド

漂流教室

［物語］

楳図かずおの同名コミックを元にしたSF作品。多様な国の子どもたちが通うコーベ・インターナショナル・スクールが、ある日突然、校舎ごと未来へタイムスリップしてしまう。校舎にいた199人の生徒たちが目にしたのは、教室の外に広がる砂漠と見たことのない奇妙な生物だった。生徒たちは、生き延びるために行動し始める。

［キャスト］

林泰文　浅野愛子　南果歩　尾美としのり
三田佳子　小林稔侍　トロイ・ドナヒュー
本多猪四郎

［スタッフ］

製作総指揮：中村賢一
製作：高木盛久　山科誠　山下輝政
プロデューサー：中島忠史　末吉博彦
篠島継男　菅宣次
小久保章一郎
原作：楳図かずお
潤色：大林宣彦　石上三登志　小倉洋二
脚本：橋本以蔵
撮影：志満義之
照明：望月英樹
美術：薩谷和夫
編集：小川信夫
録音：稲村和己
音楽：久石譲
1987年7月11日公開
35mm カラー　104分
製作：CCJ　日本テレビ放送網　バンダイ
東和プロダクション　配給：東宝東和

日本殉情伝 おかしなふたり ものくるほしきひとびとの群

［物語］

原作はやまさき十三、さだやす圭による人気マンガ。海辺の町に流れ着いた旅人の山倉修は、金貸し業を営む室田幸男と知り合う。ある日、室田の事務所に幼なじみの成田和美が訪ねてきた。室田と成田、室田の妻、夕子の3人は、子ども時代にいつも一緒に遊んでいた仲で、当時、成田は「夕子を嫁さんにする」と宣言。しかし、やがて夕子は室田と愛し合うようになり、さやかという名の娘も誕生した。室田は恩師の正田にも金を貸していたが、返さずに世を去ったため、その娘の紅子が事務所で働くことになる。

［キャスト］

竹内力　三浦友和　南果歩　永島敏行
正力愛子　大泉滉　峰岸徹　尾美としのり
宮城千賀子　水島道太郎

［スタッフ］

製作：山本又一朗
プロデューサー：阿部信雄　大林恭子
原作：やまさき十三　さだやす圭
脚本：剣持亘　小倉洋二　薩谷和夫
大林宣彦
撮影：長野重一
照明：望月英樹
美術：薩谷和夫
編集：大林宣彦
録音：稲村和己
音楽：KAN
1988年3月29日公開
35mm カラー　108分
制作：フィルムリンク・インターナショナル
配給：アートリンクス

異人たちとの夏

異人たちとの夏
Blu-ray：3,300円（税抜）
DVD：2,800円（税別）
発売元・販売元：松竹株式会社

［物語］

妻と別れて孤独に生きるシナリオライターの原田は、子ども時代に住んでいた浅草で、偶然、彼が12歳の時に交通事故で死んだはずの両親に再会する。同時に、同じマンションに住む桂という女性とも出会い、恋愛関係になる。しかし、なぜか原田の体は、両親との邂逅を重ねる度に衰弱していく。桂もまた、自殺していたのだった。やがて別れの時が近づき、原田と両親は浅草ですき焼きを食べて幸せな時間を過す。

［キャスト］

風間杜夫　秋吉久美子　片岡鶴太郎
名取裕子　永島敏行　入江若葉　林泰文
奥村公延

［スタッフ］

製作：杉崎重美
プロデューサー：樋口清
原作：山田太一
脚本：市川森一
撮影：阪本善尚
照明：佐久間丈彦
美術：薩谷和夫
編集：太田和夫
録音：島田満
音楽：篠崎正嗣
1988年9月15日公開
35mm カラー　110分
制作・配給：松竹
第12回日本アカデミー賞優秀脚本賞（市川森一）

北京的西瓜

北京的西瓜
DVD（デラックス版）：4,700円
発売元：NBCユニバーサル・エンターテイメント
※ 2019年6月の情報です。

［物語］

実話をもとに、八百屋の夫婦と在日中国人留学生たちとの交流を描いた感動のドラマ。千葉県船橋市にある八百屋「八百春」の主人、春三は、中国人留学生たちの生活苦を見かねて、彼らの面倒を見始める。最初は軽い気持ちで援助していた春三だったが、やがて自らの生活をも犠牲にするようになってしまう。中国での撮影も予定されていたが、撮影中に天安門事件が発生し、中国ロケが中止に。映画には抗議を込めて37秒間の空白が挿入されている。

［キャスト］

ベンガル　もたいまさこ　峰岸徹
斎藤晴彦　笹野高史　柄本明　天宮良
浅香光代

［スタッフ］

製作：川鍋兼男　大林恭子
プロデューサー：森岡道夫
原作：林小利　久我山通
脚本：石松愛弘
撮影：長野重一
照明：鈴木直秀
美術：薩谷和夫
編集：大林宣彦

のフィアンセから、実は喜多沢家の子どもは彩だけだという秘密を知らされる。やがて杏の産みの親が現れて杏は東京に旅立ち、茜は白血病を発症する。血のつながりのない四姉妹の青春を描く。

［キャスト］
紺野美沙子　浅野温子　沢口靖子
富田靖子　尾美としのり　宮川一朗太
佐藤允　おりも政夫　峰岸徹　藤田弓子
入江若葉　竹脇無我　宇野重吉

［スタッフ］
製作：小倉斉
原作：大山和栄
脚本：関本郁夫　桂木薫
撮影：宝田武久
照明：望月英樹
美術：薩谷和夫
編集：小川信夫
録音：宮内一男
音楽：宮崎尚志
1985年12月21日公開
35mm カラー　100分
制作：東宝映画　配給：東宝

彼のオートバイ、彼女の島

『彼のオートバイ、彼女の島　角川映画 THE BEST』
価格：Blu-ray ¥2,000(税抜)
発売元・販売元：株式会社 KADOKAWA

［物語］
片岡義男の同名小説を原作とした青春映画。東京で音楽大学に通いながらプレスライダーのアルバイトをしている橋本巧(コオ)。恋人の冬美との仲をこじらせたコオは、バイクで一人旅に出かけ、旅先の信州で白石美代子(ミーヨ)と出会う。コオは東京に戻ると冬美と別れ、ミーヨとの距離を縮めていく。東京に出てきたミーヨはバイクにのめり込み、大型免許を取りたいと言い出す。バイクが原因で二人はケンカ。その後、ミーヨはコオのバイクに乗って姿を消してしまう。

［キャスト］
原田貴和子　竹内力　渡辺典子
高柳良一　三浦友和　峰岸徹　根岸季衣
田村高廣　尾崎紀世彦　中康次
山下規介　小林稔侍　泉谷しげる
石上三登志　尾美としのり　小林聡美
岸部一徳　入江若葉

［スタッフ］
製作：角川春樹
プロデューサー：森岡道夫　大林恭子
原作：片岡義男
脚本：関本郁夫
撮影：阪本善尚
照明：高野和男
美術：薩谷和夫
編集：大林宣彦
録音：稲村和己
音楽：宮崎尚志
1986年4月26日公開
35mm カラー　90分
制作：角川春樹事務所　配給：東宝

四月の魚 ポワソンダブリル

［物語］
根本昌平は、初監督した映画で新人賞を受賞し、主演女優の衣笠不二子と結婚。しかし興行的に失敗して、その後は映画を撮っていない。ある日昌平に、かつてCM撮影で滞在したアラニア島の酋長から、近々商用で来日するという知らせが届いた。アラニア島では、友情の誓いとして妻を一晩提供する習慣があり、昌平も滞在中に酋長の妻ノーラと夜を過ごしたのだ。昌平が友人のシナリオライター藤沢に相談すると、藤沢は新人女優を不二子の替え玉にする計画を考えつく。

［キャスト］
高橋幸宏　今日かの子　赤座美代子
泉谷しげる　入江若葉　三宅裕司
四禮正明　横山あきお　小林のり一
峰岸徹　ジェームス三木　丹波哲郎

［スタッフ］
製作：山本久　林瑞峰　村井邦彦
　　　高橋幸宏　根本敏雄　大林恭子
プロデューサー：森岡道夫　大林恭子
原作：ジェームス三木
脚本：内藤忠司　大林宣彦
　　　ジェームス三木
撮影：渡辺健治
照明：川島晴雄
美術：薩谷和夫
編集：大林宣彦
録音：稲村和己
音楽：高橋幸宏
1986年5月31日公開
35mm カラー　109分
制作：ジョイパックフィルム　ＰＳＣ　アミューズ・シネマ・シティ　オフィス・インテンツィオ　日本コロムビア、アルファレコード
配給：ジョイパックフィルム

野ゆき山ゆき海べゆき

野ゆき山ゆき海べゆき
監督：大林宣彦
原作：佐藤春夫「わんぱく時代」偕成社刊・新潮文庫刊より
DVD 5,800円＋税
発売元：バップ
© NTV/PSC/VAP

［物語］
戦争の影が迫る瀬戸内の城下町。須藤総太郎が通う尋常小学校に、転校生の大杉栄がやってくる。総太郎は栄の美しい姉、“お昌ちゃん”に恋心を抱くのだった。総太郎ら子どもたちは、毎日のように戦争ごっこを繰り広げるが、お昌ちゃんが遊郭に売られていくことを知り、大人たち相手に「お昌ちゃん掠奪大作戦」を開始する。

［キャスト］
鷲尾いさ子　林泰文　片桐順一郎
正力愛子　佐藤浩市　竹内力
尾美としのり　佐藤允　小林稔侍
大泉ガッツ石松　坊屋三郎　峰岸徹
根岸季衣　入江若葉　浦辺粂子　原泉
泉谷しげる　柄本明　坂田明
赤座美代子　吉行和子　中原早苗
宍戸錠　三浦友和

［スタッフ］
製作総指揮：佐々木史朗　大林恭子
製作：波田腰晋二　溝口至
プロデューサー：森岡道夫　横山宗喜
　　　　　　　　伊藤梅男
原作：佐藤春夫
脚本：山田信夫
撮影：阪本善尚
照明：高野和男
美術：薩谷和夫
編集・音楽：大林宣彦
録音：稲村和己
1986年10月4日公開
35mm カラー　135分(モノクロ版あり)
制作：日本テレビ放送網　バップ

［スタッフ］
製作：佐々木史朗　大林恭子　嶋田親一
プロデューサー：森岡道夫　多賀祥介
　　　　　　　　大林宣彦
原作：福永武彦
脚本：内藤誠　桂千穂
撮影：阪本善尚
照明：稲村和己
美術：薩谷和夫
録音：林昌平
編集・作曲：大林宣彦
編曲：宮崎尚志
1983年12月21日公開
16mm カラー　106分
制作：ＰＳＣ　新日本制作　日本アート・シアター・ギルド　配給：日本アート・シアター・ギルド

少年ケニヤ

少年ケニヤ

［物語］
山川惣治による同名の冒険小説を元にしたアニメ作品。1941年、アフリカで仕事の取引をする父親についてきた少年ワタルは、ケニヤの奥地で野生のサイに襲われ、父親と生き別れになってしまう。途方に暮れるワタルだったが、偶然にマサイ族の大酋長ゼガを助けたのがきっかけで、ゼガとともに父親を探すことになる。
［キャスト（声の出演）］
高柳良一　原田知世　大塚周夫
八奈見乗児　井上真樹夫　増山江威子
永井一郎　塩沢兼人　内海賢二
柴田秀勝
［スタッフ］
製作：角川春樹　今田智憲
プロデューサー：田宮武
共同監督：今沢哲男
原作：山川惣治
脚本：桂千穂　内藤誠　剣持亘
作画監督：我妻宏
撮影：福井政利（アニメ）　阪本善尚（実写）
美術：田中資幸（アニメ）　薩谷和夫（実写）
編集：大林宣彦　花井正明
録音：波多野勲
音楽：宇崎竜童
1984年3月10日公開
35mm カラー　109分
制作：角川春樹事務所、東映動画
配給：東映

天国にいちばん近い島

『天国にいちばん近い島　角川映画 THE BEST』
価格：Blu-ray ¥2,000（税抜）
発売元・販売元：株式会社 KADOKAWA

［物語］
根暗な性格の女子高生、桂木万里は、父の急死を機に、幼い頃に父が語り聞かせてくれた「天国にいちばん近い島」ニューカレドニアのことを思い出す。葬儀の後、万里は母から旅費を借りて、ニューカレドニアへのツアーに参加する。現地に到着した万里は、一人で街を見て回る中で、日系人青年タロウと出会う。
［キャスト］
原田知世　高柳良一　峰岸徹
赤座美代子　泉谷しげる　高橋幸宏
松尾嘉代　小林稔侍　入江若葉
室田日出男　乙羽信子　藤谷和夫
［スタッフ］
製作：角川春樹
プロデューサー：坂上順　菅原比呂志
原作：森村桂
潤色：大林宣彦　小倉洋二
脚本：剣持亘
撮影：阪本善尚
照明：渡辺昭夫
美術：薩谷和夫
編集：大林宣彦
録音：宮内栄一
音楽：朝川朋之
1984年12月15日公開
35mm カラー　102分
制作：角川春樹事務所　配給：東映

さびしんぼう

さびしんぼう【東宝 DVD 名作セレクション】
好評発売中
発売・販売元：東宝

［物語］
『転校生』『時をかける少女』に続く“尾道三部作”の最終作。少年の恋と少女時代の母親との交流を綴る切ない青春ファンタジー。寺の一人息子、ヒロキは、隣の女子校で放課後にショパンの『別れの曲』を弾く少女、百合子に憧れ、寂しげな横顔の彼女を勝手に“さびしんぼう”と呼んでいた。そんなヒロキの前に、ピエロのような出で立ちの“さびしんぼう”と名乗る少女が現れるようになる。
［キャスト］
尾美としのり　富田靖子　藤田弓子
小林稔侍　岸部一徳　秋川リサ　佐藤允
入江若葉　浦辺粂子　根岸季衣　峰岸徹
樹木希林　小林聡美
［スタッフ］
製作：小倉斉　山本久　根本敏雄
　　　出口孝臣
プロデューサー：森岡道夫　久里耕介
　　　　　　　　大林恭子
原作：山中恒
脚本：剣持亘　内藤忠司　大林宣彦
撮影：阪本善尚
照明：渡辺昭夫
美術：薩谷和夫
編集：大林宣彦
録音：稲村和己
音楽：宮崎尚志
1985年4月13日公開
35mm カラー　112分
制作：アミューズ・シネマ・シティ　東宝映画
配給：東宝

姉妹坂

［物語］
両親を亡くした喜多沢彩、茜、杏、藍の四姉妹は、京都で喫茶店を営みながら暮らしていた。大学生の杏は二人の男性に愛を告白されるが、そのうちの一人である冬悟

［物語］
超能力を持つ少女の苦悩と戦いを描く青春サスペンス。第一学園に通う由香は、自分が心の中で願ったことや念じたことが、次々と実現していくことに気づき、不安を覚える。そんな由香の前に、魔力を持つ転校生みちるとエリート学生集団「英光塾」が現れ、生徒たちを操って学園を支配し始める。由香と級友の耕児は、学園を危機から救うため、英光塾に立ち向かう。

［キャスト］
薬師丸ひろ子　高柳良一　長谷川真砂美
峰岸徹　手塚眞　三浦浩一　大石吾朗
岡田裕介　眉村卓　山本耕一
赤座美代子　ハナ肇　千石規子
鈴木ヒロミツ　久里千春　田山力哉
壇ふみ　三留まゆみ　大林千茱萸
角川春樹　高林陽一　浅野温子
南田洋子　藤田敏八

［スタッフ］
製作：角川春樹
プロデューサー：逸見稔　稲葉清治
原作：眉村卓
脚本：葉村彰子
撮影：阪本善尚
照明：渡辺昭夫
美術：薩谷和夫
編集：PSC エディティングルーム
録音：宮内一男
音楽：松任谷正隆
1981年7月11日公開
35mm カラー　90分
制作：角川春樹事務所　配給：東映

転校生

大林宣彦 DVD コレクション
転校生 ～ DVD SPECIAL EDITION ～
監督：大林宣彦
原作：山中 恒
DVD 4,800円＋税
発売元：バップ

［物語］
大林宣彦監督の故郷である広島・尾道を舞台に、心と体が入れ替わった中学生の男女を描いたノスタルジックな青春映画。幼なじみの斉藤一夫と一美は、石段から抱き合った状態で転げ落ちて以来、人格が入れ替わってしまう。二人はそのことを秘密にしたまま、お互いの家族や友人とともに生活する。その後の監督作品『時をかける少女』『さびしんぼう』でも尾道を舞台にしたため、“尾道3部作”第1作目とされる。

［キャスト］
尾美としのり　小林聡美　佐藤允
樹木希林　宍戸錠　入江若葉　柿崎澄子
中川勝彦　志穂美悦子　人見きよし
大林千茱萸

［スタッフ］
製作：佐々木史朗
プロデューサー：森岡道夫　大林恭子
　　　　　　　　多賀祥介
原作：山中恒
脚本：剣持亘
撮影：阪本善尚
照明：渡辺昭夫
美術：薩谷和夫
編集：PSC エディティングルーム
録音：稲村和己
1982年4月17日公開
35mm カラー　112分
制作：日本テレビ放送網、日本アート・シアター・ギルド　配給：松竹

時をかける少女

『時をかける少女　角川映画 THE BEST』
価格：Blu-ray ¥2,000(税抜)
発売元・販売元：株式会社 KADOKAWA

［物語］
筒井康隆の小説をもとに、タイムリープする能力を持った少女の体験と恋を描く SF ファンタジー。
高校生の芳山和子は、放課後に実験室でラベンダーの香りを嗅いでから、時間を飛び越える能力を持つようになる。和子は同級生の深町一夫にそのことを打ち明けるが、実は一夫の正体は、緑が絶滅した未來、西暦 2660年から過去の世界に、ラベンダーを探しにやってきた薬学博士だった。一夫は和子の幼馴染、吾朗の思い出を一部すり替えていた。一夫は和子の記憶を消して去って行く。“尾道3部作”の第2作。

［キャスト］
原田知世　高柳良一　尾美としのり
岸部一徳　根岸季衣　入江若葉　上原謙
入江たか子　上原謙　松任谷正隆
内藤誠　高林陽一

［スタッフ］
製作：角川春樹
プロデューサー：山田順彦　大林恭子
原作：筒井康隆
脚本：剣持亘
撮影：阪本善尚
照明：渡辺昭夫
美術：薩谷和夫
編集：大林宣彦
録音：稲村和己
音楽：松任谷正隆
1983年7月16日公開
35mm カラー　104分
制作：角川春樹事務所　配給：東映
第7回日本アカデミー賞新人俳優賞(原田知世)

廃市

廃市
Blu-ray & DVD 好評発売中
発売・販売元：キングレコード
Blu-ray：¥2,500 + 税
DVD：¥1,900+ 税

［物語］
原作は福永武彦の同名小説。歴史ある運河の町が火事で焼け、そのことをニュースで知った江口は、かつて大学の卒論執筆のためにこの町で一夏を過ごしたことを思い出す。当時、親戚に紹介された貝原家に宿泊していた大学生の時、夜、すすり泣く女の声を耳にする。貝原家の次女、安子は江口に「この町はもう死んでいる」と話す。一方、安子の姉、郁代は、なぜか夫がいながら家を出て、寺に住んでいた。

［キャスト］
小林聡美　山下規介　根岸季衣　峰岸徹
入江若葉　尾美としのり　林成年
入江たか子　高林陽一

音楽：小林亜星、ミッキー吉野
1977年7月30日公開
35mm カラー　88分
制作：東宝映像　配給：東宝

瞳の中の訪問者

瞳の中の訪問者
DVD(デラックス版):4,700円+ 税
発売元 :NBC ユニバーサル・エンターテイメント

［物語］
手塚治虫の「ブラック・ジャック」のエピソード「春一番」を映画化したサスペンスドラマ。テニスのインターハイを目指して特訓に励む千晶は、練習中に左目にボールが当たり、失明してしまう。責任を感じたコーチの今岡は、無免許医師ブラック・ジャックを訪ね、千晶の目を手術してほしいと頼む。ブラック・ジャックによる手術のおかげで千晶は視力を取り戻すが、その目には、他の人には見えない幻の男の姿が見えるようになる。千晶に移植された角膜は、湖で殺された若い女性のものだった。

［キャスト］
宍戸錠　片平なぎさ　山本伸吾
志穂美悦子　峰岸徹　和田浩治
ハニー・レーヌ　山本麟一　玉川伊左男
三東ルシア

［スタッフ］
製作：堀威夫　笹井英男
原作：手塚治虫
脚本：ジェームス三木
撮影：坂本善尚
照明：新川真
美術：佐谷晃能
編集：鍋島惇
録音：高橋三郎
音楽：宮崎尚志
1977年11月26日公開
35mm カラー　100分
制作：ホリ企画制作　配給：東宝

ふりむけば愛

ふりむけば愛
発売日：2014/9/2
収録時間：93分
価格：5,500円+ 税
JAN: 4571388900337
販売元：株式会社ホリプロ

［物語］
石黒杏子は、平凡で退屈な毎日を送るピアノ調律師。自由で新しい女に生まれ変わろうとやってきたアメリカ・サンフランシスコで、杏子は運命の相手、田丸哲夫と出会う。東京で再会することを約束して別れた二人だったが、約束の日に彼は姿を見せなかった。サンフランシスコと東京を舞台に、すれ違いを繰り返しながらも愛を貫く若い男女を描いたラブストーリー。

［キャスト］
山口百恵　三浦友和　森次晃嗣
玉川伊佐男　奈良岡朋子　高橋昌也
南田洋子　岡田英次

［スタッフ］
製作：堀威夫、笹井英男
原案・脚本：ジェームス三木
撮影：萩原憲治
照明：川島晴雄
美術：佐谷晃能
編集：鍋島惇
録音：高橋三郎
音楽：宮崎尚志
1978年7月22日公開
35mm カラー　92分
制作：ホリ企画制作　配給：東宝

金田一耕助の冒険

『金田一耕助の冒険』
価格：DVD ¥3,455(税抜)
発売元・販売元：株式会社 KADOKAWA

［物語］
原作は横溝正史「瞳の中の女」。ギャグやパロディ満載のミステリー・コメディ。さまざまな難事件を解決してきた金田一耕助は、今やCF出演もこなす有名人になっていた。ある日、金田一の前に、世間を騒がせる美術品盗族団の中心人物マリアが現れ、過去に金田一が関わった「瞳の中の女」事件に再び挑むよう要求する。マリアは事件の鍵を握る「不二子像」の首の部分を持っていた。金田一は等々力警部とともに調査を開始する。

［キャスト］
古谷一行　田中邦衛　仲谷昇　山本麟一
東千代之介　吉田日出子　坂上二郎
樹木希林　熊谷美由紀　三船敏郎
江木俊夫　小島三児　草野大悟
小野ヤスシ　佐藤蛾次郎　南州太郎
赤座美代子　伊豆肇　梅津栄
だるま二郎　大泉滉　車だん吉
石井めぐみ　大林宣彦

［スタッフ］
製作：角川春樹
プロデューサー：元村武
原作：横溝正史
脚本：斎藤耕一　中野顕彰
ダイアローグ・ライター：つかこうへい
撮影：木村大作
照明：小島真二
美術：薩谷和夫
編集：井上親弥
録音：宮永晋
音楽：小林克己
1979年7月14日公開
35mm カラー　113分
制作：角川春樹事務所　配給：東映

ねらわれた学園

『ねらわれた学園 角川映画 THE BEST』
価格：Blu-ray ¥2,000(税抜)
発売元・販売元：株式会社 KADOKAWA

フィルモグラフィ
Filmography

個人映画

ポパイの宝島
1944年 35mm 1分

マヌケ先生
1945年 35mm 3分

キングコング
1952年 35mm 2分

青春·雲
1957年 8mm 30分

だんだんこ
1957年 8mm 11分

眠りの記憶
1957年 8mm 30分

絵の中の少女
1958年 8mm 30分

木曜日
1960年 8mm 18分

中山道
1961年 8mm 15分

T氏の午後
1962年 8mm 25分

形見
1962年 8mm 17分

尾道
1963年 8mm 17分

喰べた人
1963年 16mm 23分

complexe
=微熱の波瑠あるいは悲しい饒舌ワルツに乗って葬列の散歩道
1964年 16mm 14分

EMOTION
=伝説の午後·いつか見たドラキュラ
1966年 16mm 38分

CONFESSION
=遙かなるあこがれギロチン恋の旅
1968年 16mm 70分

大林宣彦青春回顧録

大林宣彦青春回顧録（DVD 2枚組）
〈8ミリ作品〉
「絵の中の少女」（'60年／30分）
「だんだんこ」（'60年／11分）
「形見」（'63年／17分）
「尾道」（'63年／17分）
「木曜日」（'61年／18分）
「中山道」（'63年／16分）
〈16ミリ作品〉
「喰べた人」（'63年／23分）
「Complexe= 微熱の玻璃あるいは悲しい饒舌ワルツに乗って葬列の散歩道」（'64年／14分）
「EMOTION= 伝説の午後 = いつか見たドラキュラ」（'66年／38分）
「CONFESSION= 遥かなるあこがれギロチン恋の旅」（'68年／70分）
カラー・モノクロ　本編計：254分　5,800円
発売元・販売元：バップ

てのひらの中で乾杯 キリンビールのできるまで
1969年 16mm 25分

海の記憶
=さびしんぼう·序
1970年 16mm 20分

オレレ·オララ
1971年 16mm 20分

ジェルミ·イン·リオ
1971年 16mm

スタンピード·カントリー
1972年 16mm 35分

ハッピー·ダイナノサウルス·アルバム
1972年 16mm 15分

劇場映画

HOUSE ハウス

HOUSE ハウス【東宝 DVD 名作セレクション】
好評発売中
発売・販売元：東宝

[物語]
中学生の“オシャレ”ら7人の少女たちは、夏休みに、オシャレのおばちゃまが住む羽臼屋敷を訪れる。しかし実は、おばちゃまはすでに亡くなっていて、戦死した恋人を想いながら生き霊として存在していた。やがて少女たちは、屋敷にあるピアノや時計などに次々と襲われ、一人また一人と姿を消していく。おばちゃまが若さを保つためには、若い娘を食べなければならないのだ。CM ディレクターとして活躍していた大林宣彦、初の劇場公開作品。ポップな映像表現満載のファンタジック・ホラー。

[キャスト]
池上季実子　大場久美子　松原愛
神保美喜　佐藤美恵子　宮子昌代
田中エリ子　南田洋子　尾崎紀世彦
笹沢左保　小林亜星　石上三登志
鰐淵晴子　三浦友和　壇ふみ　ゴダイゴ
大林千茱萸　桂千穂

[スタッフ]
製作：大林宣彦、山田順彦
原案：大林千茱萸
脚本：桂千穂
撮影：阪本善尚
照明：小島真二
美術：薩谷和夫
編集：小川信夫
録音：伴利也

Filmmakers 20 **Nobuhiko Obayashi**

大林宣彦
データ・ファイル

フィルモグラフィ

編集部

『転校生』撮影風景

『四月の魚』撮影スナップ

氷川竜介［ひかわ・りゅうすけ］
1958年生まれ、明治大学大学院 特任教授。NPO 法人アニメ特撮アーカイブ機構(ATAC)理事。文化庁メディア芸術祭審査委員、毎日映画コンクール審査委員、東京国際映画祭プログラミング・アドバイザーなどを歴任。

樋口真嗣［ひぐち・しんじ］
『ガメラ 大怪獣空中決戦』で特技監督を務め、日本アカデミー賞特別賞を受賞。『ローレライ』『日本沈没』『進撃の巨人』2 部作などを監督。『シン・ゴジラ』を監督、総監督の庵野秀明とともに日本アカデミー賞最優秀監督賞を受賞。

古崎康成［ふるさき・やすなり］
テレビドラマ研究家。 WEB サイト「テレビドラマデータベース」(http://www.tvdrama-db.com) を主宰。芸術祭審査委員、芸術選奨推薦委員を歴任。編著に「テレビドラマ原作事典」(日外アソシエーツ) など。月刊「ドラマ」(映人社) に3か月ごとにドラマ時評を掲載しているほか「ユリイカ」のドラマ特集号や「文化時評アーカイブス」などに寄稿。

真魚八重子［まな・やえこ］
朝日新聞、映画秘宝、文春オンライン等で執筆。著書「映画系女子がゆく!」(青弓社)、「映画なしでは生きられない」「バッドエンドの誘惑」(共に洋泉社)も絶賛発売中。

三留まゆみ［みとめ・まゆみ］
イラストライターなど。高校3年生の春、大林監督のドラマ『パパのウエスタン』に出た。アフレコのスタジオで大林さんが書いたモノローグは「私のパパは42 歳」ではじまる。パパの歳はとうに超えてしまったけど、私たちは永遠に大林さんの子どもです。

森直人［もり・なおと］
1971年和歌山生まれ。著書に「シネマ・ガレージ～廃墟のなかの子供たち～」(フィルムアート社)、編著に「ゼロ年代+の映画」(河出書房新社) など。YouTube 番組『活弁シネマ倶楽部』で MC 担当中

森下くるみ［もりした・くるみ］
文筆家。秋田市生まれ。著作に「すべては「裸になる」から始まって」(講談社文庫)、「らふ」(青志社)、「36 書く女×撮る男」(ポンプラボ)、「虫食いの家」(kindle singles) 他。

やまだないと
漫画家。1965年生まれ 佐賀県唐津市出身。1990年「週刊ヤングマガジン」にて「キッス」で連載デビュー。代表作に「東京座」「コーデュロイ」「西荻夫婦」映画化もされた「フレンチ・ドレッシング」「ラマン」「王様とボク」映画感想集「ハルヒマヒネマ」またテレビドラマ『私立探偵濱マイク』(10話)の脚本も手がけた。

吉田伊知郎［よしだ・いちろう］
1978年生。映画評論家。別名義にモルモット吉田。著書に「映画評論・入門!」(洋泉社)。共著に「文藝別冊 大林宣彦」(河出書房新社) ほか。「キネマ旬報」「映画秘宝」「シナリオ」等に執筆。

劉文兵
［りゅう・ぶんぺい／LIU WENBING］
日本映画研究者。中国山東省生まれ。東京大学大学院博士課程修了。博士 (学術)。大阪大学専任教員。主な著書に「日中映画交流史」(東京大学出版会、2016)、「中国映画の熱狂的黄金期」(岩波書店、2012) などがある。

石飛徳樹［いしとび・のりき］
1960年、大阪市生まれ。朝日新聞文化くらし報道部編集委員。84年、朝日新聞社に入社。著書に「名古屋で書いた映画評150本」（徳間書店）、編著書に「もういちど あなたへ 追憶 高倉健」（朝日新聞出版）

犬童一心［いぬどう・いっしん］
映画監督。現在、高橋栄樹監督と大林宣彦、恭子夫妻のドキュメンタリーを製作中です。大学時代からもうすぐ60年一緒に映画を作りつづける二人。恭子プロデューサーあってこその大林映画、その思いを強くしています

今関あきよし［いまぜき・あきよし］
高校時代から8ミリフィルム映画製作を始め、大林宣彦監督の総指揮により『アイコ十六歳』で劇場映画デビュー。近年は海外での撮影が多数。ベラルーシ舞台の『カリーナの林檎〜チェルノブイリの森』、ウクライナロケ『クレヴァニ、愛のトンネル』、モスクワロケ『ライカ』。現在はモトーラ世理奈主演の『Memories』と台湾ロケ『恋恋豆花』の公開が控えている。

岩井俊二［いわい・しゅんじ］
ドラマやミュージックビデオ、CF等多方面の映像世界で活動を続け、その独特な映像は"岩井美学"と称され注目を浴びる。映画監督・小説家・音楽家など活動は多彩。最新作『Last Letter』が2020年公開予定。

榎 望［えのき・のぞむ］
作家・映画プロデューサー。主な作品、『あ、春』、『クイール』、『刑務所の中』、『血と骨』、『ゲゲゲの鬼太郎』、『駆込み女と駆出し男』、『母と暮せば』（プロデュース）、『風花』『椿山課長の七日間』（脚本）、「月の夜に洪水が」「山猫クー」（小説）。

大林千茱萸［おおばやし・ちぐみ］
幼少時より世界各国へ赴き映画を観て食を学び、その体験を活かし活動の場は媒体無制限。監督作に『100年ごはん』（2013）。テーブルマナー教室を主宰。【ホットサンド倶楽部】を主宰。著書に「未来へつなぐ食のバトン」「ホットサンド倶楽部」ほか。「フィルムメーカーズ①リュック・ベッソン」を責任編集。

勝野雅奈恵［かつの・かなえ］
女優。脚本家。2児の母。勝野洋、キャシー中島の娘として生まれ、14歳の時、大林映画で女優デビュー。以降、女優、フラダンサーとして活躍。フラ・タヒチアンダンススクール「テ・ホノ」を主催。

木俣 冬［きまた・ふゆ］
文筆業。著書に「みんなの朝ドラ」（講談社現代新書）、「挑戦者たち トップアクターズルポルタージュ」（キネマ旬報社）、ノベライズに「小説嵐電」（宮帯出版社）、「連続テレビ小説なつぞら」（NHK出版）など。

小中和哉［こなか・かずや］
映画監督。幼い頃から8ミリカメラで多くの自主映画を製作。主な監督作品に『星空の向こうの国』『四月怪談』『くまちゃん』『ウルトラマンティガ＆ウルトラマンダイナ光の星の戦士たち』『ウルトラマンメビウス＆ウルトラ兄弟』『東京少女』『赤々煉恋』などがある。

小林弘利［こばやし・ひろとし］
『HOUSE／ハウス』を見て以降、大林監督のように遠い憧れだった映画を無理にでも自分に引っ張り寄せたいと切望し、自分の頭の中の《映画》を現実世界に引っ張り出そうとしている、そんな男です。

佐伯日菜子［さえき・ひなこ］
1977年2月16日、奈良県出身。『毎日が夏休み』（金子修介監督）のヒロイン役で17歳で女優デビュー。日本アカデミー賞新人賞などその年の新人賞を多数受賞。本年は『僕はイエス様が嫌い』、『エリカ38』『イソップの思うツボ』など出演作が5本公開。

高鳥 都［たかとり・みやこ］
1980年生まれ。「映画秘宝」「週刊読書人」「昭和の不思議101」などに執筆。編著に「90年代狂い咲きVシネマ地獄」、共著に「漫画＋映画！」「アナーキー日本映画史」などがある。

高橋栄樹［たかはし・えいき］
ミュージックビデオ・ディレクター / 映画監督。主な監督作に『Documentary of AKB48 Show must go on 少女たちは傷つきながら、夢を見る』など。

高柳良一［たかやなぎ・りょういち］
1964年1月31日生まれ。高校2年の時に角川映画『ねらわれた学園』の薬師丸ひろ子相手役オーディションに合格、大学卒業と同時に俳優をやめて角川書店に入社、「野性時代」編集部を経て、1994年よりニッポン放送、現在は総務部長

手塚 眞［てづか・まこと］
東京生まれ。ヴィジュアリスト。高校時代から映画制作を始め、1985年『星くず兄弟の伝説』で商業映画監督デビュー。1999年『白痴』がヴェネチア国際映画祭招待。最新作は『ばるぼら』（原作：手塚治虫、出演：稲垣吾郎、二階堂ふみ）。

とり・みき
マンガ家。現在はヤマザキマリとの合作「プリニウス」を連載中（既刊7巻）。大林作品は『HOUSE』から、原田知世作品は『時をかける少女』から欠かさず鑑賞。

中江有里［なかえ・ゆり］
女優・作家。1973年大阪府生まれ。法政大学卒。89年芸能界デビュー、テレビドラマ・映画に多数出演。著書に「残りものには、過去がある」（新潮社）、「トランスファー」（中央公論新社）など。文化庁文化審議会委員。

中川右介［なかがわ・ゆうすけ］
1960年生まれ。作家、編集者。著書に「角川映画 1976-86」（角川文庫）、「大林宣彦の体験的仕事論」（PHP新書、共著）、「手塚治虫とトキワ荘」（集英社）、「松竹と東宝」（光文社新書）他多数。

中村由利子［なかむら・ゆりこ］
作曲家・ピアニスト。映画やアニメーションほか様々なメディアの音楽をこれまでに約2000曲作曲。アルバムは海外でもリリース。歌、朗読との舞台などジャンルを越えたコラボレーションも好評。

南波克行［なんば・かつゆき］
映画批評。「フィルムメーカーズ⑱スティーヴン・スピルバーグ」で責任編集。スピルバーグ、トム・クルーズ、コッポラ、宮崎駿などに関する著書および翻訳書など多数。他、アメリカ映画を中心に各種論考を発表。

樋口尚文 Higuchi Naofumi
1962年生まれ。映画評論家、映画監督。私立芝高校時代から自主映画で注目されぴあフィルムフェスティバルに入選、早稲田大学政治経済学部時代には映画評論家としてデビュー。「大島渚のすべて」「黒澤明の映画術」「グッドモーニング、ゴジラ 監督本多猪四郎と撮影所の時代」「実相寺昭雄 才気の伽藍」ほか著書多数。評論活動のかたわら電通のクリエーティブ・ディレクターとして30年にわたって膨大なTVCMを企画。2013年に『インターミッション』（主演：秋吉久美子、染谷将太）で劇場用映画を初監督、2019年には第二作『葬式の名人』（主演：前田敦子、高良健吾）が公開。

［写真提供］
PSC ／ NBC ユニバーサル・エンターテイメントPR センター／株式会社 KADOKAWA ／東宝株式会社／松竹株式会社／日本テレビ放送網株式会社／キングレコード株式会社／株式会社バップ／株式会社バンダイナムコアーツ／株式会社ホリプロ／株式会社 WOWWOW ／ TC エンタテインメント株式会社／ TM エンタテインメント株式会社／唐津映画製作委員会

Filmmakers ⑳
Nobuhiko Obayashi

フィルムメーカーズ［20］大林宣彦

発行日＝第1刷 **2019年7月20日**
第2刷 **2020年7月31日**
発行者＝**宮下玄覇**
責任編集＝**樋口尚文**
企画編集＝**西田宣善**
編　集＝**田村由美**
特別協力＝**PSC**
編集協力＝**本居佳菜子**
DTP＝**西尾昌也**
協力＝**株式会社キネマ旬報社**

ISBN 978-4-8016-0207-6 C0474

発行＝**株式会社宮帯出版社**
京都本社 **〒602-8157 京都市上京区小山町908-27**
（代表）**075-366-6600**　（直通）**075-803-3344**
東京支社 **〒160-0008 東京都新宿区四谷三栄町8-7**
（代表）**03-3355-5555**

印刷・製本＝**モリモト印刷**